중국어 신조어와 현대 중국 사회

천마총서 02

중국어 신조어와 현대 중국 사회

최 환 지음

영남대학교출판부

최환 교수의 신작 《중국어 신조어와 현대 중국 사회》가 곧 출판될 예정이다. 운 좋게도 책이 출판되기 전에 원고를 먼저 보게 되어 단숨에 읽어 내려갔다. 최 교수의 신작은 가히 독창적 시각을 가지고 있고 내용이 풍부하며 깊은 이해를 바탕으로 하고 있어 독자들에게 깊은 사고를 할 수 있도록 하였다. 또한 최 교수의 신작은 중국어 신조어 연구에 대한 한국에서의 연구의 부족한 부분을 메우고 있고, 아울러 한국인이 현재 중국 사회를 이해하는 데 새로운 출구를 열고 있다.

지난 30여 년 동안 중국 사회 발전의 주제는 개혁과 개방이었다. 개혁·개방이 진행됨에 따라 중국 사회는 대대적인 변혁이 일어났고, 이러한 변혁을 반영하는 신조어 역시 나날이 증가하고 있다. 통계에 따르면 1978년 이래 중국어에서 매년 증가하는 신조어는 평균 700여 개 이상에 달하는데, 이것은 상당한 양이라고 할 수 있다. 신조어는 가장 활기 넘치는 언어의 일부분이다. 신조어의 출현과 유행은 사회 발전과 언어생활에서 필수적인 것이며, 중국어의 어휘 체계를 풍부하고 다채롭게 하는 데 큰 역할을 하고 있다. 일반적으로 사회가 변모하는 시기에는 언제나 사회생활에 매우 큰 변화가 일어나며 이에 따라 신조어도 대량으로 생산되었다. 중국역사를 되돌아보면 춘추전국春秋戰國시기는 노예사회에서 봉건사회로 변모하는 시기였고, 청말淸末에서 5·4 운동

때까지는 봉건사회가 붕괴되고 서양의 학문이 아시아로 밀려들던 시기였으며, 신중국新中國 건립 이후는 반半봉건식민지 사회가 사회주의 사회로 변모하는 시기였다. 개혁·개방 이후는 계획경제에서 시장경제 사회로 변모하는 시기였다. 이렇게 여러 번 사회가 변모하는 시기마다 신어新語와 구어舊語는 교체되었고, 신조어의 수량이 증가하였다. 신조어는 예리하고 참신하며 안정적이라는 특징을 가지고 있는데, 이것은 사회의 현실을 반영하는 거울과도 같다. 최 교수의 대작은 신조어의 이러한 특징을 심도 있게 보여주고 있으며, 신조어와 사회의 관계를 정리했으며, 아울러 어휘학과 사회언어학의 각도에서 철저히 분석하였으니, 매우 귀중한 작업이 아닐 수 없다.

중국학술계가 신조어에 주목한 것은 1984년부터이다. 당시 呂叔湘 선생은 《辭書硏究》에서 "모두 신어와 신의新義에 관심을 갖자"라는 글을 발표해서 신조어 연구의 붐을 일으켰다. 지난 20여 년 동안 신조어에 대한 연구는 이미 풍성한 성과를 거두었으며, 중국어 연구의 관심 주제가 되었다. 중국의 매체들이 매년 발표하는 10대 유행어는 이러한 측면에서 신조어가 중국 사회에 얼마나 광범위한 영향을 미치고 있는지 설명해 준다. 한국의 상황을 보면 현재 중국어 신조어에 대한 관심이 아직 많이 부족하고, 이에 관한 학술저서 역시 많지 않다. 그러나 신조어가 중국 사회를 투영하고 있다는 것에 대해서는 아무도 의심하고 있지 않다. 그래서 최 교수의 이 신작은 중요한 학술적 가치를 지니고 있으며 앞으로 중국어 신조어 연구에 견인차 역할을 할 것으로 기대된다.

나와 최 교수는 10여 년 전부터 알고 지내는 사이로 서로를 잘 알고 있다. 최 교수는 일찍이 타이완臺灣에서 유학을 했으며 전공은 중국 고전문학으로 저술도 매우 풍부하다. 1993년 중·한 양국이 막 수교했을 때 최 교수는 중국대륙을 방문했고, 그 후 거의 매년 강의와 고찰 그리고 여행을 위하여 중국을 방문했다. 그래서 중국 사회와 중국 문화에 대하여 깊고 넓게 이해하고 있다. 최 교수는 중국어에 능통하고 어휘 연구에 매우 관심을 가지고 있다. 아울러 최 교수의 끊임없는 노력과 최 교수가 수집한 대량의 신조어 자료들은 이번 저작이 탄생하게 된 견실한 기초가 되었다.

최 교수는 다양한 분야에 관심을 가지고 있고, 시야가 넓으며, 매우 신중한 태도로 학문에 매진하여 저술 활동이 끊이지 않고 있다. 오랜 기간 동안 중국 문학, 언어, 사회, 영화 및 한국 한학 등에 대해 모두 섭렵하고 있으며 만족스러운 성과를 거두었다. 특히 감탄스러운 점은 최 교수는 언제나 학자의 날카로운 시각에서 중국의 개혁·개방의 과정에 관심을 가지고 관찰하고 사고하며, 아울러 중국 사회에서 발생하는 거대한 변화를 기록한다는 점이다. 영국 철학자 아이자이어 버린Isaiah Berlin은 학자를 여우형과 고슴도치형으로 나누었다. 고슴도치형 학자는 단지 한 문제에만 흥미를 가지는 타입이고 여우형 학자는 많은 문제에 모두 관심을 가지는 타입이다. 버린의 이 비유는 그리스 시인 아르킬로쿠스Archilochus의 명언에서 유래했다. 즉 "여우는 많은 일을 알지만 고슴도치는 한 가지 큰 일 만 안다"이다. 최 교수는 여우형 학자에 속한다. 이러한 학자는 학식가형으로 많은 분야로 지식을 넓히고 발산형의 사유 특징을 나타낸다. 고슴도치형 학자는 비록 사상가형이지만 사상은 분명 지식에서 오는 것이므로 사상을 가지려면 먼저 학식이 있어야 한다.

최 교수의 신작 출판에 즈음하여 본인은 최 교수에게 마음 깊이 축하하고 싶다. 동시에 중국 발전에 관심이 있거나 중국어에 흥미가 있는 모든 독자에게 이 책을 추천하는 바이다.

中國 遼寧師範大學 陳榴

| 지은이의 말 |

필자는 한·중 수교가 이루어지고 얼마 되지 않은 1993년 말 처음으로 중국을 방문한 적이 있었는데, 당시 톈진天津시에서 약 1개월 동안 머물면서 약간의 충격을 받았다. 시중에서 흔히 보이는 간판이나 광고 카피 또는 신문·잡지 등의 문구文句에서 지금까지 전혀 보지 못했던 중국어 어휘들을 보았기 때문이다. 물론 필자가 과문寡聞한 탓도 있었겠지만, 처음 봐도 신조어 내지 유행어임을 확실히 알 수 있는 어휘들이 적지 않았다. 개인적으로 그때부터 중국어 신조어나 유행어에 대해 관심을 가지게 되었다.

중국은 개혁·개방 이후 사회의 모든 방면에서 그야말로 급변하는 모습을 보여주고 있다. 이렇게 급변하는 사회를 대변하는 것 중에 신조어와 유행어도 그 한 몫을 하고 있었다. 어느 언어이든 신조어가 당시 사회를 반영하는 사실은 부정할 수 없다. 새로운 사회체제는 물론 새로운 문물, 새로운 사고, 새로운 생활방식, 새로운 조류, 유행 등이 출현하면서 새로운 어휘들이 자연스럽게 생산되고 있었던 것이다. 개혁·개방 이후의 변화하고 있는 중국 사회 상황을 신조어나 유행어를 통해서도 충분히 이해할 수 있을 거라는 생각에 미치자, 필자는 비록 언어학 전공자가 아니나 중국어 신조어에 관한 논문을 감히 써볼 욕심이 생겼던 것이다.

이 책 Part1 '신조어 속의 중국 사회'에 실려 있는 세 편의 글은 이미 발표한 논문을 다시 정리하고 보충하여 실은 것이다. 비록 논문의 질은 높다고 할 수 없지만 다양한 중국어 신조어를 소개하는 것으로 그 의의를 찾고자 하였다. 그리고 앞으로 우리나라에서의 중국어 신조어 사전 및 새로운 중국어 사전 출간이나 보완에 얼마간 도움을 줄 수 있을 거라고 감히 자평한다. 넓은 의미에서 외래어도 신조어에 속한다고 할 수 있기에 중국어 외래어의 중국화漢化 현상에 관한 논문도 같이 싣게 되었다.

이 책 Part2 '중국 사회 속의 신조어'에 실려 있는 나머지 글들 가운데 세 편을 제외한 대부분의 글은 2010년 연구년제 수행 차 중국 다롄외국어대학大連外國語學院에 한 학기(3월~8월) 가 있을 때 학부 홈페이지 '최환 선생님의 중국 소식'란에 연재하였던 것이다. 그 글 모두가 중국어 어휘와 관련이 있거나 또 어떤 어휘에 대해 설명하는 내용이 있기에 이 책에 싣게 되었다. 많은 내용이 당시 중국 사회에서 이슈화 된 것이나 필자 개인적으로 관심이 있었던 것으로 되어 있다. 비록 글의 성격이 다소 산만한 느낌을 줄 수 있으나, 중국어 어휘(특히 신조어나 유행어)와 중국 사회의 상호 관계라는 틀 속에서 일관성 있게 서술되어 있어 흥미 있는 '꺼리'를 제공

할 수 있을 거라고 감히 말하고 싶다. 이런 면에서 이 책의 또 다른 의의를 찾을 수가 있다.

신조어는 많은 시간이 지나면 자연스럽게 '새로운 것'이라는 신조어 본래 속성을 잃어버리게 된다. 이 책 속에 출현하는 적지 않은 신조어들도 현재의 시간을 기준으로 보면 이미 신조어처럼 보이지 않는 것들도 있다. 그러나 중요한 것은 신조어의 시기 기준일 것이다. 이 책에서는 주로 개혁·개방 이후를 기준으로 삼았으나, 간혹 필요에 따라 예외적인 예도 들었다.

이 책에서 사용한 대부분의 사진은 사진 촬영에 익숙하지 않은 필자가 그 동안 중국 여행 중에 직접 찍은 것들로, 사진의 수준이 그다지 높지 않다. 독자들의 양해를 구한다.

동시에 이 책을 읽고 발견한 문제점에 대해서도 기탄없는 질정을 바라마지 않는다.

이 책이 나오기까지 비전공자인 필자에게 학문적으로 도움을 주신 西安外國語大學의 龐晨光 교수님과 추천의 글을 써주신 遼寧師範大學의 陳榴 교수님께 감사의 말씀을 전한다. 또한 산만한 원고를 깔끔하게 정리해 준 백선행 동학에게도 고마운 마음을 전한다.

끝으로 볼품없던 원고를 멋지게 편집하여 '책답게' 출판해 준 영남

대학교 출판부 임직원 여러분께도 심심한 사의를 표한다.

2011년 이른 여름에

막하재莫下齋에서 지은이 최 환 쓰다

| 차 례 |

| 들어가면서 |

중국어의 신조어와 유행어

모든 언어는 사회의 발전에 따라 변화하기 마련이다. 영국의 Samuel Johnson(1709-1784)은 그의 사전의 서문에서 그 사전 편찬의 목적이 변하는 말을 더 이상 변하지 못하게 고정시킴에 있다고 장담했으나, 그 사전이 널리 보급되었음에도 불구하고 단어의 발음과 뜻은 계속해서 변하고 있다. 모든 언어는 사회와 마찬가지로 역사를 지니고 있다. 역사의 가장 두드러진 특성의 하나가 변화이다. 따라서 역사 속에서 움직이는 언어는 부단한 변화의 과정 속에 놓여져 있다. 이렇듯 언어는 변화의 과정 속에서 새로운 뜻新義과 새로운 어휘新語를 끊임없이 생산하고 있다. '신조어'는 기존의 어느 한 낱말이 다른 새로운 뜻을 파생시켰거나 이전에는 없었던 어휘가 새로 나타난 경우를 모두 두고 한 말이다.

중국어의 신조어는 다른 언어와 마찬가지로 시기에 관계없이 끊임없이 생산되었으며, 지금도 계속해서 출현하고 있다. 정치의 격동기에는 그 정치적 사건과 연관된 신조어들이 생산되었으며, 특정의 이데올로기가 강조될 때에는 그것의 선전을 위해 또 많은 신조어들이 출현하였다. 최근 개혁·개방 이후에는 변화된 중국 사회를 여실히 반영(긍정적인 면과 부정적인 면을 모두 포함)하고 있는 신조어들이 대량으로 나타나고 있는데, 우리는 이들 신조어를 통해 현재 중국이 안고 있는 여러 방면의 문제들을 직·간접적으로 이해할 수도 있다.

여기서 현대 중국어 중의 신조어의 내용을 크게 아홉 가지로 분류하여 알아보기로 하자.

첫째, 정치와 경제의 체제 개혁 및 새로운 정책을 반영한 신조어. 예를 들면, 承包制(국영기업을 계약에 따른 책임 경영제로 바꾼 것을 가리킴)·個體戶(자영업자)·經濟特區(경제특구)·諸侯經濟(개혁·개방 이후 점차 커지고 있는 지방경제 및 개인재벌경제 등을 일컬음)·鄕鎭企業(우리의 새마을 공장과 비슷한 말)·透明度(공개화의 정도)·西氣東輸(서쪽의 가스를 동쪽으로 보냄)·西電東送(서쪽의 전기를 동쪽으로 보냄)(이상 '서기동수'와 '서전동송'은 2001년부터 실시되는 경제개발 10차 5개년 계획의 중요 정책 목표인 '서부대개발西部大開發'의 가장 중심이 되는 계획임. 중국의 서부는 북쪽의 네이멍구자치구內蒙古自治區로부터 산시성陝西省·닝샤후이쭈자치구寧下回族自治區·쓰촨성四川省·충칭시重慶市·간쑤성甘肅省·광시좡쭈자치구廣西壯族自治區·윈난성雲南省·칭하이성靑海省·신장웨이우얼자치구新疆維吾爾自治區 등 12개 성·시를 말하는데, 이들 서부지역과 상하이上海 등 연해지역의 소득격차는 5~10배 수준으로, 서부계발 계획은 이 같은 지역 간 격차를 줄이고 소수민족들의 분리 독립 움직임을 근원적으로 차단하려는 정치·경제 계획인 셈)·南水北調(베이징시北京市·톈진시天津市 등 북부지역 200여 도시 3억여 주민의 물 부족 문제를 해결하기 위해 양쯔강揚子江의 물을 황허黃河 이북으로 끌어들이는 대수로 공사를 가리킴. 이 공사는 2002년에 착공하였음) 등등이 여기에 속한다.

둘째, 개혁·개방 이후 변화된 사회현상·생활상황 및 의식을 반영한 신조어. 예를 들면, 下海(아래 참조)·儒商(형편없는 월급을 견디다 못해 비즈니스 일선에 나선 학자를 일컬음)·創收(업무 외의 돈을 번다 또는 벌어들인 업무

외의 수입이란 뜻. '창조創造'와 '수입收入의 합성어')·體腦倒掛(아래 참조)·第二職業(부업, 즉 정당한 직업이 있는 사람이 휴일이나 밤의 빈 시간을 이용하여 아르바이트하는 것을 가리킴)·隔代家庭(맞벌이 부부가 출근한 뒤 조부나 조모가 손자들을 돌보는 가정)·三無人員(합법적인 신분증명서, 고정된 거처와 직업이 없는 사람을 가리킴)·小皇帝〔중국 정부의 한 가구 한 자녀 정책인 인구계획생육(人口計劃生育: 산아제한)으로 중국 사회에서 독생자녀獨生子女들은 부모들의 맹목적인 자녀사랑에 따라 집집마다 하나의 작은 황제로 군림하고 있음〕·大哥大〔휴대폰을 가리키는 말로, 휴대폰 상품명(TAKOTA사의 제품)이 일반화되면서 음역하여 사용한 것임. 휴대폰이 제일 처음 중국에 알려진 것은 개혁·개방 후 홍콩과 타이완의 영화와 드라마를 통해서인데, 그 안의 재벌총수나 암흑가의 우두머리들은 거의 휴대폰으로 지휘하고 있었음. 암흑가의 우두머리를 '大哥(다거)'라고 부르므로, '大哥大'는 곧 '돈이 많거나 권력이 많은 사람'을 가리키기도 함. 이 말로부터 '大姐大'라는 신조어도 만들어졌는데, '우먼파워女强人'라는 뜻임〕 등등이 여기에 속한다.

셋째, 새로운 과학기술과 사물을 나타낸 신조어. 예를 들면, 國際(網際)網絡(인터넷)·電腦(컴퓨터)·微軟(마이크로소프트)·集裝箱(컨테이너, 타이완에서는 '貨櫃'라고 함)·空調(에어컨, 타이완에서는 '冷氣機'라고 함)·手機(휴대폰, '手提電話'라고도 하는데, 타이완에서는 '行動電話'·'大哥大'라고도 함)·'傳呼機'(호출기, 'B.P.機'·'傳呼電話'라고도 함) 등등이 여기에 속한다.

넷째, 생활 중의 잘못된 관념이나 풍기風氣 및 부패현상을 반영한 신조어. 예를 들면, 小金庫(공금을 유용해서 만든, 자신들 단체나 부서만이 쓰는 감추어놓은 돈이나 이면장부를 말함)·銷金窩(호화판 오락장소를 가리킴)·關係戶(경제 유통이나 기타 교역 중에 발생하는 관계로부터 상호간에 어떤 이익이나 편리함을 얻는 부서나 개인을 가리킴)·走後門(뇌물이나 관계를 이용하여 모종의 목적에 도달하는 것을 가리킴)·三陪(세 가지 유형의 파트너 서비스라는 뜻으로, 중국의 가라오케·술집 등에서 여자 종업원이 남자 손님과 함께 술을 마시고, 함께 노래 부르고,

함께 춤을 추어주는 서비스를 제공하는 것을 말함)·傍大款(돈 많은 사람을 좋아하는 아가씨를 가리킴)·跳板結婚('도판'은 널판 뛰기라는 뜻의 말로, 도시호적을 얻기 어려운 농촌 여성이 도시 남성과 결혼하여 도시호적에 올리고 적당한 시기에 이혼하는 것을 가리킴)·黑孩子(검은 아이라고 직역할 수 있는데, 곧 계획생육 정책으로 호적에 올리지 못한 불법아이를 일컬음)[1] 등등이 여기에 속한다.

다섯째, 환경보호 및 환경오염과 관련된 신조어. 예를 들면, 三廢(세 가지 폐기물, 즉 공업생산과정 중에서 배출되는 매연 및 폐가스廢氣·폐수廢水·고체폐기물廢渣)·白色污染(농촌에서의 토지에 대한 비닐 오염을 가리킴)·空中死神(산성비를 가리킴)·環境污染(환경오염)·環保(환경보호'環境保護'의 약칭)·排污(오염물질의 배출) 등등이 여기에 속한다.

여섯째, 상업 광고와 관련된 신조어. 예를 들면, 立等可取(안경점·명함가게 등에서 쓰이는 광고어로, 선 채로 기다려 즉 즉석에서 물건을 취할 수 있다는 의미)·揮淚大甩賣(눈물을 흘리며 즉 손해를 보면서 판매한다는 뜻) 등등이 여기에 속한다.

일곱째, 특정 정치사건 및 정치현실과 관련된 신조어. 예를 들면, 紅衛兵(문화대혁명 때의 홍위병)·老九(문화대혁명 때 사용: 지주·부농·반혁명·악질분자·우파·반도叛徒·특무特務·자본주의 노선을 걷는 당권파 다음 아홉 번째가 지식분자로, 이 말은 곧 지식분자를 가리킴)·一國兩制(하나의 국가 내에 사회주의와 자본주의 제도를 함께 실시하는 것으로, 중국은 타이완에 대해 이 정책을 고수하고 있음)·一國兩府(한 개의 국가 내에 두 개의 대등한 정부를 인정하자는 중국에 대한 타이완의 주장)·一邊兩國(2002년 타이완 천수이볜陳水扁 총통이 "타이완은 독립 주권국가이며 타이완과 대안(對岸: 중국)은 각각 한 개의 국가"라며 타이완의 장래

1_ 최근 보도(《경향신문》 2011년 5월 2일자)에 의하면 무호적자인 '黑孩子'가 1,300만 명에 달하며, 1980년대 이후 한 자녀 정책이 시행된 후 '黑孩子'의 수치가 확인된 것은 처음이라고 한다.

를 결정할 국민투표를 제안함. 당시 천 총통은 중국과 미국의 강력한 반대로 이를 철회했으나, 최근 제4원자력발전소 건설과 WHO 가입을 명분으로 국민투표를 실시함으로써 궁극적으로 타이완 독립을 위한 민의 결정 수단을 확보하려는 저의가 깔린 것으로 중국은 보고 있음. 타이완이 당장 독립을 선언하는 것은 중국은 물론 국제사회의 지지를 얻기 어려운 만큼 일변양국론에 의한 국민여론 환기→타이완 표기 여권 채택→지속적인 유엔 가입 신청→일반 공공문제에 대한 국민투표 실시 등을 통해 점진적인 타이완 독립을 꾀하고 있다는 것임)·海峽兩岸(중국과 타이완을 함께 지칭할 때 쓰는 말) 등등이 여기에 속한다.

여덟째, 정치적인 구호 및 운동과 관련된 신조어. 예를 들면, 四個現代化(농업·공업·국방·과학기술의 현대화)·三鐵打破運動('삼철'은 쇠밥그릇鐵飯碗·쇠의자鐵椅子·쇠임금鐵工資를 가리키는 말로, 즉 일을 하지 않고 밥을 먹을 수 있으며 직위를 유지할 수 있으며 또 임금까지 타가는 그릇된 행위를 타파하자는 운동)·五不准(중국 공산당 중앙기율위원회中央紀律委員會가 발표한 공무원의 다섯 가지 금기사항을 가리킴. 즉 비즈니스에 간여하지 말 것, 겸직을 하지 말 것, 주식을 사고팔지 말 것, 돈을 받지 말 것, 공금으로 향락을 즐기지 말 것으로, 부정부패를 막으려는 정책) 등등이 여기에 속한다.

아홉째, 새로운 풍조나 유행과 관련된 신조어. 예를 들면, 網蟲(인터넷에 빠진 사람을 가리킴)·韓流(한국 대중문화의 유행 현상을 일컬음)·哈韓族(한국 연예인들의 복장과 머리 모양을 흉내내고 한글까지 배워가며 노래를 따라 부르는 중국의 젊은이들을 가리킴)·酷!(영어 'cool'에서 온 말로, 이 자의 중국어 발음인 'ku'와 유사함. 멋지고 아름다운 연예인이나 사람을 보았을 때 쓰는 말로, 주로 젊은이들 사이에서 사용되고 있음) 등등이 여기에 속한다.

이밖에 새로운 정보가 갈수록 늘어남에 따라 여러 방면에서 다양한 어휘들이 필요하게 되었다. 그래서 외국어의 의역 혹은 음역에 의한 방법이나 기존의 두 단어를 합하는 방법으로 신조어를 만들어 사용하기도 하였다. 후자의 예를 들면, 調控[조절調節과 공제(控制: 제어하다)의 합칭]·調試(조정調整과 시험試驗의 합칭)·組建(조직組織과 건립建立의 합창) 등등이 바로 그것이다. 또 언어 운용의 편리함을 위해 축약된 어휘를 사용하는 경우도 있는데, 이를테면 家電(家用電器: 가전용품)·節能(節約能源: 에너지 절약)·挖潛(挖掘潛力: 잠재능력의 발굴)·扶貧(扶助貧困: 농촌의 빈곤한 가정을 돕는다)·參賽(參加比賽: 경기에 참가하다) 등등이 이에 속한다.

현대 중국어 신조어의 또 다른 현상으로 기존의 어휘에 새로운 뜻을 첨가하여 다른 의미로 사용하거나 다른 말로 대체하여 사용하는 경우도 있다. 예를 들면, '愛人'이란 말은 원래 연애 상대자를 의미하였는데 현대 중국사회가 남녀평등을 강조하여 부녀자의 지위가 향상됨으로써 남자는 다시금 자신의 아내를 '賤內'·'家裏的'라고 부르지 않고 '我愛人'이라고 부르게 되었으며, 부녀자들도 더 이상 남편을 '夫君'·'當家的'라고 부르지 않고 '我愛人'이라고 부르게 되었다. 이렇게 되자 연애 대상자에 대한 호칭은 '朋友'라는 단어로 대체될 수밖에 없었다. 즉 '女朋友'·'男朋友'로 각각 그 상대를 지칭하게 되었다. 또 '同志'라는 호칭은 중화인민공화국 성립 이후에는 '先生'·'太太'·'小姐'라는 호칭을 대신하여 사용하였고, 외국 손님 혹은 귀국한 해외 거주자들에게만 '先生'·'太太'·'小姐'를 사용하였다. 문화대혁명文化大革命을 거치자 '師傅'라는 호칭이 공장에서 사회로 확대 사용되었으며 개혁·개방으로 온 사회가 들끓고 있는 오늘날 '先生'·'太太'·'小姐'가 사교의 경우에 빈번히 쓰이고 있다. 그런데 한 가지 흥미로운 것은 최근 '同志'라는 호칭을 다시 쓰자는 주장이 대두되고 있다는 사실이다. 중국 인민해방군人民解放軍 기관지인 《해방군보解放軍報》는 1997년 1월 27일자에 〈'同志'라는 호칭을 쓰자〉라는 제목으로 논평을 발표하였는데, 이러한 주장은 최근에 일어나고 있는 중국의 사회적 변화와 정치적 상황(사상

의 재무장)과 분명히 관련되어 있다고 볼 수 있다.[2]

기존의 어휘에 새로운 의미가 첨가되어 신조어로 등장한 예는 매우 많다. 예를 들면, '眞空'이라는 단어는 원래 공기가 없거나 극히 적은 상태를 나타내는 말인데, 후에 '모순·투쟁이 없는 환경'이라는 새로운 뜻이 첨가되어 하나의 신조어로 사용되었다. 심지어 '爭取'라는 말은 '쟁취하다'라는 원래의 뜻에다 '어떤 사람을 정신적 내지 사상적으로 바꾸어 놓는다(개조한다)'는 새로운 의미가 첨가되어 하나의 신조어로 쓰이고 있기도 하다.

이상에서 보듯이 현대 중국어 중의 신조어는 다양한 내용들을 포괄하고 있어, 이들을 통해 현재 중국의 정치·경제·사회·문화 등의 변화와 흐름을 얼마간 파악할 수 있을 뿐만 아니라, 특히 1978년 말에 시작된 개혁·개방정책 이래 중국사회의 변화 상황 및 중국인들의 변화된 의식구조도 얼마간 이해할 수 있다. 또한 정치 상황의 전개에 따라 요구되는 이데올로기 및 사회 상황의 변화 등에 의해서도 어휘의 의미가 변하거나 신조어가 등장한다는 사실도 알 수 있다.

최근 중국에는 적지 않은 신조어 사전들이 출간되었는데, 이 사실 한 가지만을 두고 보더라도 현대 중국어에서 신조어가 얼마나 많이 출현하고 있는지를 짐작할 수 있다. 1990년에 출판된 《現代漢語新詞新語新義詞典》[3]에는 총 6,400여 항목의 신조어를 수록하고 있으며, 그 중에서 한 어휘에 새로운 의미를 첨가하여 또 다른 신조어가 된 경우는 600여 개의 항목이 있다.

그리고 중국어에는 다른 언어와 마찬가지로 유행어가 많이 출현하고 있는데, 당시 세태의 반영이 유행어의 속성인 것에 비추어 보면 중

2_ 호칭에 관해서는 뒤의 글 〈중국어 인물지칭 관련 신조어 양상〉에서도 언급하였음.
3_ 이 사전은 諸丞亮·劉淑賢·田淑娟이 편저하였으며, 中國工人出版社에서 출판하였다.

국어 중의 유행어도 현재 중국인의 심리적 욕구와 불만 등 개혁·개방 이후의 세태를 분명히 보여주고 있다. 물론 신조어와 유행어를 각각 독립된 개념으로 이해하기보다는 서로 상호적인 개념으로 보는 것이 낫다. 즉 신조어가 곧 유행어가 될 수 있으며 유행어 중에도 신조어가 있을 수 있다. 여기서 몇 가지 예를 들어보기로 하자.

三下: "마오쩌둥毛澤東 시대는 하방下放, 덩샤오핑鄧小平 시대는 하해下海, 장쩌민江澤民 시대는 하강下崗"이 바로 그것이다. 이것은 중국인들이 국유기업 개혁으로 인한 실업사태를 풍자해서 한 말이다. 하방은 지식인을 농촌에 내려 보내 농민들의 재교육을 받게 하는 것이다. 하해는 개혁·개방 이후에 가장 많이 쓰이는 신조어 중의 하나로, 원래는 바다에 뛰어든다는 뜻이었으나, 현재는 학교의 교원·공무원 등이 자신들의 쇠밥그릇을 버리고 보수가 더 나은 외국기업·중외합작기업에 가거나 장사를 하는 것을 가리킨다. 하강은 일하던 자리에서 내려온다는 뜻으로, 장쩌민에 의한 국유기업 개혁으로 직장을 떠나는 것을 나타내는 말이다. 그러나 '하강'이란 결코 '정리해고'가 아니라 자신이 일하던 일자리에서 잠시 내려온다는 말로, '정리휴직'이라는 말이 더 정확한데, 정부 차원에서는 기본급도 계속 지급해야 하며, 일자리도 알아봐 줘야 한다.

手術刀不如剃頭刀: 수술칼(의사)은 정신노동자를, 머리 깎는 칼(이발사)은 육체노동자를 나타내는데, 육체노동자에 비해 정신노동자가 오히려 수입이 못함을 빗대어 나타낸 말이다. 지식분자들이 수입이 일개 소상인보다 못한 현실에 대해 원망하는 말이다. 위에서 소개한 '體腦倒掛'라는 신조어와 같은 의미에 속하는 유행어로, 같은 의미의 '斯文不如掃地(고아한 일을 하는 것이 하찮은 일을 하는 것보다 못하다)'라는 말도 있다.

一切向錢看: 정부의 개혁·개방 정책에 맞춰 미래를 향해 앞만 보고 나아가자는 뜻의 '一切向前看'이란 구호에서 나온 말로, 돈이라는 뜻의 '錢'과 앞이라는 뜻의 '前'의 중국어 발음이 똑같이 '치엔'인 점에서 비롯된 말이다.

偏心: '다른 곳에 가 있는 마음'이란 뜻으로, 인플레와 높아진 소비수준 등으로 월급만으로 살기 힘들어진 도시인들 중 본래의 직장에는 형식적인 근무만 하고 제2직업에 더 열중하는 것을 빗댄 말이다. 교수·의사·변호사·교사·공무원 등 대졸 이상 고학력자들 중에 이런 사람들이 많아지고 있다.

五十年代愛英雄, 六十年代愛貧農, 七十年代愛文憑, 八十年代愛洋人, 九十年代愛商人: "50년대는 영웅을 좋아했고, 60년대는 빈농을 좋아했고, 70년대는 졸업장을 좋아했고, 80년대는 서양 사람을 좋아했고, 90년대는 상인을 좋아 한다"는 뜻으로, 최근 중국 청년들의 유행어이다. 시대별로 추구하는 대상의 변화를 잘 나타낸 말로, 돈벌이에 혈안이 되고 있는 중국인들의 요즘 세태를 엿볼 수 있는 말이기도 하다.

六十年代人幫人, 七十年代人整人, 八十年代顧個人, 九十年代認錢不認人: "60년대는 서로 도우고, 70년대는 서로 괴롭히고, 80년대는 자신만을 돌보고, 90년대는 돈만을 알고 다른 사람은 염두에 두지 않는다"는 뜻으로, 이 말 역시 중국 청년들의 유행어이다. 시대별로 변하는 중국인의 인정세태를 잘 나타낸 말이다.

人比人得死, 貨比貨得扔; 人比人得活着, 貨比貨得留着: "사람과 사람을 비교하면 마땅히 죽어야만 하고, 물건과 물건을 비교하면 마땅히 버려야만 한다. 그래도 살아야만 하고, 남겨두어야만 한다"는 뜻으로, 최근 베이징 택시 운전사들의 유행어이다. 경제가 급격히 발전하고 있는 중국에서 날이 갈수록 벌어지기만 하는 빈부의 격차를 한탄하는 말이다.

三大件: 중국인들이 추구했거나 혹은 하려는 목표 중의 세 가지 물건을 가리키는데, 다음과 같이 시대별로 바뀌고 있음을 알 수 있다. 즉 '구삼대건(舊三大件, 노삼대건老三大件이라고도 함)'은 재봉틀·손목시계·자전거이며, '제이대삼대건第二代三大件'은 T.V.(혹은 선풍기)·냉장고·세탁기이며, '제삼대삼대건第三代三大件'은 비디오·오토바이·에어컨이며, 현재의 삼대건은 자동차·주택·컴퓨터이다.

신조어 속의 중국 사회

PART_1

1 PART

중국어 인물지칭 관련 신조어 양상

Ⅰ. 들어가는 말

언어는 부단히 변화하기 마련이다. 인류사회의 모든 진화 현상 중에서 언어의 변화 속도가 아마도 가장 빠르다고 할 수 있다. 신조어의 출현은 그 변화 내용 중의 가장 중요한 부분을 차지하고 있다. 현대사회에서 생산의 급증·과학의 발전·사회의 변혁·문명의 진보 등은 신조어 출현의 중요한 원인이 되고 있다. 이러한 현상은 중국어라고 예외일 수 없다. 중국은 개혁·개방 이래 언어생활 상에서 주목할 만한 변화가 발생하였다. 체제 전환이라는 중대한 시점에 처해 있는 중국 사회 자체가 언어 변화에 가장 큰 영향을 끼치고 있는 요인이 되고 있는 것이다. 그 변화 중에서 특히 어휘 변동이 가장 두드러진 현상이라고 할 수 있다. 이것은 아마도 5·4 신문화운동新文化運動 시기와 중화인민공화국中華人民共和國 건국 시기에 있어 어휘의 대변동大變動과 함께 20세기 중국어 어휘 발전의 또 다른 정점頂點을 형성하고 있다고 할 수 있다.[1] 중국 경제체제의 개혁은 사회생활에 있어 급격한 변화를 불러왔으며, 그에 따라 생활 중에서 새로운 사물·새로운 현상·새로운 개념들이 부단하게 출현하였다. 이것들이 어휘상에 반영되어 많은 신조어들이 출현하게 되었다. 이 시기의 어휘 변동의 폭과 속도는 전前 시기에 비해 그 강도가 훨씬 크다고 할 수 있는데, 이는 중국인들의 개방심태開放心態·개혁정신·현대화의식 등이 5·4운동 시기와 건국 시기에 비해 월등히 강하기 때문이라고 할 수 있다. 이러한 상황 하에서 이 시기 신조어 양상에 대한 탐토探討는 체제 전환에 따른 중국인들의 심리와 의식 등을 이해하는 데 적지 않은 도움을 줄 수 있을 뿐만 아니라, 이 시기 사회가 중국어 어휘에 어떠한 배경으로 작용했는지에 대해서도 파악할 수 있을 것이다.

여기서는 체제 전환 시기에 있어 수많은 유형의 신조어를 모두 대상으로 삼기에는 어려우므로 그 유형들 중에서 인물을 지칭하는 신조어를 중심으로 논지를 전개하려고 한다. 인물지칭 신조어는 어떤 면에서 다른 유형의 신조어에 비해 그것을 사용하는 사람들의 심리 및 인간관계에서 파생되는 제반 현상들을 더 잘 반영하고 있기 때문이기도 하다. 이른바 인물지칭어라 함은 인물에 대한 指稱名詞〔지칭명사: 중국어로 '稱謂名詞(칭위명사)'라고 함〕를 말하는데, 즉 친속지칭명사親屬指稱名詞(예: '祖父'·'嫂子' 등등)·관직지칭명사官職指稱名詞(예: '董事長'·'主任'·'主管' 등등)·직칭職稱 및 학위지칭명사學位指稱名詞(예: '教授'·'副教授'·'講師'·'助教'·'博士'·'碩士' 등등)·직업지칭명사職業指稱名詞(예: '師傅'·'老師' 등등) 등이 이에 속한다. 이 밖에도 경칭명사敬稱名詞(예: '老外'·'大記者'·'先生'·'女士'·'太太'·'小姐' 등등)·겸칭명사謙稱名詞(예: '先父'·'小工'·'小弟'·'小妹' 등등)·친근감을 나타내는 지칭명사(예: '寶寶'·'小姐' 등등)·악칭명사惡稱名詞(예: '惡棍'·'撲克迷' 등등)에

1_ 陳光磊, 〈改革開放中漢語詞滙的變動〉, 《語言教學與研究》(1997년 제2기) 참조.

속하는 신조어도 연구 대상에 넣기로 한다. 또한 집합명사集合名詞 중의 속성관계명사屬性關係名詞(예: '學生'·'教師'·'工人'·'農民' 등등)와 군체관계명사群體關係名詞(예: '上班族'·'追星族' 등등)에서 인물과 관련된 신조어도 연구 대상으로 삼기로 한다.[2]

그리고 여기에서 거론하는 인물지칭어 관련 신조어 및 그 어의는 주로 姚漢銘 編著《新詞新語詞典》(西安: 未來出版社, 2000), 林倫倫·朱永鍇·顧向欣 主編《現代漢語新詞語詞典(1978-2000)》(廣州: 花城出版社, 2000), 宋子然 主編《漢語新詞新語年編(1997-2000)》(成都: 四川人民出版社, 2002), 姜春華·梁伍鎮·徐希明·鄭宇碩·金祉延 공편《中韓新造語辭典》(서울: 현학사, 2002), 王均熙 編撰《當代漢語新詞詞典》(上海: 漢語大詞典出版社, 2003) 등에서 취하였다. 그리고 필자가 중국에서 직접 듣고 수집한 신조어와 중국인들과의 직접 교제에서 알게 된 일부 신조어 어의 등도 활용하였음을 밝혀둔다.

Ⅱ. 인물지칭어의 어의語義 변화 양상

중국어 어휘의 어의 변화에는 일반적으로 어의의 심화·어의의 확대·어의의 축소·어의의 전이轉移 등 네 가지 상황이 있다. 어의의 심화는 사회생활의 변천·과학기술의 발전·사람들 인식 수준의 제고 등에 따라 상당히 많은 어휘들의 어의가 더욱 정밀하게 변화하며, 사물의 본질을 더욱 분명하게 드러낼 수 있게 되는 것을 일컫는다. 어의의 확대

2_ 이상 지칭명사 유형에 대해서는 王珏의《現代漢語名詞研究》(上海: 華東師範大學出版社, 2001) 86-103쪽과 153-158쪽을 참조하였음.

는 어의가 가리키는 객관사물의 범위가 작은 것에서 큰 것으로 변한 결과이다. 어의의 축소는 어의가 가리키는 객관사물의 범위가 큰 것에서 작은 것으로 변한 결과이다. 어의의 전이는 어휘의 함의와 가리키는 범위가 모두 변화한 것을 말한다.[3] 또한 사라졌던 어휘가 어의의 변화 없이 부활하는 경우, 옛 어휘에 새로운 어의가 더해지는 경우도 본 장의 범위에 넣을 수 있다. 아래에서는 주요 해당 인물지칭어를 예로 들어 그 어의 변화 양상을 구체적으로 살펴보기로 한다.

1. 小姐: 이 어휘는 어의 변화상에서 비교적 복잡한 과정을 겪었다고 할 수 있다. '小姐'라는 어휘의 역사를 살펴보면, 당대唐代까지는 출현하지 않다가 송대宋代 이후에 비로소 사용되었다. 청淸나라 사람 趙翼의 《陔餘叢考》권38 '小姐'조條에 "지금 남방 진신縉紳 집안의 딸을 대부분 小娘子라고 칭하며, 송대에는 규방의 여자를 小娘子라 칭하였다. 小姐는 곧 비천한 자의 호칭일 뿐이었다今南方縉紳家女多稱小娘子, 在宋時則閨閣女稱小娘子, 而小姐乃賤者之稱耳"라고 기재하였다. 조익은 송대 사람들의 여러 자료를 들어 당시 궁비宮婢·악기樂妓·창녀娼女를 '小姐'라고 불렀음을 증명하였다. 그러나 남송南宋 때에 첩妾을 '小姐'라고 칭한 기재가 있는데, 이를테면 岳珂의 《桯史》 권6에 "첩이 있으니, 小姐라고 하였다有妾曰小姐"라는 말이 그것이다. 이것은 이때 이미 '小姐'를 폄의貶義가 아닌 포의褒義로도 사용하였음을 나타내고 있다. 원대元代에 이르러 비로소 관료 집안 등 돈이 많은 집안의 딸을 '小姐'라 칭하였는데, 이를테면 王實甫가 《西廂記》에서 최앵앵崔鶯鶯을 '小姐'라고 칭한 것에서 그 사실을 알 수 있다.[4] 이때부터 '小姐'는 존칭 내지 포의의 어휘로 변

3_ 郭伏良, 《新中國成立以來漢語詞滙發展變化研究》(保定: 河北大學出版社, 2001), 106-112쪽 참조.

4_ '小姐'의 역사적 변천과 관련된 내용은 주로 雷池月의 〈新詞正義管見點滴〉(《東方文化》

하게 되었다. 그러다가 1949년 중화인민공화국 건국 이후 이 어휘는 계급 착취의 색채가 짙다는 이유로 사용이 금지되었다. 물론 타이완臺灣과 홍콩香港 등지에서는 지금까지 주로 미혼 여성을 부를 때 이 어휘를 사용하고 있다. 개혁·개방 이후, 극좌노선이 비판받고 아울러 체제개혁이 진행됨에 따라 일부 극좌노선 연대年代에 금지됐던 사회활동이 다시 일어나고 일부 사라졌던 상품들이 다시 생산되며 일부 금지됐던 지칭어도 다시 살아나게 되었는데, '小姐'라는 어휘도 이러한 사회 배경 하에서 다시 그 모습을 드러내게 된 것이다. '小姐'는 타이완과 홍콩에서처럼 현재 중국에서 젊은 여성을 부를 때 보편적으로 사용하는 포의의 어휘로 자리 매김하고 있다. 개혁·개방 이후, 타이완과 홍콩의 영향을 받기도 하였지만 언어환경 자체가 이 어휘를 사용하지 않을 수 없도록 한 것이다. 이 어휘는 신선하기도 하지만 또한 복고적이기도 하며, 아울러 중국풍도 지니고 있고 서양풍(Miss; '密斯')[5]도 지니고 있기 때문이라 할 수 있다. 이것은 바로 언어 사용에 있어 세련미를 추구한 결과라고도 볼 수 있다.

현재 중국은 제3차 산업의 급격한 발전으로 대량의 농촌 여성들이 도시로 몰려들어 요식업 내지 유흥업 등에 종사하고 있는데, 이들 여성을 일반적으로 모두 '小姐'라고 부른다. 이제 '服務員'이라는 진부한 명

2003년 제4기)라는 문장을 참조하였음.

5_ 아름다움을 추구하고 미색으로 사람의 마음을 끌게 하는 여성을 '小蜜'라고 하는데, '蜜'자로써 '密斯'를 나타내고 있으며, 앞에다 '小'자를 붙여 친밀감을 표현하였다. 이와 관련하여 후에 '嗅蜜'·'柳蜜'·'小蜜傍大款' 등의 신조어가 출현하였다. '小蜜'는 대부분 '돈 많은 사람의 情婦, 사장이나 관료의 비서 겸 애인'을 가리키는 말로, 그 명성이 좋지 않기에 諧音으로 '小秘'라고도 한다. 그 중에서 '돈 많은 사람과 결혼하지 않고 동거하는 여성'을 '傍家兒'이라고 하는데, 광동 및 홍콩 지역에서는 이와 같은 정부를 '包二奶'라고 한다. 북방 사람들은 이러한 여성을 또 '籠子裏的金絲雀'라고도 한다. 이상 陳建民,《漢語新詞語與社會生活》(北京: 語文出版社, 2002), 52-53쪽 참조.

칭의 사용은 갈수록 줄어들고 있는 추세이다. 이러한 경우만을 두고 본다면, '小姐'라는 어휘는 한편으로 갈수록 강한 직업속성을 띠고 있음을 알 수 있다. 특히 '三陪小姐'로 대표되는 유흥업소 종사 여성을 '小姐'로 통칭하는 경우가 적지 않은데, 이는 분명 이 어휘를 폄의로 사용하고 있는 것이다. 이러한 이유로 남부지방에서는 아직도 '小姐'를 포의로는 잘 사용하지 않고 있는 것 같다. 윈난성雲南省 쿤밍昆明 지역에서는 '小姐' 대신 주로 '小姑娘'이라고 지칭하는 것을 자주 들었다.

아무튼 사라졌다가 부활한 '小姐'라는 어휘는 현재 중국 사회에서 포의와 폄의의 어휘로 모두 사용되고 있음을 알 수 있다.

'小姐' 외에도 사라졌다가 부활한 인물지칭어로 '情婦'·'女士'·'女郎'·'老板'·'店主'·'教頭'·'千金'·'伉儷' 등등을 더 들 수 있다.[6]

2. 愛人: 이 어휘는 5·4 운동 중에 출현한 지칭어로, 연애 중인 남녀戀人·情人 한 쪽을 가리켰다. 그러나 후에 이 어휘의 함의는 전이되었다. 전이의 시작은 1937년 항일전쟁이 폭발한 후부터라고 할 수 있다. 당시 많은 진보적인 청년들이 옌안延安으로 모여들었는데, 그 중에서 특히 여성들이 혁명적인 정서情緖와 남녀평등의 관념으로부터 '先生'(여기서는 남편을 칭함)·'太太'·'丈夫'·'妻子'와 같은 호칭의 사용을 원치 않아, 결혼한 남녀는 일률적으로 서로 '愛人'이라 칭하였다. 결과적으로 '愛人'의 어의가 '결혼한 남녀 一方'으로 전이되게 되었다. 그런데 이 어휘는 중화인민공화국 건국 이후에 비로소 유행·보급되었다. 문화대혁명文化大革命이 끝날 때까지 '太太'·'夫人'·'先生'과 같은 어휘는 계급적 색채가 짙다는 이유로 사용되지 않다가, 개혁·개방 이후에 이 어휘들이 부활하고

6_ 姚漢銘,《新詞語·社會·文化》(上海: 上海辭書出版社, 1998), 33쪽 참조.

있으며, '愛人'이라는 어휘는 원래의 어의를 다시 회복할 조짐을 보이고 있다. 다시 말해 이러한 어휘들의 부활로 '愛人'이라는 어휘는 현재 그 사용 범위가 축소되고 있다고 할 수 있다. 그러나 현재 중국의 대다수 부인들은 자신의 나이와 비슷한 남편을 '先生'이라고 칭하는 것에 습관이 안 된 것 같다. 그래서 '先生'이라는 지칭어의 사용은 아직 지식부녀자 중에 국한되어 있다고 할 수 있다. 재미있는 사실은 타이완이나 홍콩 등지에서는 '太太'·'夫人'·'先生'과 같은 어휘들을 줄곧 사용하고 있으며, 오히려 '愛人'을 배우자의 지칭어로 사용하는 것을 받아들이지 않고 있다는 것이다. 타이완이나 홍콩 등지에서 사용하는 '愛人'의 어의는 결코 자신의 배우자를 가리키는 것이 아니고, '배우자 이외의 戀人'을 가리킨다. 중국에서는 배우자 이외의 연인을 원래 '姘頭' 혹은 '奸夫' 등으로 표현하였는데, 현재는 신조어로 '第三者'라는 어휘를 사용하고 있다. 이는 문화수준의 향상으로 언어 사용에 있어 세련미를 추구하여 비교적 완곡한 표현을 선호하게 된 결과로 볼 수 있다. 그런데 이 어휘의 원래 어의는 '당사자 쌍방 이외의 사람 혹은 단체'를 가리키는데, 새로운 의미항意味項이 추가된 유형의 신조어라고 할 수 있다.

3. 同志·師傅·老師: '同志'와 '師傅'는 중국 사회에서 가장 자주 사용되는 全民 호칭어라고 할 수 있으며, 또한 중국어의 가장 보편적인 존칭이라고도 할 수 있다. '同志'의 원래 어의는 '志向이 같은 사람'을 가리켰는데, 후에 가서는 '동일 정당政黨 내 각 성원간의 호칭'으로 변하였다. 그 후 이 어휘는 또한 당 바깥의 인민들 간의 호칭으로 확대되었다. 특히 건국 후 이 어휘는 급속히 유행하여 직종·계층·남녀노소를 막론하고 널리 통용되었다.[7] '師傅'라는 어휘는 옛날부터 '師'의 별칭이었다. 그러나 近古 시기에 이 '師'자字 앞에 접두사 '老'자를 붙

여 '師傅'와 구분하여 사용하게 되었다. 즉 적용대상이 각각 다른 동의어가 되었는데, '老師'는 '학교에서 학생들을 가르치는 사람'을, '師傅'는 '각처에서 학생들에게 기예技藝를 전수하는 사람'을 가리켰다. 문화혁명 중에는 노동자계급이 모든 것을 이끌었기 때문에 공장 안에서의 스승에 대한 徒弟의 호칭이 자연스럽게 사회로 확대되었다. 그래서 노동자뿐만 아니라 기타 직종의 점원·기관 간부·경찰·군인을 포괄해서 모두 '師傅'라고 불렀다. 그러나 '同志'의 사용 범위 역시 '師傅'에 뒤지지 않았다. 문화혁명 후에는 '同志'의 사용 범위가 축소된 반면, '師傅'의 사용 범위가 확대되었다. 사람들 사이에는 정치적 관계·계급적 관계 외에도 매우 다양한 관계가 존재하기 마련이어서 정치적 자유가 비교적 많은 문화혁명 이후에는 모든 관계를 정치적 색채가 농후한 '同志'라는 어휘로 통칭하는 것이 부적절했기 때문이다.[8] '同志'라는 어휘의 사용은 중·노년 간부의 교제 범위 안에 국한되었다. 반면, 공공장소에서 청소년뿐만 아니라 중·노년층이 '師傅'라는 호칭을 사용하기 시작하였는데, 원래 존칭으로 '同志'라고 칭했던 사람들을 거의 모두 '師傅'라고 칭하게 되었다. 현재 '師傅'라는 어휘도 점점 그 사용 범위가 축소되고 있는 추세이지만, 그래도 여전히 사용되고 있다. 그 원인은 이 어휘가 고도의 개괄성概括性을 지니고 있기 때문일 것이다. 즉, 이 어휘는 대장장이鐵工·목수木工·제화공·동기銅器 제작공·재봉사 및 각종 기술자를 포괄할 수 있기에 언어 교제 중에 적지 않은 편리함을 가져다주며, 상대방의 신분이 불분명한 상황 하에서는 사용이 더욱 자유롭다.[9] 그러나 지식인층에서는 현재 이 어휘를 거의 사용하지 않고

7_ 강춘화, 《중국신조어 최전선》(서울: 바다출판사, 2003), 276-277쪽 참조.
8_ 강춘화, 위의 책, 277쪽 참조.
9_ 王珏, 앞의 책, 92쪽 참조.

있으며, 오히려 '老師'라는 어휘를 쓰기 시작하였다. 그리고 일부 문화사업에 종사하는 젊은 사람이 자신보다 나이가 많은 동료가 비록 교사는 아니지만, 오히려 그를 '老師'라고 보편적으로 부르고 있다. '老師'의 어의가 확대되는 추세임을 알 수 있다. 이것은 칭호자稱號者와 피칭호자被稱號者의 소재영역·연령 및 직업과 모두 관계가 있는데, 그 원인은 첫째로 문화계文化界 인사에 대한 적합한 호칭을 찾지 못하였으며, 둘째로 '老師'는 지식이 있고 교양이 있는 사람들의 상징이기 때문이다.[10] 다시 말해, '老師'의 이러한 사용법은 예절을 중시한다는 전제하에 직업에 따라 호칭을 구분하여 사용한 하나의 예라고 할 수 있다. 이 밖에도 '先生'[11]과 '小姐'라는 어휘는 각각 남자와 여자에 대한 존칭으로 그 사용 범위가 점점 확대되고 있다. 최근에는 남자에 대한 지칭어로 '男士'라는 어휘도 적지 않게 사용되고 있는데, 이것은 기존의 '女

10_ 王珏, 앞의 책, 92쪽 참조.

11_ 여기서 참고로 '先生'이라는 어휘의 어원 및 역사적 변천에 대해 알아보기로 한다. '先生'은 가르치는 사람 혹은 학문이 있거나 도술(道術)이 있는 사람을 가리킨다. 이 어휘는《詩經·大雅·生民》에 처음으로 나타나는데, "誕彌厥月, 先生如達(열 달이 다 되어, 첫아이 새끼 양 낳듯 쉽게 낳으시네)"이라고 기록되어 있다. 여기서의 '先生'은 첫 번째 출생한 아이를 가리키는데, 인신(引伸)되어 '연장자'·'선배'라는 뜻이 생겼다.《論語·爲政》에는 "有酒食, 先生饌(술과 음식이 있으면 웟사람에게 먼저 먹고 마시게 해야 한다)"이라는 말이 있으며, 馬融은 "先生, 謂父兄(선생을 부형이라고 한다)"이라고 하였다. 일반적으로 동등한 조건 하에서 먼저 태어난 사람은 뒤에 태어난 사람의 존경을 받아야 하기 때문에 부형이라고 칭한다. 연장자 이외의 사람을 '先生'이라고 하는 것은 일종의 경칭이다. 예를 들면,《孟子·告子下》에서는 "先生將何之?(선생께서는 장차 어디로 가십니까?)"라는 말이 있으며, 趙岐는 "學士年長者, 故謂之先生(학자 연장자를 원래는 선생이라고 했다)"이라고 하였으며,《禮記·曲禮上》에는 "從於先生, 不越路而與人言(선생에게 복종하고 도를 넘어 다른 사람과 이야기를 하지 않는다)"이라고 기록되어 있는데, 鄭玄은 "先生, 老人教學者(선생은 학문을 가르치는 나이 든 사람을 말한다)"라고 주(注)를 달았다.《通俗編》에서는 "今先生之稱泛矣, 而教學者獨專之, 實合於經訓也(오늘날 선생이라는 호칭을 많이 사용하고 있으나, 학문을 가르치는 사람의 전문적인 호칭으로 쓰임은 실제로 경전의 뜻에 부합된다)"라고 하였다. 현대한어 중에서 '先生'의 사용은 기본적으로 고대의 경칭 용법을 따른 것이다. 이상 張紹麒,《漢語流俗詞源研究》(北京: 語文出版社, 2000), 62쪽 참조.

士'라는 어휘를 모방하여 신조어가 된 경우로, 존칭과 언어 사용의 세련미를 모두 강구한 어휘라고 할 수 있다.

타이완과 홍콩에서는 현재 '同志'라는 어휘를 '동성연애자'에 대한 지칭어로 사용하고 있는데, 중국의 매체에서도 가끔 사용하고 있다.[12]

4. *老板*: 이 역시 사라졌던 어휘가 어의의 변화 없이 부활된 경우이다.(그 과정은 앞에서 언급한 '小姐'와 비슷함) 즉 '사영私營 공·상업의 재산 소유자'를 가리키는 어휘로, 개혁·개방 이후 상업 활동이 활성화되고 사영업자 이른바 '個體戶'와 사영기업가들이 늘어남에 따라 이 어휘를 다시 사용하게 되었다. 또한 사용 범위도 확대되어 삼자기업三資企業[13] 중의 외국국적과 홍콩·마카오澳門·타이완 투자자에 대해서도 이 어휘로 지칭하며, 어떤 경우에는 직공職工들이 임대기업의 임차인賃借人에 대해서도 이 어휘로 지칭한다. 불법경영자에 대한 지칭어로도 사용되고 있으며,[14] 어떤 경우에는 부하가 본래 부서의 책임자·기업체의 우두머리에 대해 희칭戱稱 혹은 기칭譏稱으로 사용하기도 한다. 또한 이 어휘는 당黨·정政의 지도자를 칭할 때 사용되기도 하는데, 재미있는 사실은 개별 지도자가 이 호칭으로 불리는 것에 대해 싫어하지 않는다는 것이다.[15]

12_ 林倫倫 등, 앞의 책, 212쪽 참조.

13_ '三資企業'은 개혁·개방 이후의 '中外合資企業'·'外商獨資企業'·'中外合作(聯營)企業'을 가리킨다. 중외합자기업은 중국과 외국이 공동으로 투자하고 경영하여 손익을 공동으로 분담하는 기업임. 외상독자기업은 외국 측에서 독자적으로 투자하고 경영하며, 손익을 스스로 책임지는 기업임. 중외합작기업은 중외 쌍방이 합작 경영하는 기업으로 중국 측이 토지·공장 이용 시설·노동력을 제공하고, 외상이 설비·기술·원자재를 제공하는 기업임. 이 어휘 역시 개혁·개방 이후에 나온 신조어라 할 수 있다.

14_ 이 경우의 예문을 들어보면 다음과 같다. "因爲他手下有兩批人, 一批專門管飜錄, 一批專門管銷售, 所以被那些吃磁帶飯的人稱爲'總老板'."(《解放日報》1988. 1. 24.)—姚漢銘, 앞의 책, 194쪽 재인용.

15_ 陳建民, 앞의 책, 30쪽 참조.

5. 婆婆: 이는 새로운 의미항이 추가된 어휘로, 원래는 '시어머니'를 지칭하는 어휘로 현재까지 사용되고 있는데, 지금은 또 기업이나 사업을 주관하는 상급기관을 비유적으로 가리키는 어휘로도 자주 사용되고 있다.[16]

Ⅲ. 인물지칭 신조어의 내용 유별類別

언어는 일종의 사회현상이라 할 수 있다. 바꾸어 말하면, 이 말은 언어가 각종 사회현상을 반영하고 있다는 의미도 담고 있다. 사회의 변화가 클수록 그 언어의 변화 역시 크다고 할 수 있다. 사회의 각종 현상을 가장 민감하게 반영하고 있는 신조어를 통해 그 시대의 사회 변화 내지 변혁의 내용을 파악해 보는 것은 흥미로운 일이 아닐 수 없다. 중국의 체제 전환은 중국 사회의 각 분야를 크게 변화시키고 있다. 이러한 변화의 직·간접적인 영향을 받은 신조어들은 체제 전환에 따라 나타난 각종 사회현상·사회문제 및 그 폐해는 물론 사람들의 의식·심리상태 등을 잘 반영하고 있다고 할 수 있다. 여기서는 인물지칭 신조어가 반영하는 내용을 분류하고, 그 내용별로 주요 인물지칭 신조어에 대해 파악해 보려고 한다.

1. 경제 발전과 상업화 경향을 반영: 개혁·개방 이후의 경제체제의 전환 및 경제상태의 변혁은 중국 사회의 모든 방면을 지배하고 있다

16_ 이 어휘의 예문을 들어보면 다음과 같다. "重要的是有個開明的婆婆."(《光明日報》1987. 10. 4.)—姚漢銘, 앞의 책, 249쪽 재인용.

고 해도 과언이 아니다. 또한 경제 발전에 따른 상업화 경향 역시 날로 심화되고 있다. '全民下海(모든 사람이 상업에 종사하다)'[17]라는 유행어에서 보듯이 많은 중국 사람들이 돈벌이에 혈안이 되어 있다. 중국어 신조어 중에서 경제 관련 어휘가 다른 어휘에 비해 수적인 면에서 많은 비율을 차지하고 있는 이유가 바로 여기에 있다고 할 수 있다.

인물지칭 신조어 중에서도 이와 관련된 어휘들이 적지 않게 출현하였다. 경제체제 전환 및 상업화 경향의 상징적인 어휘라 할 수 있는 '個體戶'라는 어휘는 '노동자 개인 및 가족 위주로 자신의 생산 재료와 자금을 이용하여 모종某種의 경영활동을 독자적으로 진행하는 경제실체'를 가리키는데, 본래는 '單身戶'의 동의어로 쓰이다가 지금은 이 어의가 사라지고, 새로운 의미항으로 옮겨가게 된 즉 어의의 전이에 속하는 신조어라 할 수 있다. 이 밖에 '개인 기업 혹은 상점의 주인'을 '個體老板' 또는 '私人老板'이라고 지칭한다. 그리고 '萬元戶'라는 신조어는 원래 '연 수입이 인민폐 1만 元 이상의 부유한 집'을 가리켰는데, 현재는 '돈 많은 사람'에 대한 범칭으로 사용하고 있다.

자본주의 경제체제의 도입으로 생겨난 인물지칭 신조어도 적지 않은데, 이를테면 주식(증권)시장과 관련된 어휘들로 '股民(주식 교역 활동에 종사하는 사람, 주식시장 상 개인 투자자의 속칭)'·'股友(주식 투자자를 친근하게 지칭하는 말)'·'股東工人(자신의 기업 주식에 투자한 직공)'·'股評家(주식시장의 동향에 대해 권위 있는 의견을 발표하는 사람)'·'散戶(개인 주식 투자자)' 등을 들 수 있다. 또한 주식시장에서 주식을 구입한 후에 주가가 하락하여 손

17_'下海' 역시 신조어로, 개혁·개방 이후에 매우 많이 사용되고 있는 어휘 중의 하나이다. 원래는 '바다에 뛰어든다'는 뜻으로, 갱단 같은 조직에 가입하거나 양반 집 규수가 기생이 되는 등 '안 좋은 상황으로 전락하거나 무모하게 어떤 일을 함'을 가리켰으나, 지금은 상업 분야에 진출하는 등 경쟁 사회에 뛰어드는 것을 가리키는 데 주로 사용되고 있다.

해를 입은 투자자들(투자자 군체)을 '套牢族'라 지칭한다.

이외에도 몇 개의 어휘를 더 소개하면 다음과 같다.

打工仔 등: '打工'은 대부분 임시직으로 일(아르바이트)을 하고 보수를 받는 경우를 가리키는 어휘인데, '打工仔'는 자신이 살고 있는 지방에서 바깥으로 나가 일을 하고 돈을 벌어 생계를 유지하는 남성을 일컫는다. '打工妹'는 아르바이트를 해서 생계를 유지하는 젊은 여성을 가리키며, '打工族'는 아르바이트를 해서 생계를 유지하는 부류의 사람들을 일컫는 군체명사라고 할 수 있다. 이런 신조어들은 돈을 벌기 위해 적지 않은 농촌 젊은이들이 동·남부 연해지역 내지 베이징北京·상하이上海 등 대도시로 몰리는 현상을 반영하고 있는데, 현재 많이 사용되고 있는 '民工'이라는 어휘와 일맥상통한다. 이와 비슷한 말로 또 '外來工'이라는 신조어가 있는데, 문자 그대로 '외지에서 온 노동자'를 가리키며, '外來妹'는 '외지에서 도시로 온 젊은 여성 노동자'를 일컫는다.[18]

老鼠工: 퇴근 후에 부업을 하는 기술 직공을 비유하여 일컫는 신조어로, 밤에 몰래 활동하기 때문에 쥐老鼠로 비유하였다.

鐘點工: 시간 단위로 계산하여 보수를 받는 공인工人을 가리킨다. 최근 중국에서는 생활 리듬이 빨라지고 가사노동家事勞動의 사회화에 따라 적지 않은 가정에서 갈수록 이와 같은 '鐘點工' 파출부를 필요로 하고 있다. 일부 실업失業 여공女工들이 종종 이와 같은 파출부 일에 종사하고 있다.

走鬼: 허가증이 없는 소상인과 노점상을 가리킨다. 이 어휘는 광둥廣東 방언方言에서 왔는데, '走'는 곧 '跑(뛰다)'의 뜻이며, '鬼'는 허가증이

18_ '外來戶'라는 신조어가 있는데, 이는 '외부 사업체나 직장 혹은 외지에서 온 사람'을 일컫는다.

없이 몰래 경영하는 관계로 오로지 관계 부서에 의해 잡힐까 두려워하는 형상을 비유하고 있다.

白領農民: '화이트칼라 농민'이라 번역할 수 있는데, 농촌 개혁 후 농업 발전에 따라 등장한 기계로 경작을 하고 현대화 농업기술을 갖춘 농민을 지칭한다.

兩棲農民: 두 개의 영역에서 생산노동에 종사하는 농민을 가리킨다.

儒商: 문자 그대로 선비 기질을 가진 상인을 일컫는다. 즉 문화수준이 비교적 높으며 상업적 도덕의식을 갖춘 상인을 일컫는다.[19]

工薪族: 월급으로 생활하는 계층, 즉 샐러리맨을 가리키는 군체명사 형태의 신조어이다.

2. 부정부패 및 경제활동 중에 야기된 폐해를 반영: 중국의 부정부패 문제는 주지하다시피 심각한 수준으로, 일찍부터 하나의 큰 사회문제로 대두되었다. 사람들은 이러한 부정부패문제에 대해 적지 않은 신조어를 만들어 비판하기도 하였는데, 특히 사회지도층의 부정부패에 대해서는 이러한 신조어를 통해 불만을 표시하기도 하였다. 또한 경제활동 중에 벌어지는 각종 불법 내지 부정적인 행위에 대한 신조어도 다수 출현하였는데, 이들 신조어를 통해서는 현재 중국에서 일어나고 있는 각종 경제사범經濟事犯의 유형을 파악할 수 도 있다. 아울러 경제발전으로 오히려 소외계층이 늘어나고 빈부격차가 심화되고 있는 현상을 반영하는 동시에 그러한 현상에 대해 불만의식을 드러낸 신조어들도 출현하였다. 이와 관련된 인물지칭 신조어도 대단히 많이 출현하였는데, 그 주요 어휘를 살펴보면 다음과 같다.

19_ 이 어휘처럼 '~商'자를 형태소로 삼은 인물지칭 신조어도 매우 많이 출현하였는데, 이를테면 '文商'·'書商'·'房地産商=開發商'·'外商'·'客商'·'港商'·'臺商'·'遊商'·'片商' 등등이 그것이다.

倒爺 등: 국영상점 혹은 기타 경로를 통해 시장 상의 공급 부족 상품이나 유가증권 등을 구입하여 고가高價로 전매轉買하여 폭리를 취하는 사람을 가리키는데, 이 어휘 중에는 이와 같은 자에 대한 멸시와 비판의식이 반영되어 있다. '老倒兒'이라고도 한다. 그리고 이와 관련하여 금융·채권 등 방면의 투기 전문가 또는 매점매석을 본업으로 하는 사람을 '(金融)炒家'[20] 또는 '炒手'라고 하는데, '炒手'라는 어휘는 또한 주식 투자와 외환 매매에 능한 사람을 가리키기도 한다. 이렇게 '倒'업業을 하는 사람 중에는 당연히 여자도 있는데, 이를 '女倒爺'라고 한다. 그런데 '爺'는 단지 남성을 가리키는 형태소인데, 이 어휘의 어의는 여성을 지칭하는 것이 되어 '名'과 '實'이 서로 부합되지 않고 있다. 이러한 현상은 사회가 급변함에 따라 신조어가 그 변화 속도에 보조를 맞추지 못한 결과로 출현한 것인데, 그 후에 '倒姐'·'倒奶奶' 등의 신조어가 나온 것을 보면 그 사실을 알 수 있다.

官倒爺 등: '官倒'라는 어휘 역시 신조어로, 직접 혹은 간접적으로 정부 부서의 권력을 이용하여 상품의 유통 및 유통량에 간여하고 영향을 미치게 하는 불법 전매활동 또는 '官倒'에 종사하는 사람을 가리킨다. 또한 '權倒'라고도 칭한다. 이렇게 수중의 권력을 이용하여 불법 전매활동을 하여 폭리를 취하거나 권력을 이용하여 뇌물을 받는 국가 간부를 폄칭貶稱하여 '官倒爺'(또는 '大倒爺'라고도 함)라 한다. 이 어휘는 개혁·개방 이후의 국가 간부의 부정부패 유형을 여실히 반영하고 있을 뿐만 아니라, 중국인들의 이러한 국가 간부에 대한 비판의식을 투영하고 있음을 할 수 있다.[21] '倒'자를 형태소로 삼은 신조어 중에서

20_ 국제적인 '金融大炒家'에 대해 '金融大鱷'라는 신조어를 쓰기도 한다.

21_ 이처럼 '爺'를 형태소로 하여 만든 인물지칭 신조어들이 속속 출현하고 있는데, 원래는 이 '爺'자가 존경의 의미를 내포하면서 예절어의 형태소로 사용되었으나, 이들 신조어 중에서는

'文倒'는 '문장으로 불법 전매활동을 하는 사람'을 가리키는데, '文霸'(아래에서 다시 언급)·'文賊'이라고도 한다. 문화대혁명 이후 궈머뤄郭沫若는 장춘챠오張春橋·야오원위안姚文元 등과 같은 사람들을 '文痞'라고 부른 적이 있다.[22]

~霸: '악질 토호'를 지칭하는 '惡霸'는 이미 1950년대 초에 모두 소탕되어 사라졌다. 그러나 이 어휘처럼 '霸'로써 형태소를 삼은 신조어들이 적지 않게 등장하였는데, 모두 '惡霸'처럼 부정적인 이미지를 띄고 있다. 이들 신조어는 모두 권세와 관시關係를 이용하여 불법적으로 폭리를 취하는 일부 간부 혹은 그 자녀 등에 대해 민중들의 분노와 배척 심리를 반영하고 있는데, 이를테면 '電霸'는 '전기 공급권을 남용하여 사리를 채우고, 가입자에게 부당한 행위를 하는 전력 담당 부서 및 관련자'를 일컫는데, 같은 어의의 '電老虎'[23]라는 신조어도 있다.[24] 이 밖에도 '水霸'·'煤霸'·'油霸'·'菜霸'·'鋼霸'·'魚霸'·'車霸'·'房霸'·'路霸'·'學霸'·'文霸'·'聲霸'·'視霸'·'血霸' 등등, 이른바 '~霸'계열의 어휘들이 속속 등장하고 있다.[25] 이것은 중국의 경제사범 유형들이 그만큼 다양해지고 있음을 의미한다고 할 수 있다.

존경의 의미가 사라졌다. 이들 신조어들은 대부분이 폄의로 사용되고 있으며 늘 조소와 비판의 의미를 담고 있는데, '侃爺'·'息爺'·'托爺'·'股爺'·'包爺'·'班爺'·'題爺'·'捧爺'·'票爺'·'假爺'·'佛爺'·'氓爺'·'柳爺'·'冒兒爺'·'板兒爺'·'的爺' 등등이 이에 속한다. 이상 孫曼均, 〈北京的流行詞語與當代北京城市文化〉(《語言文字應用》1998년 제3기) 참조.

22_ 王德春, 〈漢語新詞語的社會文化背景〉(《世界漢語教學》1990년 제3기) 참조.

23_ '電老虎'는 또한 '전력 소비량이 특별히 많은 부서나 기계설비'를 가리키는 어의로도 사용되고 있는 신조어이다.

24_ 전기와 관련된 또 하나의 인물지칭 신조어로 '電老鼠'가 있는데, 이 어휘는 '전기를 훔치는 사람'을 가리킨다.

25_ '~霸'계열의 신조어 중에는 또한 과학기술에 의해 생산된 상품의 이름을 가리키는 경우도 있는데, 이를테면 '浴霸'는 순간온수기, '彩霸'는 칼라TV, '凉霸'는 에어컨, '譯霸'는 컴퓨터 번역 소프트웨어명, '圖霸'는 그림 소프트웨어명을 일컫는다.

官商: 이 어휘는 국영기업 내지 국영상점을 가리키는 말로, 현재는 경영 및 서비스태도가 엉망인 국영기업 및 그 종사자에 대한 폄칭으로 사용되고 있다.

暴富(戶) 등: '暴富(戶)'는 우리말의 '벼락부자'라는 의미로, 일시에 거액의 재부財富를 모은 사람에 대한 경멸의식은 물론, 빈부격차에 대한 불만의식도 분명히 담겨져 있는 어휘이다. 이와 관련된 신조어로 돈이 많은 사람을 가리키는 '大款'·'款爺'·'款娘'·'款姐'·'款族'·'富婆' 등등은 주로 북경 지역을 중심으로 유행되는 말이다.[26] 또한 이들과 같은 의미의 신조어로 '大佬'라는 어휘를 쓰기도 한다.

少年業主: 거액의 재산 소유권을 가진 미성년자를 가리키는데, 일부 부모들이 부동산 등 거액의 재산 소유권을 자녀의 명의로 등록하여 또 다른 이익을 챙기려고 하는 데서 생겨났다.

黑嘴: 가짜 정보를 흘리거나 투자자를 속여 이익을 획득하는 증권 자문기구와 증권 분석가를 가리킨다.

托兒: 북경 방언으로, 손님으로 가장하여 사람들의 소비심리를 자극함으로써 불량상품을 구입하도록 유인하는 자를 일컫는다. 관련 어휘로 '托姐'·'托哥'·'托爺' 등이 더 있다.

李鬼: 원래는《水滸傳》속에 등장하는 이규李逵를 사칭한 좀도둑 이름이었는데, 지금은 가짜 상품을 만드는 사람을 비유적으로 지칭하고 있다.

票販子: 차표·배표 또는 입장권 등을 암거래하는 사람을 가리킨다.

穴頭: 연예인을 조직하여 허가도 받지 않은 채 공연을 하게 하여 돈을 챙기는 브로커를 일컫는다.

26_ 孫曼均, 앞의 논문 참조.

3. 유행 및 시대 풍조를 반영: 개혁·개방 이후, 경제 발전에 따른 생활의 안정으로 많은 중국인들은 여유 있는 생활을 추구하려는 의식이 강해졌으며, 아울러 매체정보기술의 발달로 인하여 개인의 생활습관 및 심미취향審美趣向 등이 외부의 영향을 많이 받게 되었다. 새로운 풍조나 유행이 외국으로부터 들어오거나 중국 내의 모 지역에서 일어나면 이전보다 훨씬 빠른 시간 안에 전국으로 퍼질 수밖에 없게 되었다. 중국인들은 이러한 시대 풍조나 유행을 반영한 신조어들을 만들어 사용하고 있는데, 그 중에서 인물지칭 신조어도 적지 않게 출현하였다. 최근의 이른바 '한류韓流'현상은 현재 중국 청소년들의 새로운 풍조나 유행 경향을 설명하는 데 가장 전형적인 예로 삼을 만하다. 한국 대중문화의 유행현상인 '한류'의 영향으로 한국 연예인들의 복장과 머리 모양을 흉내 내고 한글까지 배워가며 노래를 따라 부르는 중국의 젊은이들이 적지 않는데, 이들을 지칭하는 신조어로 '哈韓族'라는 군체명사를 만들어 사용하고 있다. 중국에도 한국의 이른바 '오빠부대'가 출현하였는데, 이렇게 스타 연예인을 쫓아다니는 청소년들을 '追星族'라 지칭한다.

최근 중국에서 일고 있는 '출국붐'('出國熱'·'出國潮'라고 하는데, 이들 역시 신조어임)'[27]에 따라 부부 중에서 한 쪽이 출국하고 국내에 남아 있는 한 쪽을 '留守士'라 칭하는데, 남편일 경우에는 '留守男士'[28], 아내일 경우에는 '留守女士'라고 한다.

유행을 쫓는 여성 중에 입술에 붉은 립스틱 바르기를 좋아하는 부

27_ 중국 정부의 공식 통계에 따르면 1978년 개혁·개방 이후 중국을 떠나 해외 유학길에 오른 사람은 60만 명에 이른다고 한다. 특히 덩샤오핑(鄧小平)이 의욕적으로 추진한 1992년 2차 개혁·개방 이후 30만 명이 전 세계로 쏟아져 나갔다고 한다. 이상 《동아일보》 2003년 11월 17일자 참조.

28_ 우리말의 이른바 '기러기 아빠'와 비슷하다.

류들을 '紅脣族'이라고 한다. 이 어휘는 원래 타이완에서 빈랑檳榔 씹는 사람들을 지칭하였으나, 현재는 이렇게 새로운 어의로 사용되고도 있다.

4. 과학기술 및 정보산업의 발전을 반영: 어느 나라 어느 언어이든지 간에 과학기술의 발전은 많은 신조어를 낳기 마련이다. 특히 근래의 인터넷 등 정보산업의 급속한 발전은 이와 관련된 다양한 신조어를 양산하고 있다. 이른바 '四個現代化' 중의 가장 중요한 항목이라 할 수 있는 과학기술의 현대화 정책으로 중국의 과학기술은 급속도로 발전하고 있다. 최근의 유인우주선 '선저우神舟 5호'의 발사 성공은 이 사실을 충분히 증명하고 있다고 할 수 있다. 이에 따라 과학기술과 관련된 신조어가 양산될 수밖에 없는데, 특히 최근 몇 년 간에는 컴퓨터 및 인터넷 관련 신조어가 대단히 많이 출현하고 있는 추세이다. 그 중에서 인물지칭 관련 신조어도 적지 않게 나오고 있는데, 이들 인물 지칭어는 일반적으로 어느 한 분야에 종사하는 사람 내지 그 분야에 전문지식을 가지고 있는 사람 그리고 그 분야에 취미나 흥미를 가지고 있거나 혹은 그곳에 과도하게 빠진 사람[29] 등을 가리키는 어휘들이 대부분을 차지하고 있다. 그리고 그 분야에서 지식이 전혀 없는 사람을 지칭하거나 범죄를 저지르는 사람을 일컫는 신조어도 등장하였다. 이를테면 '인터넷 사업에 종사하는 사람'을 '網人'이라고 하며, '인터넷에 접속하는 사람'을 '網民', 그리고 그러한 부류들을 부를 때 '網民族'이라고 한다. '網民' 중에서 남자를 '網男' 혹은 '網哥', 여자를 '網女'혹은 '網姐', 농민을 '網農'이라고 지칭하며, '인터넷 상에서 사귄 친구'를

29_ 어떤 일에 깊게 빠진 사람을 지칭할 때 '發燒友'라는 신조어를 사용하기도 하는데, 이 어휘는 광둥어(廣東語)에서 온 것이다.

'網友'라고 한다. 또한 '인터넷 상에서 연애하는 남녀'를 '網上情侶'라고 한다. '하루종일 컴퓨터 앞에서 인터넷에 빠진 사람'을 '網蟲'이라고 하는데, 또한 '網迷'라고도 지칭한다. '인터넷을 막 시작한 사람'을 '爬蟲'이라고 하는데, 여기서의 '爬(기다)'자는 인터넷 접속 속도가 느림을 나타낸다. 이 어휘와 관련하여 '大蟲'이라는 신조어도 있는데, 이는 '網蟲'과 같은 어의를 지니고 있다. '사이버 경찰'을 '網上警察', '인터넷을 접속하는 사람을 위해 인터넷 상의 서비스를 제공하는 상인'을 '網絡服務商'이라고 한다. 그리고 '인터넷을 모르는 사람'을 '網盲', '컴퓨터를 모르는 사람'을 '電腦盲'이라고 칭한다. 이 밖에 여기에 넣을 수 있는 인물지칭 신조어로 다음과 같은 것들이 있다.

老鳥 등: '컴퓨터 조작 능력 기술이 비교적 높거나 인터넷의 접속 시간이 길며 경험이 많고 기술이 숙련된 사람'을 일컫는 신조어이다. 이와 상대적으로 사용되는 '菜鳥'(간칭 '鳥')는 이른바 '老網蟲'의 '新網蟲'에 대한 지칭어이면서, '인터넷 초보자'에 대한 통속적인 지칭어이다. 그러나 '菜鳥'는 처음에는 컴퓨터 게임 상에서 '下手'에 대한 지칭어였는데, 이것과 상대적으로 자연히 백전백승의 '老鳥'라는 어휘가 있었다. 여기서의 '菜'자는 북경 방언 중에서 '무능 혹은 폐물(廢物)'의 뜻을 지니고 있다. 어떤 경우에는 '菜鳥'가 인터넷 접속자 자신의 겸칭으로 사용될 때가 있는데, 이 경우에는 인터넷을 시작한 지 얼마 되지 않아 경험이 부족하다는 사실을 반영하고 있다.

電腦黑客: 줄여서 '黑客'라고도 하는데, 컴퓨터 해커를 가리키는 신조어로, '黑客'는 영어 'hacker'의 음역 겸 의역이다.

快客: 전문적으로 인터넷 상에서 타인의 비밀을 캐거나 임의로 데이터를 바꾸어 사기를 치는 사람을 가리키는데, 영어 'cracker'의 음역 겸 의역이다.

紅客: 중국에만 있는 중국 특유의 해커들로, 컴퓨터에 조예가 깊고 뜨거운 피가 끓는 젊은이들로 이루어져 있다. 이들은 조국을 뜨겁게 사랑하고, 정의를 지키며, 개척해서 나아가는 정신을 표방한다. 남의 정보를 빼내 돈을 챙기는 해커가 아니라 사심 없이 조국과 민족을 위해 일하는 젊은이들이다. 이들은 1998년 이후 지금까지 일곱 차례의 이른바 '사이버 전쟁'을 일으켰다. 가장 최근의 예를 들어 보자. 2010년 1월 12일 이란 해커들이 중국 최대 검색엔진 사이트인 바이두닷컴 baidu.com을 공격해 4시간 이상 접속이 불가능하도록 만들었다. 중국 해커들은 그 날 오후 즉각 반격에 나서 이란 국영 TV 홈페이지 등 8개의 이란 웹사이트를 공격했다. 이들 해커가 이른바 '紅客'에 속한다고 할 수 있다.[30]

科星: 유명한 과학기술자를 지칭하는 어휘로, '科技明星(과학기술 스타)'이라는 의미로 볼 수 있다.

銀色人才: 나이는 정년퇴직에 이르렀지만 신체가 건강한 고급 과학기술자 혹은 기타 방면의 인재를 가리킨다.

玩機族: 더 신형新型의 핸드폰을 선호하는 부류들을 가리키는 신조어로, 최근 관저우廣州에서는 "換手機快過換時裝(핸드폰을 유행 옷보다 더 빨리 교환한다)"이라는 말이 유행어가 되어 있는데, 중국 젊은이들의 소비성향은 물론 그들의 핸드폰에 대한 관심이 얼마나 큰지를 알 수 있다. 이러한 성향은 우리나라 젊은이들과 대동소이한 것 같아 자못 흥미롭다.

30_ 요즘 중국 발 사이버 테러로 말들이 많다. 100만 명이 넘는 것으로 추정되는 해커들은 크게 세 가지 부류이다. 먼저 해킹을 통한 정보 취득과 금전적 이익을 노리는 민간 해커 집단이 있다. 이와 함께 중국 정부 차원에서 운영하는 관영 해커 집단이 있다. 중국은 '컴퓨터 바이러스가 핵폭탄보다 효율적'이라는 판단 아래 1997년 인민해방군 안에 해커부대를 창설하고, 교유기관과 훈련 프로그램을 통해 정부 차원에서 전문 해커들을 대량 양성하고 있다는 후문이다. 이들 말고 제3의 해커 집단이 바로 '紅客'이라는 것이다. 이상 '紅客'에 대한 내용은 《경향신문》 2011년 5월 6일자 참조.

5. 도시화에 따른 생활의 다양한 면모와 각종 사회문제를 반영: 개혁·개방이 점차적으로 심화됨에 따라 중국 도시화의 보조步調도 크게 빨라지고 있다. 도시의 규모·수량 혹은 발전 속도·질質 방면에서 모두 커다란 진보가 있었다. 이렇듯 도시의 질적·양적의 변화로 도시생활 방면에서 다양한 형태의 모습들을 드러내고 있으며, 그곳에서의 생활 역시 과거 사회주의체제 하에서의 방식 내지 패턴과는 다른 양상을 띠게 되었다. 새로운 계층 및 부류의 탄생·취미생활의 다양화·오락 및 향락산업의 번성 그리고 각종 신흥 사회문제 등이 도시화에 따라 나타난 주요 양상이라 할 수 있다. 이러한 양상들은 일상 언어 속에 자연스럽게 반영되었으며, 아울러 수많은 신조어들을 탄생시켰는데, 그 가운데 인물지칭 신조어들도 적지 않게 등장하였다. 이들 인물지칭 신조어들의 예를 구체적으로 들어보면 다음과 같다.

白領 등: '白領'은 영어 'white collar'의 의역이다. 중국 사회는 급속한 경제 발전에 따라 새로운 계층을 탄생시켰는데, 바로 '화이트칼라'의 중산계급이다. 이 계층은 현재 부단히 증가하고 있으며, 그들은 주로 외자기업外資企業·문화매체사업·상업 및 서비스업체 등의 각 부문에 종사하고 있다. 이와 관련된 어휘로 '白領麗人(젊고 아름다운 화이트칼라 계층의 여성)'·'紛領麗人(비서 또는 타이피스트 등 미모의 젊은 여성)'·'白領族(화이트칼라 계층)' 등이 더 있다. '知本家'라는 신조어는 '資本家'라는 어휘를 모방하여 만들었는데, '지식에 의지하여 돈을 버는 고급 화이트칼라 계층'을 지칭하고 있다. 그리고 '화이트칼라'와 상대적인 의미인 '블루칼라'는 '藍領'이라 일컫는다.

金領: '골드칼라'로 번역할 수 있다. 이 어휘는 지식형 고급 기술자를 가리키는데, 많은 부富를 창출할 수 있기 때문에 붙여진 이름이다. 이와 관련된 어휘로 '金領工人(제어실에서 생산라인의 운행을 감시하고, 생산

중에 발생하는 상황을 적시에 처리하는 노동자를 가리키는데, 그들의 업무 자질과 직업 환경 그리고 급여 및 대우가 화이트칼라보다 높기 때문에 붙여진 이름)'·'金領族'·'金領階層'(마지막 두 어휘는 그 의미가 같음) 등이 더 있다.

舊人類 등: '舊人類'는 1970년 이전에 출생한 세대를 가리키는 신조어이다. 이에 반해 1970년 이후에 출생한 젊은 세대를 '新人類(신세대)'라 지칭한다. 특별히 60년대 말 혹은 70년대에 출생한 사람을 '晩生代'라고 하는데, 이 세대는 전쟁이나 각종 정치운동을 거치지 않은 관계로 행복한 세대에 속한다. 그리고 '新新人類'라는 신조어도 있는데, 이는 특히 80년대에 출생한 젊은 세대를 일컫는다. '젊은 세대'를 가리키는 신조어로 '青春族'이라는 어휘도 있다. 또한 '另類(비슷한 어휘로 '異類'라는 신조어가 있음)'라는 신조어는 보통사람과는 다른 사람들을 가리키는데, 그들은 종종 남달리 특별한 주장을 내세우거나 생활이 전위前衛적이다. 전통적인 사람들은 그들을 '另類'라고 하고, 그들에 대해 관용적인 태도를 지닌 사람들은 그들을 '新人類'라고 한다.

反哺一族: 지식의 폭이 넓으며 고급의 새 과학기술을 이해하고 있어 항상 윗사람의 선생님이 될 수 있는 신세대를 가리킨다.

竹筍族: 공부하기를 싫어하고 개성해방을 추구하는 청년학생들을 가리키는 신조어이다. 이른바 '죽순竹筍'이라고 칭한 것은 성장이 빠른 청소년들의 특징을 비유한 것이다. 이들의 공통적인 특징은 인권과 개성의 자유를 요구하며, 사회의 불평등을 반대하면서 그것이 개인의 창의력과 장조정신을 말살시킬 수 있다고 여기는 것이다. 그들은 또한 종교 신앙의 자유와 자신의 정치사상에 대한 발표의 자유를 요구하며, 엄격한 조직생활과 당파투쟁을 싫어한다. 그들 대부분은 조직상 느슨한 활동에 참가하기를 좋아하는데, 이를테면 환경보호와 평화운동 등이 그것이다. 그들은 딱딱한 정부 부서에 취직하기를 싫어하고 인터넷 업종·패션설계 업종·소형무역회사 혹은 자문사업 등 수입이 풍부한 직업을 좋아한다. 이 어휘는 최근 유럽에서 등장한 것으로, 일부 당대當代 청년문제와 관련되어 유행하는 신조어들 중의 하나이다.[31]

阿混: 하는 일 없이 빈둥거리며, 이상理想이 없이 그럭저럭 되는 대로 살아가는 사람을 일컫는 신조어로, TV극 《阿混外傳》에서 유래되었다.[32]

一隻鼎: 어떤 한 범위 내에서 포악무도하며 악명이 높은 사람을 지칭한다.

老泡兒: 집이나 모처에서 지내며 직장에 나가지 않는 사람을 가리킨다.

郵迷: 우표 수집을 대단히 좋아하는 사람을 일컫는다.

芭嫂: 건강을 위해 발레를 하는 기혼 여성을 가리킨다.

車狼: 고속 질주를 즐기는 모터사이클 애호자를 지칭한다.

吧娘 등: '吧娘'은 술집의 여주인을 일컬으며, '吧女'는 술집의 여종업원을 지칭한다. '吧蠅'은 매일 밤 술집이나 디스코텍 등 각종 오락장소를 전전하는 사람을 가리키며, '砸迪族'는 자주 디스코 장에 드나드는 사람을 지칭한다. '吧弟'와 '吧兄'은 술집에 자주 출입하는 남성을 일컫는 신조어로 쓰이고 있으며, '吧友'는 함께 술집을 출입하는 사람을 일컫는다.

三陪小姐: 술집에서 술·노래·춤 시중을 들어주는 젊은 여성 즉 술집 접대부를 가리키는데, 세 가지 시중 외에 매춘을 하는 접대부도 있다. '坐臺小姐'라고도 한다.

按摩小姐: 명의상으로는 안마에 종사하는 것으로 되어 있으나 실

31_ 宋子然, 앞의 책, 230쪽 참조.
32_ 林倫倫 등, 앞의 책, 1쪽 참조.

제로는 성性 서비스를 제공하는 젊은 여성을 지칭한다.

鳳姐: 매춘부를 일컫는 신조어로, 홍콩에서 매춘부가 집을 임대해 놓고 자신의 집에서 매춘을 하는 것을 '一樓一鳳'이라 하는 데서 유래한 어휘이다.

流鶯: 거리에서 호객 행위를 하는 매춘부를 일컫는다.

爸爸桑: 향락업소에서 접대부나 매춘부 관리를 책임지고 있는 남자 지배인을 가리킨다.

脫星: 인터넷·잡지 등에서 누드모델로 유명해진 스타를 지칭한다.

白粉妹: 마약을 하는 소녀를 가리킨다.

小弟: 동성연애에서 여자 역할을 하는 호스트를 가리킨다.

6. 신흥 직업이나 업무 그리고 그곳에 종사하는 사람을 반영: 중국에서는 체제 전환 및 경제 발전으로 다양한 직업들이 새로 등장하고 있으며, 또 동일한 직업 속에서도 업무 분담이 세분화되고 있는 추세이다. 특히 3차 산업의 점진적인 발전으로 서비스 업무에 종사하는 사람들의 수가 갈수록 증가하고 있는 상황에서 이와 관련된 신흥 업종이 적지 않게 출현하고 있다. 아울러 주목할 만한 사실은 여성 관련 전문 직업 내지 직종 등이 새롭게 등장하고 있다는 것이다. 여기서는 신흥 직업이나 업무와 관련된 주요 인물지칭 신조어에 대해 파악해 보기로 한다.

公關小姐: 전문적으로 공공업무(公共業務: 대외업무)에 종사하는 젊은 여성을 지칭한다.

禮賓小姐 등: '禮賓小姐'는 호텔이나 기관 등에서 손님 접대 일을 담당하는 젊은 여성을 가리키며, '禮儀小姐'는 운동회 개막식 내지 폐막식 등 대형 활동 중에서 길을 안내하거나 상품賞品을 전달하는 등의

일을 전담하는 젊은 여성을 가리킨다.

促銷小姐: 전문적으로 판촉활동을 하는 젊은 여성을 일컫는다.

導購小姐: 상가 내에서 상품을 사도록 고객을 유도하는 젊은 여성을 가리킨다.

收銀小姐: 프런트 내지 창구에서 돈을 받는 여직원을 일컫는다.

尋呼小姐: 호출기 교환대에서 일하는 젊은 여성을 가리킨다.

的哥 등: '的哥'는 남자 택시 기사를, '的姐'는 여자 택시 기사를 지칭한다.

迪姐 등: 디스코장에서 춤을 리드하는 여성을 '迪姐'라고 한다. 그리고 무도장에서 사람들을 리드하여 춤을 추는 것 또는 춤을 리드하는 사람을 '領舞'라고 일컫는다.

服裝模特: 패션모델을 일컫는다. 남자 모델은 '男模'라고 지칭한다.

廣告明星: CF 스타를 가리킨다.

狗仔: 전문적으로 名士나 유명 연예인을 뒤쫓아 그들의 내막이나 비밀을 캐거나 몰래 사진을 찍어 고액으로 팔아넘기는 사진사 혹은 기자를 지칭하는 신조어로, 이탈리아어인 'paparezzo'를 의역한 것이다. 폄의적인 어휘이지만, 어디까지나 신흥 직업에 속한다고 할 수 있다. 군체명사로 '狗仔隊'라는 신조어가 있다.

家庭助理員: 파출부를 지칭한다.

空姐 등: '空姐('空中小姐'의 준말임)'는 스튜어디스를, '公嫂'는 기혼의 스튜어디스를 가리키는데, 남녀를 통칭하여 '空中服務員'이라고 한다. 비교적 엄숙하고 공식적인 석상에서는 '飛機(女)乘務員'이라고도 지칭한다.

名嘴: TV나 방송국의 유명 MC를 가리킨다.

摩的女: 오토바이로 영업을 하는 여성을 일컫는다. '摩的'를 직역하면

'오토바이摩托車 택시的士'가 되는데, 즉 '영업용 오토바이'를 가리킨다.

程序員: 컴퓨터 프로그래머를 지칭한다.

網站管理員: 인터넷 사이트 관리자를 가리킨다.

製片人: 돈을 투자하여 영화나 TV극을 제작하는 사람을 일컫는다.

娛記: 오락계(娛樂界: 연예계) 담당 신문기자를 지칭한다.[33]

男阿姨: 유아 교육에 종사하는 남성을 해학적으로 표현한 신조어이다.

主創者: 영화·TV·노래와 문학작품 등의 주요 창작자 내지 제작자(주연主演 등도 포함)를 가리킨다.

三棲演員: 영화·TV·연극에서 모두 배역을 맡은 연기자를 지칭한다.

小美女作家: 스스로 젊은 미인이라 생각하면서 전문적으로 미인 생활에 대해 글을 쓰는 작가를 일컫는다.

媒體人: 언론인을 지칭한다.

自由撰稿人: 자유기고가를 일컫는다.

外企人: 외국투자기업에 근무하는 사람을 가리킨다. 여기서의 '外企'는 '外資企業'의 준말이다.

紅帽子: 최근에는 이삿짐센터 등에서 짐을 운반하는 사람을 가리키기도 하는데, 그들이 붉은 모자를 쓰고 있기 때문에 붙여진 이름이다.[34]

33_ 기자를 지칭하는 신조어로 '老記'라는 어휘가 있는데, 이는 기자의 해학적 호칭이라 할 수 있다.

34_ 이 어휘는 처음에는 '선진적인 사람 혹은 모범적인 노동자의 명예로운 칭호'로 사용되었으며, 그 후에는 '기업 집단의 명의'를 일컫는 데에 사용되었다. '紅帽子現象'이라는 신조어가 있는데, '개인·사영기업이 영업 등록 시 기업 집단으로 등록하는 현상'을 가리킨다. 이러한 상황이 벌어지게 된 주요 원인은 국가가 국유기업이나 기업 집단에 대해서는 우대정책을 펴기 때문이다.

위의 조사된 인물지칭 신조어들을 통해 보면, 여성 관련 전문 직종과 언론매체를 비롯한 문화계 및 서비스업 관련 직종이 많은 수를 차지하고 있음을 알 수 있는데, 이는 경제 및 산업 발전에 따른 중국의 산업구조가 그만큼 선진형으로 전환되고 있음을 나타내고 있다.

7. 기타 인물지칭 신조어:

(1) 결혼 및 가정 관련 인물지칭어

超生遊擊隊: 계획생육計劃生育 정책의 지표指標를 초과하여 이곳저곳 숨어 다니는 사람들을 일컫는다.

議價兒子: 계획생육 기준을 초과하여 벌금을 내고 기르는 남자 아이를 가리킨다. '高價兒子'라고도 한다.

小皇帝: 집안에서 과잉보호를 받아 버릇없게 자란 외동아들 또는 외동딸을 지칭한다. 1가구 1자녀의 계획생육정책이 이런 아이들을 양산하고 있다. 그리고 가정의 유형에도 '2·1모델'과 4·2·1모델'의 가정이 점차 많아지고 있다. 4는 할아버지·할머니·외할아버지·외할머니를 가리키고, 2는 아버지·어머니를 가리키며, 1은 외동아들 혹은 외동딸을 가리킨다. 많은 부부들은 자신들은 힘들게 생활할지라도, 아이의 요구는 무엇이든지 충족시켜 주려고 한다. 이것은 아이들을 제멋대로 행동하고 타인을 배려할 줄 모르는 이기적 인간이 되게 하였는데, 이러한 현상을 '四二一綜合病'이라 한다. 이외에도 이 어휘와 같은 어의를 지닌 '小太陽'·'小公主'·'小王子'·'小祖宗' 등의 신조어가 더 있다.[35]

丁克夫妻: 결혼 후 아이를 낳지 않는 부부를 가리키는데, 영어 'DINKDouble income no kid'의 음·의역이다.

35_ 강춘화, 앞의 책, 19-20쪽 참조.

半糖夫妻: 자신만의 공간을 유지하고 싫어하는 마음이 생기는 것을 피하기 위해 일할 때에는 분거分居를 하다가 주말이나 공휴일에 만나는 부부를 가리킨다. 이런 부부의 대체적인 특징은 대학교육을 받았으며 새로운 문물을 쉽게 받아들이며 대도시에서 생활하며 각종 정보 획득이 편리하며 사회적으로 명망 있는 직업을 가지고 있으며 수입이 양호하며 각기 자신의 주택을 소유하고 있다는 것이다. 마치 식품을 만들 때 설탕糖을 많이 넣지 않으면 오히려 그 맛을 사람들이 더 좋아하는 경우처럼, 부부도 매일 만나 생활하는 것보다 일정한 거리를 두고 애정을 유지함이 더 좋다는 것이다. 여기서 쓰인 '半糖(설탕 반)'은 이런 배경 하에서 나온 것이다.

非婚生子女: 결혼하지 않고 낳은 자녀를 지칭한다. 반면 정식 결혼하여 낳은 자녀를 '婚生子女'라 한다.

未婚媽媽: 미혼모를 일컫는다.

單親媽媽: 남편과 이혼 후 재혼하지 않고 아이를 데리고 사는 여성을 가리킨다.

單身貴族: 독신자를 지칭하는데, 그 속에 조소의 뜻이 담겨 있다.

准處女: 이미 연애나 결혼에 있어 적령기가 되었으나, 그것들에 대해 전혀 관심이 없는 여성을 일컫는다.

大齡青年: 결혼 적령기를 초과한 미혼 남녀를 가리킨다. '大男大女' 역시 같은 어의의 신조어이다.

低齡老人: 60세에서 70세까지의 노인을 일컫는다.

家庭主男: 가사를 돌보는 남자를 지칭한다.

失足青年: 심각한 잘못을 저지르거나 심지어 범죄행위를 한 타락 청소년에 대해 완곡하게 표현한 신조어이다.

問題少年: 생각과 행동 상에서 범죄에 노출된 문제아를 일컫는다.

(2) 교육 관련 인물지칭어

博士導師: 박사반 대학원생의 지도교수를 지칭하는데, 줄여서 '博導'라고도 한다.

博士後: 영어 'post doctor'의 의역이다.

捐資生: 시험 점수가 학교의 요구에 도달하지 못 하였으나, 학교에 기부금이나 찬조금을 내는 것으로 입학 자격을 획득한 학생을 가리킨다. '捐資助教生'·'贊助生'·'議價生'이라고도 한다.

代培生: 위탁 교육을 받고 졸업을 한 후에 반드시 위탁·파견한 부서로 돌아가야 하는 학생을 일컫는다.

計劃生: 국가가 계획한 정원 내에 모집하는 학생을 일컫는다. 반면 국가가 계획한 정원 외에 추가로 모집한 학생을 '計劃外學生'이라고 하는데, 이들은 일반적으로 고액의 학비를 납부해야 한다.

三校生: 실업고등학교職業高中·중등전문학교中等專科學校·기술공업학교技工學校의 학생들을 합쳐서 부르는 말이다.

特困生: 경제적으로 특별히 빈곤한 학생을 가리킨다.

特招生: 특기가 있어 예외적으로 선발된 학생을 일컫는다.

自費生: 시험 점수가 계획 내 학생 모집 기준에 미달됨에 따라 추가로 모집되어 자신이 학비와 잡비를 납부해야 하는 학생을 지칭한다.

高考狀元: 대학 입학시험에서 수석을 차지한 사람을 가리킨다.

高考落榜生: 대학 입학시험에서 불합격한 고등학생을 지칭한다.

外教: 외국 국적의 교사를 가리키는데, 대부분 대학 교육에 사용된다.

(3) 스포츠 관련 인물지칭어

國脚: 통상적으로 국가대표팀의 축구 선수를 가리킨다.

國手: 대부분 탁구·배드민턴 등 손을 사용하는 구기 종목에서의 국가대표팀 선수를 일컫는다.

海外兵團: 외국 선수의 자격으로 경기에 참가한 중국 선수를 지칭한다.

黑馬: 원래는 경마에서 이름도 없고 형편없는 말이었는데, 갑자기 1등을 차지한 말'을 가리켰는데, 지금은 대부분 '이름이 없다가 일거에 명성을 날린 사람이나 구기 종목의 팀 등을 가리킨다. 영어 'dark horse'를 의역한 것이다.

教頭: 원래는 송대宋代의 군대에서 무예를 가르치고 훈련시키는 군관을 가리켰는데, 현재는 운동 코치를 일컫는다.

外教: 외국 국적의 코치를 가리킨다.

外援: 국외로부터 들어온 운동선수를 지칭하는데, 이른바 용병을 일컫는다.

(4) 사람의 재능·수완 및 성격 관련 인물지칭어

大姐大: 어떤 집단 내에서 특별히 뛰어난 여성을 가리키는데, 이는 '大哥大'[36]라는 어휘를 모방하여 만들어졌다.

女强人: 능력과 권력이 있거나 영향력이 큰 여성을 지칭한다.

大牌(兒): 어떤 한 영역 혹은 업무 내에서 명성이 높고 영향력을 지니고 있는 사람을 일컫는다.

能人: 특별히 개척형의 인물을 지칭한다. 처음에는 기업 경영·신상품 개발·상품 판매·원재료原材料 구매 등 방면에서 능력이 특별히 뛰어난 사람을 가리켰다.

36_ '大哥大'는 '핸드폰'을 가리키는 신조어이다. 홍콩에서는 암흑가의 부하들이 두목을 지칭할 때 '大哥大'라는 어휘를 사용하는데, 그들이 항상 핸드폰을 사용하기 때문에 붙여진 이름이다.

大腕兒: 주로 文藝界(특히 연예계)에서 유명한 스타나 유명 인사를 지칭하는데, '腕兒'이라고도 한다. 또한 각종 업무나 직업상에서 재능과 수완이 뛰어난 사람을 통칭해서 사용하기도 한다.

精英: 똑똑하고 재능과 지식이 남보다 뛰어난 사람을 가리킨다.

猛男: 건장하고 남성적 매력이 있는 남자를 일컫는다.

新好男人: 신사적 기풍을 지니고 오로지 남을 배려하는 데 마음을 쏟는 신시대 남성을 가리킨다.

奶油小生: 남자다운 기질이 없이 여성화된 젊은 남자 배우를 지칭한다.

이상에서 조사된 몇 가지 유형의 인물지칭 신조어를 통해 대략 다음과 같은 사실들을 알 수 있다. 첫째, 계획생육정책으로 야기된 사회 및 가정문제를 반영한 신조어들이 적지 않게 출현하고 있는데, 이는 이 정책의 불합리성을 비교적 잘 반영하고 있음을 나타낸다. 이밖에도 현대사회의 보편적인 현상이라 할 수 있는 이혼율의 상승과 결혼관의 변화 등 현재 중국 젊은이들의 결혼 및 가정생활을 반영한 신조어들이 적지 않게 보이고 있는데, 이 사실은 결혼 및 가족관에 대한 중국 젊은이들의 사고가 이전보다 다양해지고 개방되었음을 반영한 결과라고 할 수 있다. 여기서는 주로 중성 및 폄의적인 어휘들이 대부분을 차지하고 있는데, 그만큼 이들 문제가 사회적으로 이슈가 되고 있음을 의미한다. 둘째, 교육 관련 인물지칭 신조어를 통해 개혁·개방 이후 중국 정부의 교육정책이 매우 다양해지고 있음을 알 수 있다. 이전의 획일적인 교육정책에서 다양성을 추구하는 정책으로 바뀌고 있음을 이들 신조어를 통해 파악할 수 있다. 특히 학생 모집 방면에서 그러한 현상이 두드러짐을 알 수 있다. 셋째, 최근 스포츠 활동의 활성화로 적지 않은 관련 신조어들이 출현하고 있는데, 특히 인물지칭 관련 신조어들을 통해 외국과의 스포츠 교류활동이 활발해지고 있음을 알 수 있다. 넷째, 사람의 재능·수완 및 성격을 반영한 인물지칭 신조어를 통해 사회주의 체제 하에서 중요시 됐던 당성黨性이나 당에 대한 충성심보다 개인의 능력이나 수완을 더 중시하는 사회로 전환되고 있음을 알 수 있다. 다시 말해 중국은 현재 능력 위주 내지 각 개인의 개성을 중시하는 사회로 점차적으로 바뀌고 있음을 알 수 있다.

Ⅳ. 나가는 말

여기서는 인물지칭 관련 신조어에 대해 조사 보고서 형식으로 기술되었다. 인물지칭 신조어를 조사하여 우리말로 해석하고 그 어의를 밝힘으로써 중국어 교학教學 방면에 도움이 되도록 하였을 뿐만 아니라, 어의의 변화로 인해 실제 언어교제 상에서 야기될 수 있는 오해나 실수를 최소화하는 데에도 도움이 되도록 하였다.

그리고 중국의 많은 인물지칭 신조어들을 통해 체제 전환이라는 거대한 명제로 인해 중국어 어휘 역시 변화와 생성이라는 역동적인 환경에 처해 있음을 알 수 있었다. 중국인들은 체제 전환에 따른 사회 각 방면의 변화에 부응하여 많은 어휘들을 새로 만들어 사용하고 있을 뿐만 아니라, 또한 체제 전환으로 야기된 여러 사회문제들에 대한 불만의식을 이들 신조어를 통해 드러내고 있다. 신조어의 사회 반영이라는 관점에서 보더라도, 이들 신조어는 중국의 체제 전환이 가져온 긍정적 내지 부정적 면들을 여실히 반영하고 있다. 특히 인물지칭어만을 두고 보더라도, 중국인들은 수많은 관련 신조어를 만들어 사용하면서 경제 발전에 따른 상업화와 그 폐해, 도시화에 따른 각종 사회문제, 세대별 특성, 특수 부류의 등장, 새로운 풍조나 유행, 새로운 직종이나 업종, 과학 및 정보기술의 발전, 교육제도의 변화, 스포츠 활동의 활성화, 개인 능력 및 개성의 중시 등 체제 전환으로 발생한 다양한 문제나 현상들을 충분히 반영하고 있음을 알 수 있었다. 어의의 변화 면에서 보면, 중국인들은 이제 이데올로기의 울타리에서 벗어나 좀 더 세련된 인물 호칭을 사용하려는 경향이 훨씬 높아지고 있음을 알 수 있었다. 인물지칭어라는 한 유형에서만 이와 같이 많은 신조어들이 양산되고 또 그 어의가 변화되고 있다는 사실로부터 다른 신조어들은 더 이상 언급하지 않아도 그 상황을 충분히 짐작할 수 있을 것이다. 현재의 중국어 어휘 상황을 '신조어의 폭발'이라는 한 마디의 말로 규정한다면 너무 지나친 표현일까.

우리는 이제 중국어 학습은 물론, 당대의 중국을 이해하기 위해서는 개혁·개방 이후에 쏟아져 나온 그리고 앞으로 계속해서 출현할 신조어에 대한 폭넓은 이해가 반드시 필요하다는 사실을 알아야 한다. 중국의 급속한 발전과 변화의 이면에는 그만큼 빠르게 등장하는 신조어들이 늘 버티고 있기 때문이다.

1 PART

중국어 신조어 중의 群體名詞 '~~族'과 사회현상

Ⅰ. 들어가는 말

몇 년 전, 중국에서 '月光族'이라는 신조어가 등장하자, 우리나라의 언론매체에서 그것에 대해 보도하는 등 주목을 끈 적이 있었다. 그런데 이 신조어를 보면, 현재 중국의 사회현상과 밀접한 관련이 있음을 알 수 있다. 급속한 경제 성장에 따른 소득증가로 중국인의 씀씀이가 날로 커지는 가운데 중국의 명품시장 규모가 급속히 확대되고 있다. 이 중국 명품시장을 이끌고 있는 계층은 80년대 이후 중국 당국의 1가족 1자녀 원칙에 따라 태어난 귀한 외동아들이나 딸들이다. 이른바 '小皇帝'로 불리는 이들 중 최근에는 '매월 받는 월급(月)을 모두 써버린다(光)'는 '月光族'들이 강력한 소비 집단으로 급부상하며 중국 명품시장을 주도하고 있다. 이들을 이른바 중국판 '명품족'으로 일컬을 수 있다. 이들은 자신의 월급을 몽땅 소비하는 것은 물론, 은행 대출금으로 사치품을 사들이는 귀족 소비계층으로 서구문화에 탐닉하고 대졸 이상의 학력과 전문 능력을 갖춰 중국을 이끄는 새로운 소비계층으로 부상하고 있다. 여기서 우리는 하나의 신조어인 '月光族'이 현재 중국의 사회·경제·문화 그리고 가정 등 여러 문제와 관련되어 있음을 알 수 있다.

여기서는 최근 중국어 중에 적지 않게 출현하고 있는 '~~族' 신조어에 대한 조사와 연구로, 우선 '~~族' 신조어의 정의 및 구조형식에 대해 파악할 것이며, 아울러 중국어 중의 '~~族' 신조어와 사회 현상들과의 관련성 탐구를 유형별로 나누어 진행할 것이다. 그 탐구 과정 중에 최근 한국에서도 '~~族' 신조어들이 적지 않게 나오고 있는데, 이들 한국의 '~~族' 신조어와 중국의 그것과 비교하여 동일하거나 유사한 어휘를 찾아내거나, 유형별로 비교하여 양국의 '~~族' 신조어의 특성 및 동同·이점異點에 대해서도 파악해 볼 것이다.

'~~族' 신조어들은 주로 지금까지 간행된 한국과 중국의 각종 신조어 사전 등을 비롯하여 신문·잡지 및 인터넷 등의 기사를 통해 수집하였으며, 아울러 중국인들을 직접 대면하여 조사하기도 하였다.[1]

Ⅱ. '~~族' 신조어의 정의 및 구조형식

일반적으로 '族'은 '일정한 혈연관계가 있는 친속의 통칭統稱'이나 '가족이나 종족 계통 및 민족을 나타내는 칭호稱號'로 사용된다. 아울러 '많다'·'모으다'[2]라는 의미로 사용되기도 한다. 본고에서의 '~~族'

1_ 본론 중의 '~~族' 신조어 설명에서 사전이나 인터넷으로부터 인용한 부분에 대해서는 일일이 그 출처를 밝히지 않았다.
2_《漢語大詞典》, 漢語大詞典出版社, 1990.12.

어휘 중의 '族'은 '群(무리)'의 의미로 복수의 성격을 지니고 있으며, 동시에 '같은 속성을 가진 사물을 넓게 분류한 것'[3]으로 볼 수 있는데, 여기서는 사물보다 '같은 속성을 지닌 사람들을 분류한 것'이라고 봐야 더 적당할 것 같다. 품사 방면에서 본다면, '~~族'이라는 어휘는 '다수'·'복수'의 의미를 지닌 이른바 '군체명사群體名詞'에 속한다고 할 수 있다. 결국, '~~族'이라는 어휘는 '어떤 공통의 속성을 지닌 한 부류의 사람들'로 정의를 내릴 수가 있다.

'~~族' 어휘의 구조형식은 대부분 앞부분의 수식 내지 제한 성분이 뒷부분의 '族'이라는 형태소에 결합되어 있다고 볼 수 있다. 어떤 사람들은 뒷부분의 '族'을 접미사로 보기도 하는데, 이는 일반 접미사인 '子'·'頭'·'兒' 등은 본래 실사實詞의 의미가 없어 그 의미가 이미 허화虛化 되었거나 소실된 반면에 여기서의 '族'은 여전히 일정한 실사의 의미를 지니고 있기 때문에 이것을 접미사로 보기에는 다소 문제가 있는 것 같다. 이를테면 英語熱·足球熱·瓊瑤熱·武俠熱·追星熱·旅遊熱 등에서의 '熱'이나 油霸·煤霸·電霸·水霸·鋼霸·車霸·魚霸·房霸·學霸·文霸·聲霸·波霸·路霸·毒霸·視霸·血霸·涼霸·暖霸·浴霸·彩霸·譯霸·圖霸 등에서의 '霸'와 같다.[4] 이들 외에도 현대 중국어의 신조어 중에는 이와 같은 구조형식을 지닌 어휘들이 대단히 많은데, 그 예를 들어보면 다음과 같다.

~壇: 體壇·歌壇·影壇·泳壇·足壇·網壇

~嫂: 芭嫂·報嫂·菜嫂·地嫂·警嫂·軍嫂·護嫂·水嫂

~吧: 酒吧·氧吧·書吧·陶吧·網吧·畵吧·玩具吧

3_ 이를테면, '語族'·'水族' 등과 같은 말이다.
4_ '~霸' 신조어에 대해서는 앞의 글을 참조하기 바람.

～星: 會星·奥星·學星·笑星·諧星·港星·吹星·泳星·新星·舞星·歌星·明星

～的: 麵的·轎的·摩的

～盲: 科盲·機盲·法盲·音盲·舞盲·樂盲·球盲·醫盲·電腦盲

～領: 白領·藍領·金領·粉領·銀狐領

～民: 滙民·郵民·彩民·險民·網民·卡民

～商: 儒商·官商·文商·書商·外商·客商·港商·臺商·遊商·片商·房地産商=開發商

～爺: 侃爺·息爺·托爺·股爺·包爺·班爺·題爺·捧爺·票爺·假爺·佛爺·氓爺·柳爺·的爺·倒爺·官倒爺=大倒爺·女倒爺·冒兒爺·板兒爺

～～風: 吃喝風·麻將風·浮誇風·宴請風[5]

위에서 열거한 어휘군은 각각 모두 뒷부분에 동일한 형태소를 붙여 만들어진 신조어들로, '～～族'과 조어형태가 같다고 할 수 있다. 이들은 모두 앞서 하나의 신조어가 출현하면 뒷부분의 형태소를 그대로 모방하면서 앞부분의 수식이나 제한 성분의 형태소를 다른 것으로 대체하는 형식으로 신조어가 만들어지는 것이다. 曹成龍은 모방의 관점으로부터 이러한 형식의 신조어를 '대체 형태소替換詞素+모방되는 어근語根: 被倣詞根' 모식模式으로 설명한 적이 있다.[6] 이는 곧 신조어 형성상의 유화작용類化作用[7]이라고 할 수 있는데, '～～族' 신조어들 역시 이

5_ 이들과는 반대로 앞부분에 같은 형태소가 붙어 신조어를 이루는 어휘도 많은데, 이를테면 炒股·炒滙·炒房·炒作, 彩電·彩民·彩市·彩書·彩照·彩管·彩券, 準媽媽·準明星·準開發區·準洋人·準教授·準兒媳 등이 바로 그것이다.

6_ 曹成龍, 〈倣擬造詞與漢語新詞語〉(《중국어문학》 제45집, 2005.6) 참조.

7_ 曹　炜, 《現代漢語詞滙研究》(北京: 北京大學出版社, 2003) 81쪽 참조.

러한 유화작용에 의해 형성된 것이라고 할 수 있다. 이를테면, 打工族·上班族·工薪族·追星族·持卡族·月光族·小私族 등등을 들 수 있다.

이처럼 현대 중국어 신조어 중의 '～～族' 어휘들 대부분은 3음절로 이루어져 있으며, 간혹 2음절로 이루어진 것도 보이는데 이를테면 '款族'·'慢族'과 같은 것이다.[8] 吃剩飯族·水蜜桃族·(都市)慢族 등은 4음절로 이루어진 것들이며, 都市穴居族·(都市)酷摳族·(週末)號哭族·網絡晒衣族 등은 5음절로 되어 있다.

'～～族' 어휘 중에서 뒷부분의 '族'을 수식과 제한하는 앞부분의 형태소에 대해서는 대체로 다음과 같이 몇 가지로 나누어 설명할 수 있다.

첫째, 형용사(구)·동사(구)·술빈구述賓句 등이 오는 경우. 예를 들면, 號哭族·奔奔族·打工族·上班族·追星族·持卡族·刷卡族·啃老族=2030啃老族=吃老族=傍老族=歸巢族·賴校族·有車族·砸迪族·夾心族 등등이다.

둘째, 상중구狀中句가 오는 경우. 예를 들면, 不婚族·急婚族=急嫁族·閃婚族·試婚族·無子族=無孩族·白丁族·暴走族·北漂族·合吃族·月光族[9] 등등이다.

셋째, 명사나 명사구가 오는 경우. 예를 들면, 工薪族·小私族·背包族·竹筍族·芭樂族·檸檬族·草莓族=柿子族=水蜜桃族·鳳凰族·紅唇族·輪椅族·拇指族·負翁族·飛魚族·知青族 등등이다.

8_ 이를테면 '窮忙一族' 같은 것은 4음절로 되어 있는데, 여기서의 '一'은 생략할 수 있어 결국은 3음절로 이루어진 것으로 볼 수 있다. 또한 '飄一族'과 같은 것은 2음절 어휘로 간주해도 된다.

9_ '月光族'의 조어형태에 대해서는 앞에서 이미 언급하였다.

이상은 품사나 구에 따라 분류한 것이며, 다음은 외국어의 번역 및 외국어의 사용 형식에 따라 분류한 것이다.

넷째, 외국어를 음역하여 사용하는 경우. 예를 들면, 飛特Freeter=Free+Arbeiter族 · 雅皮Yippie族 · 波波BOBO=Bourgeois+Bohemian族=布波族 · 樂活LOHAS: Lifestyles of Health and Sustainability族 · 嘻哈Hip-Hop族 · 庫索Kuso[10]族=酷索族 · 丁克DINK: Double Income No Kid族[11] · 博客Blog族 · 酷Cool一族 · 尼特NEET: Not in Employment, Education or Training族=膩族 · 辣奢Luxury族 등등이다.

다섯째, 중국어+외국어(음역) 혹은 외국어(음역)+중국어로 구성하여 사용하는 경우. 예를 들면, 持卡族 · 刷卡族 · 砸迪族[12] · 白丁族 · 丁狗族 · 酷摳族 등등이다.

여섯째, 외국어를 의역하여 사용하는 경우. 예를 들면, 白領White Color族 · 快閃(暴走)族Flash Mobs · 小資族(즉, BOBO족) · 裝嫩族Grups: grown-ups · 抱抱Free Hug族[13] · 啃老NEET族[14] · 無孩DINK族 등등이다.

일곱째, 외국어를 그대로 사용하는 경우. 예를 들면, SOHO族 · YOYO族 · NEET族 · LATTE族 · FLY族 · IF族 · BOBO族[15] · NONO族 · QQ族 · BB族 · 3P族 · MO族 · 禦宅族[16] 등등이다.

10_ 'kuso'는 일본식 자작 영어로, 원의(原意)는 '爛'이다. '못된(짓궂은) 짓을 하다'로 의역할 수 있다.

11_ 타이완에서는 '頂客族'으로 음역하여 사용하고 있다.

12_ 이상 세 개의 어휘는 그 앞부분이 위에서 언급한 술빈구에도 속한다.

13_ 이 어휘는 그 앞부분이 위에서 언급한 동사구에도 속한다.

14_ 이 어휘는 그 앞부분이 위에서 언급한 술빈구에도 속한다.

15_ 위에서처럼 '波波族' 또는 '布波族'으로 음역하여 사용하기도 한다.

16_ '禦宅族'이라는 말은 1980년대 일본에서 기원한다.

이상에서 우리는 중국어 신조어 '~~族'이라는 어휘 중에서 외국의 기존 어휘들을 음역·의역하거나 아니면 그대로 사용하고 있는 경우가 적지 않음을 볼 수 있는데, 이는 최근 중국에서도 그만큼 서구인들의 다양한 생활 패턴이나 성향을 좋아하거나 또는 지닌 사람들이 나타나고 있음을 의미하는 것으로 매우 흥미로운 사실이 아닐 수 없다. 이는 한국어 중의 '~~족' 신조어에서 나타나는 현상과 동일하다고 할 수 있다.[17] 반면, '奔奔族'·'月光族'·'北漂族'·'合吃族'·'吃剩飯族' 등등은 모두 중국에서만 나타나고 있는 현상이나 상황을 반영한 어휘들로, 현재 중국의 또 다른 일면을 엿볼 수 있게 한다.

Ⅲ. 중국어 '~~族' 신조어의 내용 유별類別

언어는 일종의 사회현상이라 할 수 있다. 바꾸어 말하면, 이 말은 언어가 각종 사회현상을 반영하고 있다는 의미도 담고 있다. 사회의 변화가 클수록 그 언어의 변화 역시 크다고 할 수 있다. 사회의 각종 현상을 가장 민감하게 반영하고 있는 신조어를 통해 그 시대의 사회변화 내지 변혁의 내용을 파악해 보는 것은 흥미로운 일이 아닐 수 없다. 현재 중국은 체제 전환은 물론 각 분야에서 대단히 큰 변화와 발전상을 보이고 있다. 이러한 변화와 발전의 직·간접적인 영향을 받은 신조어들은 각종 사회현상·사회문제 및 그 폐해는 물론 사람들의 성

17_ 한국어 중에는 외국어의 기존 어휘들을 그대로 사용하는 경우가 가장 많으며 또한 중국보다 훨씬 많다고 할 수 있다. 물론 외국어를 활용하여 어휘를 직접 만들어 쓰는 경우도 있으며, 외국어를 의역하여 쓰는 경우도 있다.

향·의식·심리상태 등을 여실히 반영하고 있다고 할 수 있다.[18] 여기서는 현재 중국인들의 생활양식이나 의식형태를 가장 뚜렷하게 반영하고 있으면서 어떤 관념이나 행위 특성을 지니고 있는 일군一群의 사람들을 가리키는 신조어인 '~~族'에 대해 그 내용을 분류하고, 내용별로 주요 어휘에 대해 중국의 사회현상과 연관 시켜 구체적으로 파악해 보려고 한다. 동시에 의미상에서 서로 같거나 유사한 한국어 신조어 중의 '~~족' 어휘들과의 상호 비교도 진행한다.

1. 새로운 세대의 출현과 새로운 생활양식을 반영

중국 사람들은 개혁·개방 이후 경제의 급속한 발전으로 여러 방면에서 이전보다 더욱 다양해진 형태의 생활문화를 추구하게 되었으며, 아울러 일군一群의 사람들은 자신들만의 독특한 생활양식을 취하는 경향도 늘어나고 있는 추세이다. 이러한 현상과 경향은 새롭고 독특한 계층 및 세대를 출현하도록 하였다. 이는 이전 사회주의 체제하에서의 단순하고 획일적인 생활양식과는 확연히 다른 양상이라고 할 수 있다.

한 가지 예를 들어보자. 최근 보도에 따르면, 중국을 주도하는 그룹이 새로 등장하였다고 한다. 이른바 '신사회계층新社會階層'이 바로 그것이다. 7,500만 명으로 추산되는 이들의 보유 자산은 인민폐 10조元에 이르며, 세금 납부액은 중국 전체의 3분의 1을 차지한다. 그만큼 경제 활동이 활발하다는 뜻이다. 소득 수준으로 보면 대부분 중산층이지만 역할은 그 이상이다. 이들은 각종 사회문제에 적극적으로 참여하고, 법치와 제도 개선을 추구하는 것이다. 중국 정부는 이들의 소리

18_ 앞의 글 참조.

에 적극적으로 귀를 기울인다. 이들이 집단세력으로 변해 사회 각 부문의 민주화를 요구하며 국가 권력에 도전할 것을 염려하기도 한다. 이들은 1990년대 급속한 경제 발전으로 생겨난 중산층에서 한 단계 더 도약한 그룹을 지칭한다. 그래서 신중산층으로 불리기도 한다. 직업은 변호사·회계사·자영업·중소기업 사장·다국적 기업 종사자 등 다양하다. 상당수가 공산당共産黨에 가입하지 않고 창의적인 생활을 즐긴다. 이들은 대부분 고학력·고소득자로 직업·신분의 안정보다는 변화를 추구하며 정치 이슈에 민감한 계층이라고 할 수 있다.[19]

또한 최근 중국의 소비를 이끄는 3대 소비계층으로 자산계층·대도시 중산층·'80後(八零後)'[20]로 꼽는 사람도 있는데, 자산계층은 바로 위에서 언급한 신사회계층에 해당된다. 대도시 중산층은 상하이上海·베이징北京·선전深圳 등 대도시를 중심으로 등장한 중산층을 말하는데, 그 규모는 2억5,000만 명에 달한다. '80後'는 고등교육을 받은 20대들로, 1979년에 한 자녀 정책이 시행된 후, 1980년대에 태어난 중국 소비의 주도층이다. 중국의 사회학자들은 '80後' 세대를 1978년 덩샤오핑鄧小平이 주창한 개혁·개방의 분유를 먹고 자란 '新人類'라고 부른다. 이들은 어릴 때부터 풍요로움을 누리며 살아 최신 유행하는 아이템 소비를 선호하고 인터넷 쇼핑을 즐기며, 노트북·엠피3 플레이어·휴대전화 등 신제품 구매에 적극적이다. 이들은 10대 중반부터 정보기술IT의 혜택을 받아 인터넷에 빠져들었고, 휴대전화는 이들의 생활방식을 바꿔 놓았다. 앞에서 언급한 '月光族'이 바로 이 '80後'에 속하는 것으로, 광고주들의 핵심 표적이라고 할 수 있다. 그들은 서구문화

19_《중앙일보》 2007년 6월 13일자 참조.

20_《중앙일보》 2008년 4월 2일자 참조. '80後' 외에 '90後'라는 신조어도 있는데, 바로 1990년대에 태어난 세대로, '80후'와 더불어 중국의 젊은 세대를 대변한다고 할 수 있다.

에 대한 거부감이 적고 한국 및 일본의 최신 코드에 민감하다. 한때 중국을 휩쓸었던 '한류韓流'를 일으키고 확산시킨 주역도 유행과 패션에 관심이 많은 '80後' 세대였다. 아직 대학에 재학 중인 '80後'의 주관심사는 취업이고 그 다음이 연애이다. 이들은 개인주의 성향이 강하지만 민족주의에 쉽게 열광한다. 1994년부터 중국 정부의 애국주의 교육을 받고 자란 이들은 최근 쓰촨성四川省 지진21이나 티베트 사태와 베이징 올림픽 성화 봉송22에 대해 자신들의 정체성을 잘 드러내기도 하였다.

이와 같은 새로운 계층이나 세대의 등장은 곧바로 중국어 신조어에 투영되었으며, 아울러 새로운 생활문화나 생활양식의 추구 양상이나 현상들을 반영한 신조어들도 적지 않게 출현하였다. 그 중에서 가장 전형적인 것이 '～～族' 어휘들로, 어휘 중의 '族'이 갖는 '일군一群의 사람들'이라는 본래의 의미와 관련이 있기 때문이다. 또한 '～～族' 신조어 중에서 여기에 속하는 것이 비교적 많다고 할 수 있다.

아래에서 새로운 세대의 출현과 새로운 생활양식을 반영한 주요 '～～族' 신조어에 대해 구체적으로 설명하기로 한다.

奔奔族: 최근 인터넷 상에서 가장 유행하는 신조어로, 현재 중국 사회에서 가장 중요한 젊은 역량으로 칭해지고 있다. '奔奔'은 '바삐 뛰어다니다'라는 의미를 담고 있는데, 그들은 자신의 사업을 위해 분주하게 뛰어다닌다. 동시에 그들은 중국 사회에서 스트레스를 가장

21_ '80後'와 '90後' 세대들은 그동안 물질적 풍요를 누리며 응석받이로 자라 다른 사람에 대한 배려가 부족하고 극단적인 이기주의가 많다는 평가를 받아왔지만, 최근 지진 사태에 대한 이들의 행동이 기성세대의 고정관념을 바꿔 놓을 정도로 희생적이었다는 보도를 자주 접하였다. 지진 사태를 계기로 이들 젊은 세대들이 자기중심적인 세계관에서 벗어나 사회적 책임을 인식하기 시작하였다고 평가하는 사람도 있다. 그들에 대한 지금까지의 많은 우려를 조금이나마 불식시킬 수 있었다는 점에서 매우 고무적인 일이 아닐 수 없다.

22_ 이들은 세계 곳곳에서 성화 수호(?)를 위해 활동하였다. 그리고 한국 서울에서의 성화 봉송 시 일어났던 중국 유학생들의 시위 폭력사건도 그 중의 한 예라고 할 수 있다.

많이 받는 계층으로, 주택 가격·자동차 가격·의료비가 비싼 이른바 '三高時代'에 살아가면서 시시각각으로 스트레스를 받으며 스스로 현실에 대해 저항하는 것을 좋아한다. '奔奔族'은 70년대 말에서 80년대 초 사이에 태어난 사람들로, 행복과 고통이라는 이중의 세례洗禮를 받았다. 한편으로 그들은 국가의 개혁·개방 후의 좋은 시기에 살고 있다. 이와 같은 행복한 시대에 그들 중 많은 사람들은 대학에 들어가 고등교육을 받을 수 있었으며, 컴퓨터와 인터넷 기술이 가져온 시대의 변혁을 겪었다. 그들은 컴퓨터 게임과 인터넷을 하고 미국의 대작 영화를 봄으로써, 이전 사람들이 체험한 적이 없는 새로운 사물을 체험하기도 한다. 그들은 외자기업外資企業에 출근을 하며, 월말에 받은 월급이 한 푼도 남아 있지 않아도 유명 브랜드의 옷을 입고 유명 음식점에서 밥을 먹는다. 그들은 대출을 받아 자동차를 사서 몰고 다니기도 한다. 이런 관점에 본다면 그들은 행복한 세대라고 할 수 있다.

또 다른 한편으로 그들은 중화인민공화국中華人民共和國 건국 이후 그 이전에는 볼 수 없었던 사회 변천을 경험하였다. 사회복지제도의 개혁은 그들로 하여금 스스로 여러 문제들을 해결하지 않으면 안 되게 하였는데, 이를테면 직장·주택·결혼·생육生育·보험·노인 봉양 등등이 바로 그것이다. 고학력자들이 갈수록 많아지자 취업하기가 어려워지며, 집값은 갈수록 오르니 심지어 대출을 해도 집을 살 수가 없으며, 결혼과 아이 양육에도 많은 돈이 든다. 그들 대부분 단독으로 부모를 봉양할 의무를 지니고 있다. 그래서 그들은 생활상에서 스트레스를 많이 받을 수밖에 없다. 이런 관점에서 본다면 그들은 무거운 스트레스를 받는 불행한 세대라고도 할 수 있다.

일반적으로 이들은 '白領族(화이트칼라족)'에 속한다고 할 수 있다. 또한 이들은 앞에서 언급한 '月光族'과도 겹치는 부분이 있다. 그리고 나이와 성향을 두고 보면, 분명히 '80後' 세대[23]와도 중복된다.

摳摳族: 돈 한 푼도 두 쪽으로 나누어 쓰는 철저하게 계획적인, 절약이 몸에 밴 젊은 층을 일컫는다. '摳'자가 구어口語에서 형용사로 쓰일 때 '인색하다'라는 의미가 있다. 중국 네티즌들은 '摳摳族'으로 살아남을 수 있는 방법들을 서로 공유하며 쓸 돈이 있지만 절약을 실천하며 만족을 얻는 소비습관을 자랑스럽게 여긴다. 그들은 택시 대신 대중교통을 이용하는 것은 필수이고, 친구들과의 모임은 밖이 아닌 집에서 손수 만든 음식으로 준비한다. 패스트푸드는 할인쿠폰을 다운받아 이용하고 물건은 전자상거래 사이트 인터넷 공동구매를 활용한다. 또 해외여행을 갈 때에는 서로 여행지가 같은 네티즌들과 단체 팀을 꾸려 개인 티켓이 아닌 단체 티켓으로 항공권을 싸게 구매한다. '摳摳族'은 빈곤층도 아니며 수전노守錢奴도 아니다. 그들의 소비관념과 절약방법은 시대를 앞질러간다. 그리하여 그들은 총명하고 절검節儉의 생활이념을 드러내며, 경제적으로 충족하는 생활품위를 추구한다.

恐歸族: 춘절(春節: 음력설) 때 고향에 가는 것을 두려워하는 젊은이들을 일컫는 말이다. 이들이 고향에 안 가는 이유는 각양각색이다. 전문가들은 '80後'로 대표되는 젊은이들의 귀향 기피 풍조 원인으로 세뱃돈에 대한 부담, 개인주의적인 삶 등을 꼽았다. 어떤 보도에서는 춘절이 젊은이들의 사교력·경제능력·인격을 테스트하는 종합시험이 되고 있다고 하였다.

올해(2011년) 춘절 때에는 '피카소(閉家鎖: 문을 걸어 잠그고 외출하지 않은

23_ 타이완에서는 1980년 이후에 태어난 젊은이들을 과일의 모양과 특성에 비유하여 '草莓族'·'柿子族' 또는 '水蜜桃族'이라고 한다. 그리고 일상생활 중의 이를테면 밥 짓기·설거지·이불 개기 등 기본적인 일도 할 줄 모르는 젊은이들을 '생활 백치족'이라 하여 '生白族'으로 칭한다.

남자)'·'쥐리부인(居里夫人: 집안에 틀어박힌 여자)'이라는 말이 유행한 적이 있다.

小私族: 최근 베이징에서 가장 유행하는 부류로, 개인私人 전담의 서비스 받기를 좋아하는 사람들이다. 그들은 개인 전속 미용사·이미지 고문·헬스 고문·영양사·의사·변호사·가정부·재산관리 고문 등을 초빙하여 자신의 생활을 완벽하게 하는데, 그들이 추구하는 것은 곧 전문가가 전심전력으로 서비스해 주는 사생활이다. '小私族'은 나이가 대략 28세에서 45세까지로, 교육 배경이 좋으며 직장이 괜찮은 고수입의 남녀들이다. 그들은 개성화와 전문화를 강조하고 사생활을 중시하며, 유행을 추구하고 즐기는 것을 이해하고 있다.

이와 같이 중국에서의 '小私族'의 출현은 중국 사회의 재부財富 증가에서 그 원인을 찾을 수가 있다. 중국에서는 온포문제溫飽問題가 해결된 후, 갈수록 많은 사람들이 다양하고 개성화된 생활양식을 추구하고 있다. 겉으로는 '小私族'의 이러한 것이 물질적 추구로 보이지만, 사실은 정신적인 추구로 봐야할 것이다. 일부 학자들은 물질문명이 부단히 발전하는 과정 중에 '집체集體를 중시하고 개인을 경시하며', '공성共性을 중시하고 개성個性을 경시하는' 중국의 전통 관념이 도전을 받고 있다고 여긴다. 갈수록 많은 중국 사람들은 다시는 흐르는 물결에 그냥 순응하기를 원하지 않으며, 일반 대중과는 다른 개인적인 공간을 추구하고 있다.

負翁族: 수입은 적지 않으나 저금은 오히려 많지 않으며, 주택과 자동차를 소유하고 있으나 거액의 채무를 지고 있는 부류를 가리킨다. 중국의 중·대형 도시에서 이와 같은 사람들이 갈수록 많아지고 있다. 도시 '負翁族'의 주체는 일반적으로 나이가 20세에서 35세 사이의 사람들로, 월수입은 인민폐 3,000元에서 10,000元 사이이다. 그들은 생활 품질의 제고가 절실한 나머지, 목전의 경제력은 좋지 않으나 앞으로의 상황은 양호하다고 여겨 은행 대출을 받아 주택이나 자동차 등 주요 소비제품을 먼저 구매하여 그것들을 가지고 생활의 즐거움을 누린다. 이 '負翁族'을 '新貧族'이라고도 부른다.

최근 한 기사에서 도시 '白領(화이트칼라)' '負翁族'의 생활을 다음과 같이 묘사하였다. "월급이 인민폐 3,000元에 불과하지만, 오히려 단번에 여러 벌의 유명 브랜드 옷을 산다. 술집으로 가서 여가를 즐기는데, 인민폐 100元 이상의 술을 시켜 마시고 몸에는 단지 인민폐 10元만 남았지만, 또한 우아하게 거리에서 택시를 잡는다." 이들은 나이와 생활양식 상에서 '月光族'과 일정 부분이 겹치고 있다.

酷摳族: '都市酷摳族'이라고 한다. 이 부류의 사람들은 신분 배경 상에서 학력이 높고 직장이 좋으며 수입이 적지 않다는 점에서 '小私族'이나 '負翁族'과 비슷하며, 생활양식 방면에서도 비슷한 점이 있다고 할 수 있다. 그러나 생활의 추구 방면으로부터 보면, 크게 다른 점이 드러난다고 할 수 있다.

'酷摳'는 앞에서 언급했듯이 'cool'+'摳'의 외국어(음역)+중국어로 구성된 어휘로, '시원스럽게 버리다'로 번역할 수 있다. 다시 말해, 그들은 과도한 사치나 번잡함을 싫어하며, 간결하고 원활함을 강조하고 자연스러움을 추구하는 생활을 원한다. 그들은 쓸데없는 것을 모두 버리고 모든 것을 지극히 간결하게 하여 가장 정화精華로운 부분만을 남긴다. 그들은 고품질의 우아한 생활을 좋아하여 심미안과 고아한 생활 품격을 지니고 있다. 또한 그들은 자신의 풍부한 문화적 소양으로 경제상의 부족함을 보충하며, 전통적인 절검節儉과 현대에 유행하는 사고를 결합함으로써 그들의 생활을 대단히 순조롭게 하도록 한다. 그들의 이러한 생활양식은 도시 생활에 신선한 공기와 빛을 가져다준다.

雅皮Yippie族: 신세대 청년들로, 모두 고등교육을 받은 전문직의 사람들이다. 그들은 도시 근교에 살며, 수입이 풍부하고 우아한 생활을 하며, 고품위를 유지하고 고아한 외모를 지니고 있다. 여기서 '아피'란 젊은young, 도시화urban, 전문직professional의 세 머리글자를 딴 'YUP'에서 나온 말이다. 우선 이들은 개인의 취향을 무엇보다도 우선시하며, 매사에 성급하지 않고 여유가 있다. 또 모든 행동거지에 거짓이나 꾸밈이 없으며, 대인관계에서는 부족하지만, 그런 가운데서도 깨끗하고 세련된 인간관계를 추구한다. 이른바 '嬉皮Hippie族'과 여러 방면에서 상반된다. 이 부류는 위의 '酷摳族'과 어떤 방면에서 매우 비슷하다.

波波BOBO族: '布波族'·'小資族'이라고도 한다. 'BOBO'는 Bourgeois(부르주아)와 Bohemian(전통의 구속을 받지 않고 자유로운 생활을 하는 사람)의 합성어. 'Bobos'라는 말은 데이비드 브룩스라는 사람이 자신의 저서《BOBOS in Paradise》에서 처음 제시한 신조어인데, 본래 의미는 부자는 아니지만 지적 노동에 종사하는 사람들로 도리어 외형적인 소비를 멸시하고 매니아적 소비를 즐기는 사람들을 일컫는다. 그들은 귀중한 도서와 희귀 자료 그리고 애호하는 수집품을 집에 가득 가지고 있으면서도 자전거를 타거나 걸어서 출퇴근할 정도로 소박한 사람들이다. 그들은 부르디외가 말한 '문화 자본'을 풍부하게 소유하고 그것을 즐길 줄 아는 사람들이다. 소위 21세기에 신귀족으로 불리는 사람들이다.[24] 그들은 또한 자유를 추구하고 자아에 도전하며 심령의 만족을 실현한다. 기득권 세력이 관습·제도·가문 등 외적인 요인의 영향을 받아 성공한 것과는 달리, 높은 교육 수준을 바탕으로 해서 스스로 성공 신화를 이루었음은 물론, 대립되는 두 가지

24_ 김다은,《발칙한 신조어와 문화 현상》(서울: 도서출판 작가, 2006) 96쪽 참조.

가치를 조화롭게 절충해 새로운 가치를 창출한 계층이라는 점에서 주목을 받기 시작해, 현재 디지털 시대의 엘리트들을 일컫는다. 대표적인 특징은 정보에 강하고 자신만의 독특한 소비 감각이 있으며 자유롭게 사고하고 유행에 개의치 않으며 엉뚱하고 기발하며 일을 즐기고 여유가 있으며 적극적이고 돈이 많더라도 낭비하지 않는다는 점이다.[25]

悠客族: 그들은 바쁘게 돌아가는 직장 생활로부터 주동적으로 일을 잠시 쉬거나 완화시켜, 긴장되고 바쁜 직장생활로부터 멀리함으로써 더욱 많은 시간을 자신에게 주거나 자신에게 긴 휴가를 얻게 한다. 어떤 사람들은 꿈속에서도 바랐던 새로운 생활의 시작을 시험 삼아 하기도 한다. 그들은 자주적으로 생활의 리듬을 제어하며, 천천히 그리고 여유롭게 생활한다. 그들의 생활은 간단하며 즐겁다. '悠客族'의 이러한 상태를 '신퇴직주의新退休主義'라고 부르기도 한다.

飛特族: 이 어휘의 어원은 앞에서 이미 언급하였는데, 'Freeter'는 곧 '자유업무자'의 뜻으로, '飛特族'은 일종의 자유로운 업무 방식을 가지고 생활하는 사람들을 말한다. 그들은 장기적이고 안정적인 일을 구하지 않고 자신의 자주적인 공간을 위해 단기적인 일을 더 원한다. 그들은 단지 돈이 필요할 때만 일을 찾아 하는데, 일정한 액수의 돈을 번 후에는 여행을 떠나거나 집에서 한가롭게 보낸다. 그들은 하고 싶을 때 일을 하고 놀고 싶을 때 노는 자유로운 생활의 추구로, 상사의 눈치를 전혀 살필 필요가 없다. '飛特族'은 서양에서 줄곧 유행하다가 후에 일본으로 전해졌다. 일본 관방官方은 그들을 나이가 15세에서 34세까지로 고정된 직업이 없으며 비전일제非全日制의 임시직 일을 하는 젊은 사람들로 규정하였다. 현재 '飛特族'은 일본에서 신속하게 타이완·홍

25_ '보보스족' 이후에는 젊고 부자지만 평범하게 사는 이른바 '욘(YAWN: Yong and Wealthy but Normal)족'이 새로운 엘리트로 부상하고 있다고 한다.

콩·중국으로 옮겨가고 있는데, 그 규모가 날로 커지고 있다.[26]

漂一族: 이 부류는 여러 방면에서 위의 '飛特族'과 유사하다. 그들은 직장을 빈번하게 옮기는데, 그들에게 안정된 직장을 추구하는 것은 일종의 보수적이며 뒤떨어진 관념이 된다. 수입이 있거나 심지어 월급이 높더라도 자신이 속한 완전한 의미의 가정을 가지고 있지 않다. 그들은 일반적으로 하고 싶은 말을 하며 하고 싶은 일을 한다. 대담함·열정·개성·자유 등이 그들이 가지고 있는 주요 특징들이다.

SOHO族: 'SOHO'는 'Small Office Home Office'에서 네 머리글자를 따서 만든 말이다. 소액을 투자하여 집에서 사무를 보는 사람들을 일컫는다. 'SOHO족'은 정보화시대의 산물이라고 할 수 있다. 현재 SOHO족은 대부분 E-business 종사자·프리랜서·광고제작자·패션디자이너·심리상담원·건강상담원·촬영기사 등이다. 중국에서도 최근 정보산업의 발전과 취업난 등으로 인해 이와 같은 유형의 생활양식에 많은 관심을 보이고 있으며, 실제로 이러한 부류의 사람들이 출현하고 있다.

'都市穴居族'·'禦宅族'·'蟄居族' 등은 의미상에서 이와 비슷한 어휘들이다.

MO족: 업무 장소의 고정된 속박에서 벗어나 IT 관련 기기機器를 이용하여 업무를 이동하면서 보는 부류의 사람들을 일컫는다. 그들은 시간과 장소에 구애됨이 없이 업무를 볼 수 있다.[27]

26_ 김다은은 앞의 책(91쪽)에서 '프리터족'을 "정규직을 구할 수 없기 때문에 아르바이트나 하면서 프리하게 생활을 이어나가는" 부류의 사람들이라고 정의하였다.

27_ 우리나라에서는 이와 유사한 어휘로 '디지털 코쿤(Digital Cocoon)족'이라는 말을 사용하고 있는데, 즉 디지털 기기와 개인 통신망을 이용하여 자신만의 공간에서 모든 일을 해결하며 사는 부류의 사람들을 가리킨다. 이 외에도 '디지털 노매드(Digital Nomad)족'이 있는데, 휴대전화나 PDA를 갖추고 언제 어디서나 업무를 보고 정보를 검색하고 음악을 감상하는 부류의 사람들을 일컫는다. 여기서 'nomad'는 '유목민(遊牧民)'이라는 뜻이다.

竹筍族: 앞의 글 참조.

反哺一族: 앞의 글 참조.

이상에서 우리는 중국 경제의 급속한 발전 결과, 다양한 부류의 사람들이 출현하였음을 알 수 있다. 아울러 그들이 추구하는 생활의 목적 및 생활양식 또한 다양하여, 서구에서 나타난 여러 부류의 특성들을 많이 지니고 있음을 알 수 있다. 비록 '雅皮族'·'波波族'·'SOHO族' 등은 서구에서 나타난 부류이지만, 중국에서는 이미 이 어휘들을 사용하고 있을 뿐만 아니라 이런 부류의 특성들이 중국 자체에서 출현하고 있는 또 다른 부류 중에 포함되어 있음을 알 수 있다. 중국에서도 그만큼 그러한 생활방식을 추구하는 부류의 사람들이 형성되어 있을 뿐만 아니라 그 다양성 역시 서구에 뒤지지 않음을 엿볼 수 있다.

2. 건강이나 웰빙 생활을 반영

중국인들은 원래 자신의 건강이나 무병장수를 위해 음식에 꽤 많은 신경을 쓰는 편이다. 특히 건강을 위한 보양식에 많은 관심을 가지고 있다. 더군다나 개혁·개방 이후 경제 발전으로 인한 소득의 증가로 개인의 건강 및 웰빙 생활에 대해 더욱 높은 관심을 보이고 있다. 이른바 '웰빙족'이라고 할 수 있는 이들은 '웰빙Well-being'의 '심신의 안녕과 행복을 추구하다'라는 의미를 실천하는 사람들이다.[28]

28_ 'Well-being족'과 정반대되는 의미의 'Ill-being족'이라는 신조어도 출현하였는데, 여기서 'Ill-being'은 '심신을 혹사시키는 일'이라는 뜻을 지니고 있다. 두 부류의 사람들 모두 '행복하게 살자'라는 목표는 같다. 그러나 노는 것·자는 것까지 생활의 면면은 그야말로 극과 극이다.

요즘은 웰빙이 부자들의 호사스러운 취향으로 흐르는 경향이 있다. 진짜 웰빙이란 소비의 가치를 어디에 두는가에 있을 것이다. 값비싼 명품을 찾거나 반대로 공장에서 대량 생산된 값싼 먹을거리를 찾을 수도 있겠지만 웰빙이라면 소비를 통해 자신은 물론 농촌과 생태·지구까지도 살릴 수 있다는 개념으로 접근하는 것이 바람직하다. 이른바 '소시오 웰빙족'은 이전에 개인적으로 추구되던 웰빙을 사회가 함께 나누자는 부류의 사람들이다. 웰빙 마케팅 전략의 확산으로 지나치게 고급화·개인화·상업화된 웰빙에서 벗어나서 웰빙의 본래 의미를 되찾고자 하는 것이다. 특히 개인화된 웰빙을 지양하여 일회용품 줄이기·재활용·불우 고령층에 대한 관심 등 웰빙의 사회적 공유에도 관심을 갖는 것이다.[29] 중국도 이제 웰빙 관련 부류의 사람들을 보면 바로 이러한 방향으로 나아가려는 경향을 얼마간이나마 엿볼 수 있다.

아래에서 건강과 웰빙 생활을 반영한 주요 '～～族' 신조어에 대해 구체적으로 설명하기로 한다.

樂活族: '樂活'은 'LOHAS'의 음역으로, 'Lifestyle of Health and Sustainability'의 약자이다. 개인의 건강뿐만 아니라 사회의 지속 성장을 추구하고 환경을 생각하는 생활스타일을 뜻한다. 자신의 정신적·육체적 건강뿐만 아니라 환경 파괴를 최소화한 제품을 선호하는 소비 트랜드를 보인다. 이러한 생활양식을 실천하는 사람들의 부류인 '樂活族'은 환경보호·타인에 대한 관심·과도한 소비와 낭비를 절제하는 행위를 가장 핵심적인 실천 내용으로 삼고 있다. 그들은 생활의 질은 경제 기초에 달려 있기도 하지만 그보다 더 중요하게 생활의 관념에 달려 있다고 여긴다. 또한 그들은 노력하여 주동적으로 건강하고

29_ 김다은, 앞의 책 152쪽 참조.

즐거운 날을 쟁취하도록 강조한다. 그 건강 속에는 생태 환경적 건강과 개인 성장의 심리적 건강이 포함되어 있다고 할 수 있다. 그리고 중국에서도 현재 고소득 계층을 중심으로 유기 농산물·대체 의약품·요가·친환경 제품 등의 시장이 형성되는 추세이다.

이러한 생활양식은 歐美에서는 이미 상당히 유행을 하였는데, 구미의 1/4 이상의 사람들은 이러한 생활양식을 견지하고 있다고 할 수 있다. 현재 중국 사람들도 이 생활양식에 대해 상당히 많은 관심을 갖고 있다. 아울러 중국에서 SOHO족·BOBO족과 같은 어휘가 사용된 후에 출현한 또 하나의 신조어이면서 아울러 또 하나의 새로운 군체群體를 나타내는 어휘라고 할 수 있다.[30]

慢活族: '慢(一)族' 또는 '都市慢族'이라고도 한다. 문자 그대로 '생활을 천천히 하는 부류의 사람들'을 일컫는다. 도시인들의 생활리듬이 갈수록 빨라지고 있다. 그들은 패스트푸드를 먹고, 자동차를 몰고, 급행료를 내며, 가장 빠른 우편郵便을 이용하는 등 어는 한 곳이라도 빠른 것을 이용하지 않는 곳이 없을 정도이다. 그러나 어떤 사람들은 거북이나 달팽이와 같은 생활을 좋아한다. 그들은 천천히 걷고 천천히 밥을 먹으며, 심지어 운동조차도 요가나 태극권과 같은 속도가 느린 종목을 선택한다. 그래서 그들은 갈수록 커지는 일에 대한 스트레스를 떨쳐버리고 조금의 여유도 없는 바쁜 일과를 멈추고서 생활의 아름다움을 천천히 즐긴다. 사실 이와 같은 '慢活族'의 출현은 시대의 진보를 나타내는데, 사람들의 생활이 시대와 함께 나아가는 것을 의미하기도 한다. 이 여유로움과 '느림'의 미학은 중국 전통 사상인 도가

30_ '樂活族'이 새로운 생활양식으로 설명되어지는 것으로 보아, 그것을 앞의 '새로운 세대의 출현과 새로운 생활양식을 반영' 부분에 넣어도 되겠지만, '건강 및 웰빙'을 가장 기본적인 것으로 삼고 있기에 이곳에 넣어 설명하였다.

사상道家思想과 관련이 있다고도 할 수 있다. 이런 면에서 본다면, 현대의 물질문명의 폐단을 거부하고 '자연스러움'을 숭상하는 삶을 영위하는 것으로써 정신적인 건강을 추구하는 부류의 사람들이라 할 수 있다.[31]

號哭族: '週末號哭族'이라고도 하는데, 일본에서 유래되었다. 연구 결과, 울음은 스트레스와 초조함을 해소시킬 수 있다고 한다. 그래서 많은 직장여성들이 주동적으로 '호곡족'을 선택하여 마치 자학自虐의 방식처럼 보이는 한바탕의 울음을 통해 마음속의 스트레스를 풀어버린다. 그들은 주말에 집안에서 영화나 문예작품의 슬픈 이야기 줄거리를 통한 한바탕의 울음으로써 자신들의 정신적 스트레스를 해소시킨다. 이와 같은 방식은 어떤 정도 상에서 내심內心의 고요함을 찾는 단순한 갈망을 체현한 것으로 볼 수 있다. 우리나라의 국립국어원에서 편찬한 《사전에 없는 말 신조어》에서는 이 '號哭族'을 '흐느낌족'으로 소개하고 있다.[32]

走班族: 매일 도보로 출·퇴근하는 사람들을 가리킨다. 최근 도시 종업원들 사이에서 유행하는 일종의 건강을 위한 생활방식이라고 할

31_ 서구에서는 이와 유사한 것으로 '슬로비(Slobbie)족'이 있는데, '천천히 그러나 더 훌륭하게 일하는 사람(Slow but Better Working People)'의 약칭이다. 이것은 1990년 오스트리아에서 창설된 '시간 늦추기 대회'에서 유래되었으며, 1990년대 미국에서 처음 등장한 젊은 세대를 일컫는다. 또한 서구에서는 비슷한 의미의 '다운시프트(Downshift)족'이라는 말도 있는데, 다운시프트는 원래 저속 기어로 바꾼다는 뜻으로, 속도를 우선하는 삶에 브레이크를 밟는다는 의미도 내포한다. 그들은 자신이 원하는 형태의 삶을 위해 고소득을 기꺼이 포기하는 것이 특징이며, 아예 주거지를 도시 외곽이나 화려한 삶과는 거리가 먼 전원으로 옮기는 사례도 드물지 않다. 그들의 연령층은 가족에 더 큰 가치를 두고 자기만족적 삶을 민감하게 받아들이는 세대인 30~40대가 가장 많다. 또 증권·금융·정보통신 등의 업종에 종사하는 중산층 전문직이 많은 것도 특징이다.

32_ 국립국어원 편, 《사전에 없는 말 신조어》(서울: 태학사, 2007) 401쪽 참조. 이 책에서는 흐느낌족을 "중국에서, 슬픈 음악·영화·소설 등을 보면서 눈물을 흘려 스트레스를 푸는 사람들. '號哭族'을 번역한 말이다"라고 설명하고 있다.

수 있는데, 교통 체증의 고통을 피할 수 있을 뿐만 아니라 출·퇴근 시간을 충분히 이용하여 몸을 단련시킬 수 있다.

瘦身族: 다이어트나 몸매 유지에 열중하는 부류의 사람들을 일컫는다.

泡澡族: 동북지역東北地域에서 정기적으로 목욕을 즐기는 60세에서 90세까지의 노인들을 일컫는다. 그들은 1주일에 한 번은 반드시 자신들이 고정적으로 가는 목욕탕에서 목욕을 함께 즐기는데, 자신들이 가지고 있는 목욕 순서나 목욕 방법대로 목욕을 한다. 또한 그들은 그곳에서 서로 만나 여러 가지 화제話題를 가지고 이야기를 나누기도 한다.

吊瓶族: 본래 링거주사를 맞을 필요가 없는데, 한사코 맞으려고 하는 환자들을 가리킨다. 이러한 선택은 사실 위험한 것으로, 링거주사액이 혈액에 직접 접촉하기 때문이다. 비록 효과가 빠르고 작용이 직접적이기는 하지만, 일단 약물에 대해 과민반응이 일어나면 치명적인 결과를 초래할 수 있다.

이상에서 우리는 최근 중국 사람들 역시 스트레스 해소 등 정신적·심리적 건강에 관심을 갖기 시작했음을 알 수 있으며, 단순하게 맛과 영양을 중시했던 중국 사람들의 식생활도 환경 보호 등을 포함한 기본적이고도 진정한 웰빙을 위한 식생활로 점점 바뀌고 있음을 알 수 있다. 아무튼 현재 중국내에서도 웰빙 생활에 대한 관심과 수요가 증가하고 있음을 의미하고 있다.

3. 취업난 및 자신의 능력 개발 등을 반영

중국 역시 극심한 취업난을 겪고 있다. 특히 대학졸업자의 취업난이 심각하다. 이는 우리나라 사정과 비슷하다고 할 수 있다. 중국이 높은 경제성장률에도 불구하고 취업대란이 몇 년째 계속되고 있는 가장 직접적인 이유는 대학졸업생의 폭증 때문이라고 할 수 있다. 2000년 107만 명이던 중국 대졸자는 2005년 300만 명, 2006년 400만 명을 넘어선 데 이어 올해는 559만 명으로 사상 최고치를 기록하고 있다. 여기에다 지난해 졸업한 70만~80만 명의 대학생이 여전히 일자리를 구하지 못하면서 올해 실제 취업 대기자는 600만 명을 넘어서고 있다.[33] 여기에다 중국 거시경제의 불확실성과 국유기업의 정책성 파산도 취업난을 부채질하고 있다. 특히 올해는 국유기업의 정책성 파산 정책을 추진하는 마지막 해여서 대량 실업이 발생할 것으로 전문가들은 내다보고 있다. 에너지 절감과 오염물질 배출 저감 정책으로 멈춰서는 공장과 기업이 늘어날 것으로 예상되는 점도 구직난에 어두운 그림자를 드리우고 있다. 그리고 이와 같은 취업난을 타개하기 위해 자신의 능력 개발을 도모하는 사람들도 갈수록 많아지고 있다.[34]

중국에서 이런 취업난 및 자신의 능력 개발 등을 반영한 '~~族' 신조어들이 적지 않게 출현하였는데, 이는 한국어 '~~족' 신조어 중에서도 이와 관련된 어휘들이 많이 나온 사실과 비슷한 상황이라고 할 수 있다.

아래에서 취업난 및 자신의 능력 개발 등을 반영한 주요 '~~族' 신조어에 대해 구체적으로 설명하기로 한다.

啃老族: '2030啃老族'·'吃老族'·'傍老族'·'歸巢族' 또는 'NEET族'이라고도 하는데, 우리나라에서는 '캥거루족'[35]이라고 한다. 'NEET'란 앞

33_《문화일보》 2008년 7월 11일자 참조.

34_《서울신문》 2008년 7월 12일자 참조.

35_중국에서도 '袋鼠族'이라고 쓴다. '파라 싱글(Para Single)족'이라는 말도 이와 비슷한 데가 있는데, 이 말은 parasite(기생충)과 single을 합하여 만들어진 것으로, 독립할 나이가 됐지만 경제적인 이유로 부모의 집에 얹혀살면서 자기만의 독립적인 생활을 하고자 하는 부류

에서 이미 언급했듯이, 'Not in Employment, Education or Training'의 머리글자를 딴 것으로, 학생도 아니고 직장도 없으면서 그렇다고 직업훈련을 받거나 구직활동을 하고 있지도 않은 젊은이들을 일컫는다. 즉, 그들은 학교를 졸업해 자립할 나이가 되었는데도 취직을 하지 않거나, 취직을 해도 독립적으로 생활하지 않고 부모에게 경제적으로 의존하는 20~30대의 젊은이들을 일컫는다. 그들은 어쩔 수 없이 부모에게 의존하는 경우가 아니라, 취업을 할 수 있음에도 불구하고 적극적으로 일자리를 찾지 않고 부모에게 빌붙어 사는 철없는 젊은이들을 가리킨다. 그래서 그들은 실업자와 구별해 '無業者'로 부르기도 한다. 또 고정적인 직장을 거부하거나 포기한 채 아르바이트로만 생활하는 '飛特族'과도 구별된다. 여기서의 '老'는 곧 '부모'를 가리킨다. 그들은 대부분 경제적인 수입이 없거나 수입이 자신의 생활 수요를 만족시킬 수 없는 일인一人 자녀들로, 중국의 이른바 '계획생육計劃生育' 정책 후에 태어난 자녀들이라 할 수 있다. 앞의 '奔奔族'과는 성격상 반대되는 부류의 사람들이라 할 수 있다.36

校漂族: 대학원 입시 준비, 미취업, 대학생활에 대한 그리움 등 각종 원인으로 인해 여전히 대학에 남아 있거나 혹은 대학 주위의 셋방에 거주하고 있는 대학 졸업생들을 가리킨다. 그들은 이미 재학생이 아니지만 일정 정도 상에 있어 여전히 학교의 자원생활資源生活에 의지한다. '校漂族'은 대학 졸업생 중 아직 완전히 사회화가 안 되고 학교와 사

의 사람들을 가리킨다. 그들은 자기 방에 컴퓨터·TV·오디오·DVD 플레이어 등을 갖추며 자신만의 독립 공간을 유지한다.

36_ 일본 노동정책연구기구의 고스기 레이코(小杉禮子) 연구원은 'NEET族'을 네 가지 유형으로 분류하였는데, 첫째, 의무교육을 마친 정도의 저학력층에 많은 '비행형' 둘째, 대인관계와 사회활동을 기피하는 '은둔형' 셋째, 자기의 이상과 개성에 맞는 직업을 못 찾아 구직을 포기한 '자기실천추구형' 넷째, 한 번 취직했으나 적응하지 못하고 재취업을 포기한 '자신상실형'이 바로 그것이다.(《중앙일보》2004년 10월 12일자 참조)

회 사이에 놓여 있는 주변인물들이라 할 수 있다.[37]

賴校族: '校漂族'과 거의 같은 의미로 쓰인다. 대학 캠퍼스 내의 '啃老族'이라고도 할 수 있는데, 즉 '부모' 대신에 '학교'에 의지해 사는 부류의 사람들을 일컫는다. 졸업 후 구직에 실패, 학교에 남아 취업·진학을 준비하는 사람들을 가리키기도 한다.

최근 중국에서는 고학력자의 구직난이 심화됨에 따라 외국어 및 취업 관련 사설학원이 호황을 맞고 있으며, 외국어 학습 관련 서적·어학 학습기계 시장이 급성장하고 있다.

寄托族: 여기서 '寄'는 영어 'GRE'를 가리킨다. 'GRE'를 통해 영어 성적 합격 증명을 획득하여 유학을 꾀하는 부류의 사람들을 일컫는다.

考研族: 석사반 대학원에 지원한 학생들을 가리키는데, 중국은 1990년대 중반 이래로 갈수록 대학원 지원 학생들이 증가하고 있는 추세이다.

蹭課族: 학생이 아니면서 종종 각급各級 내지 여러 유형의 학교에 가서 수업을 듣거나 혹은 학생이지만 자주 자신이 속하지 않는 과정課程의 수업을 듣는 사람들을 가리킨다. 그들 중 어떤 사람들은 시험 준비를 위해 혹은 자기 발전을 위해 필요한 수업을 듣기도 하며, 또한 어떤 사람들은 취미나 자신의 대학 진학의 꿈을 실현하기 위하여 수업을 듣는다.

充電族: 지속적인 교육을 받거나 또는 부단하게 신지식에 대해 공

37_ 중국어 신조어 중에 '~漂族' 형식의 어휘들이 적지 않게 출현하였는데, 여기서 '漂'는 일종의 상태로, 실제적인 몸의 표류뿐만 아니라 일종의 심리적 표류상태까지를 포함하고 있다. 그들은 일반적으로 자유를 숭상하고 구속되지 않으며 환경에 적응하는 능력이 강하다. 그러면서 그들은 자신의 행복과 몽상을 추구하고 있다.(앞의 '漂一族' 부분을 참조하기 바람) 이 외에도 洋漂族·東漂族·北漂族·南漂族·京漂族·滬漂族·海外漂族·橫漂族·考研漂族 등이 있다.

부를 하는 부류의 사람들을 일컫는다.[38]

掏空族: 일을 시작하고 얼마간의 시간이 지난 후 자신의 지식이 이미 바닥난 사실을 발견하고 재학습을 함으로써 자신의 지식을 충실하게 하고 제고시키는 사람들을 가리킨다.

綠卡族: 합격증서 혹은 특수 우대 증서를 지니고 있는 사람들에 대한 속칭俗稱이다.

伸手族: 직업을 구걸하는 부류의 사람들을 가리킨다.

飛魚族: 중국 내에서는 이미 나쁘지 않은 성적을 거두고서도 모든 것을 버리고 국외의 명문대학으로 유학을 가는 부류의 사람들을 가리킨다. 그들의 이와 같은 명문대학으로의 유학은 자신의 문화전통과 본토문화에 대한 불신임과 부적응으로부터 나온 것이라고 할 수 있다. 여기서 '飛魚'는 비유적으로 쓰였는데, 그들은 자신에게 익숙한 본국의 업무·직업을 뛰어넘어 서구의 하늘로 비상飛翔하려는 모험적인 시도로, 고기가 날려고 하는 것은 결과적으로 반드시 실패한다는 의미를 담고 있는 폄의貶意적인 말이라 할 수 있다. 다시 말해 '飛魚族'은 본국을 떠나 국외로 떠나가는 뛰어난 화이트칼라들에 대한 조롱 섞인 말이라 할 수 있다.[39]

海歸族: 해외에서 유학을 마치고 귀국하는 사람들을 일컫는다.[40]

急婚族: '急嫁族'이라고도 한다. 일부 졸업을 앞둔 여대생들이 취업의 기회를 포기한 채, 혼사에 대해 관심을 갖는데, 이들을 '急婚族'이라

38_ 우리나라에서는 '배터리족'이라는 말을 사용한다. 김다은은 앞의 책(89쪽)에서 '배터리족'을 "직장 생활을 하다가 부도나 해고 등으로 직장을 떠난 가장이 집에서 쉬면서 재충전을 하거나 퇴직금으로 창업을 준비하고 있는" 부류의 사람들이라고 정의하였다.

39_ 우리나라에서는 학점 따기 수월한 다른 대학이나 이력서 쓸 때 도움이 되는 외국 대학에서 수업을 듣는 부류의 사람들을 '학점 쇼핑족'이라고 한다.

40_ 최근 보도에 의하면 '海歸族'의 수가 50만 명을 넘어섰다고 한다.(《경향신문》2011년 3월 1일자 참조)

고 부른다. 그녀들은 사랑으로 결혼하는 것이 아니라, 단지 월급·주택·자동차 등 물질적인 조건만을 중시하여 결혼하려고 한다. 이러한 현상의 출현은 세속적인 사회의 보편적인 현상으로, 중국 사회의 전환기에 나타나고 있는 배금주의와 가정 혼인 관계의 이질화 현상이라고 할 수 있다. 이는 일정 정도 상에서 취업에 대한 압력·생활리듬 등 사회적 원인으로 인해 조성되어 진다. 또한 '畢婚族'이라는 말도 있는데, '畢婚'이라는 말 속에는 졸업증서와 결혼증서를 동시에 얻는다는 의미가 들어 있다. 이는 취업에 대한 심리적 압박으로 졸업과 동시에 결혼을 하는 여성들을 가리키는 것으로, '急婚族'과 거의 같은 의미로 쓰였다.

이상에서 우리는 취업난 및 자신의 능력 개발 등을 반영한 주요 '~~族' 신조어에 대해 알아보았다. 이러한 신조어들이 우리나라에서도 적지 않게 출현하였는데, 이를테면 앞에서 언급한 '캥거루족', 성인이 된 자녀의 주위를 맴돌며 일일이 챙겨주는 열성 부모들을 가리키는 '헬리콥터족', 휴학을 하거나 일부러 F학점을 받아 대학 졸업을 미루는 '모라토리엄(지불유예)족' 또는 '(대학) 둥지족', 취업준비 과정이 갈수록 치열해지면서 쉬는 것을 두려워할 정도로 취업 준비에 몰두하는 '恐休族', 오랫동안 취직을 못한 대학 졸업생들을 일컫는 '장미족(장기간 미취업 졸업생)', 효율적인 시간 활용을 위해 공부·식사·쇼핑 등 무엇이든 혼자 하는 '나홀로족' 또는 '코쿤Cocoon족', 취직을 못한 데서 자괴감을 느끼며 대부분의 시간을 방 안에서 홀로 보내는 '칩거족', 고시 공부를 하는 '고시족', 공무원 시험이나 교육대학 입시 준비를 하는 '공시족', 고시족과 공시족이 결합된 '考公族', 공무원 시험을 포기한 사람들을 일컫는 '공포족', 편입학을 거듭하며 몸값을 올리는 학생들을 일컫는 '에스컬레이터족', 사회진출에 실패하고 학교로 돌아오는 학생들을 가리키는 '유턴족', 학업과 창업의 이중생활을 하는 학생들을 일컫는 '캠퍼스 더블라이프족' 등등이다. 우리나라에서 출현한 신조어들이 비록 더 다양한 양상을 띠고 있지만, 어휘의 내용이나 성격상에서는 서로 유사한 면도 있음을 알 수 있다.

4. 유행 및 시대 풍조 또는 개인적 취미 등을 반영

앞의 글에서도 언급했듯이, 개혁·개방 이후 경제 발전에 따라 중국인들은 유행 및 시대 풍조에 이전보다 더욱 민감해졌으며 그것을 따르는 경향도 더욱 많아졌다.[41] 그리고 개인적인 취미활동 역시 그 내용이 이전보다 훨씬 다양해졌으며, 갈수록 많은 사람들이 개인 취미활동을 즐기고 있는 추세이다. 이러한 시대 풍조나 유행 그리고 개인적인 취미 등을 반영한 신조어들이 매우 많이 출현하고 있는데, 그 중에서 '～～族' 신조어도 많이 보인다. 최근의 이른바 '한류韓流'현상은 현재 중국 청소년들의 새로운 풍조나 유행 경향을 설명하는 데 가장 전형적인 예로 삼을 만하다.

아래에서 유행 및 시대 풍조 또는 개인적인 취미 등을 반영한 주요 '～～族' 신조어에 대해 구체적으로 설명하기로 한다.

哈韓族: 한국 대중문화의 유행현상인 한류의 영향으로 한국 연예인들의 복장과 머리 모양을 흉내 내고 한글까지 배워가며 노래를 따라 부르는 중국의 젊은이들이 적지 않는데, 이들을 지칭하는 말이다. 일본의 대중문화 및 시대조류를 좋아하는 '哈日族'이라는 말도 있으며, 그 두 가지를 합쳐 부르는 '哈日哈韓族'이라는 말도 있다.

哈衣族: 유행 패션을 대단히 좋아하는 부류의 사람들을 가리킨다.

41_ 앞의 글 참조.

哈哈族: 해리 포터(哈利 波特: Harry Potter)를 좋아하는 부류의 사람들을 일컫는다.

哈猫族: 애완 고양이를 좋아하는 부류의 사람들을 가리킨다.

哈狗族: 애완견을 좋아하는 부류의 사람들을 일컫는다.[42]

追星族: 중국에도 한국의 이른바 '오빠부대'가 출현하였는데, 이렇게 스타 연예인을 쫓아다니는 청소년들을 가리키는 말이다. 이 말은 타이완이나 홍콩으로부터 유래된 것이다.

嘻哈族: 이른바 '힙합Hip-Hop족'을 가리킨다. 힙합은 한류의 영향으로 중국에 들어갔는데, 일반적으로 17, 8세의 청소년들 중에서 유행하고 있다.

紅唇族: 유행을 쫓는 여성 중에 입술에 붉은 립스틱 바르기를 좋아하는 부류의 사람들을 일컫는다. 이 말은 타이완이나 홍콩으로부터 유래된 것이다.

玩牛族: 청바지의 매력에 빠져, 청바지 입기를 좋아할 뿐 아니라 그것을 모으기도 하며, 아울러 청바지 관련 지식을 공부하기도 하는 부류의 사람들을 가리킨다. 그들은 청바지의 역사·스타일·브랜드 등에 대해서도 매우 익숙하게 알고 있다.

背包族: 우리나라의 이른바 '배낭족'.을 말한다.

暴走族: 종종 휴일이나 심지어 자유 선택한 일단의 시간을 이용하여 일정한 노선을 따라 먼 길을 고생스럽게 가는 특수한 여행을 하는 부류의 사람들을 가리킨다. '暴走族'에는 걸어서 가는 "徒步暴走族'과 차를 몰고 가는 '駕車暴走族'의 두 종류가 있다.

爆走族: 오토바이를 몰고 질주하는 청소년들을 일컫는다. 우리의

42_ '哈~族' 형식의 어휘 중에서 '哈'字는 원래 감탄사로 쓰인 것인데, 만주어 'hadaba'로부터 온 것으로 '아첨하다'의 뜻이다. 여기서는 '좋아하다'·'만족하다'의 의미로 번역하면 된다.

'폭주족'과 거의 같은 의미로 쓰였다.

辣奢族: 영문 'luxury'의 음역이다. 명품 브랜드를 狂的으로 찾는 부류의 사람들을 가리키는데, 그들은 브랜드를 구매의 가장 중요한 표준으로 삼으며, 명품을 구매하기 위해 아껴 먹고 아껴 쓴다. 좋아하는 물건을 구하지 못하면, 그들은 마치 매운 고추를 먹고 매워서 어쩔 줄 모르는 것과 같은 심리적 불안감을 갖는다.

名牌族: 명품 브랜드를 즐겨 찾는 부류의 사람들을 일컫는다. 명품 브랜드에 대한 구매 욕구로 중고 상점에 가서까지 명품을 구입하는 부류의 사람들을 '二手名牌族'이라고 한다.

合吃族: 수시로 여러 명이 모여 고급식당을 찾아 좋아하는 요리를 먹는 부류의 사람들을 가리킨다. 빠른 도시생활 중에서 출현한 젊은이 위주의 소비군체消費群體로, 그들은 인터넷을 통해 만나 함께 식사를 한다. '함께 먹는다'는 것은 경제적으로 절약할 수 있을 뿐만 아니라, 맛있는 요리를 두루 먹을 수 있다는 이점利點이 있으며, 또한 친구를 사귈 수 있다는 점도 있다. 이 때문에 현재 '合吃族'에 가입하는 사람들이 갈수록 늘어나고 있다고 한다. 소비개념의 변화·생활수준의 향상으로 외식外食이 크게 늘어나고 있는 중국에서 '合吃族'은 갈수록 그 규모가 커질 가능성이 많다고 할 수 있다.

快閃族: 이 어휘는 2003년부터 인터넷상에서 유행하였는데, '갑자기 모였다가 빠르게 흩어지는 행동快閃行動'이 2003년 여름 미국의 뉴욕에서 처음 나타난 이후에 신속하게 다른 나라나 다른 지역으로 전파되었다. 사람들은 그러한 행동을 하는 사람들을 'Mobs暴民'·'Smart Mobs聰明暴民'·'Flash Mobs快閃暴走族'·'快閃族'·'聰明行動幫' 등등으로 부른다. 그들은 서로 모르는 사람들로, 인터넷을 통해 시간과 장소를 지정하여 모일 것을 약속한 후, 함께 모여 손뼉을 치거나 구호를 외치는 것과 같은 별 의미가 없거나 도저히 상상할 수 없는 동작을 하고 서 신속하게 살아진다. 베이징의 왕푸징王府井 거리에 베이징 '快閃族'이 출현한 적이 있다고 한다.

拼客族: 원래 한 사람의 부담으로 소비할 것을 공동 부담으로 소비하는 부류의 사람들을 가리킨다. 그들은 주로 인터넷을 통해 이와 같은 소비활동을 한다. 하나의 예로 카풀을 들 수 있는데, 중국에서는 그것의 신조어로 '拼車'라는 말을 쓰기도 한다.[43] 그들의 생활이념은 곧 "'拼'을 좋아하면 이익을 얻을 수 있다"이다. 앞의 '合吃族'도 어떤 면에서는 '拼客族'에 속한다고 할 수 있다.

曬客族: 자신이 마음에 드는 물품, 생활 중의 자제구레한 일, 생각 등을 인터넷상에 올려 다른 사람과 함께 향유享有하면서 그들로부터 평가의 말을 듣는 부류의 사람들을 일컫는다. 심지어 그들은 법규를 어기거나 불성실한 상가 등 소비자들의 함정에 관한 내용도 올려 소비자 의식을 제고시킬 뿐만 아니라 나쁜 소비환경을 정화시키기도 한다.

試客族: 물건 구입 전에 먼저 인터넷을 통해 무료로 관련 회사의 샘플이나 증정품을 받아 사용하기를 좋아하는 부류의 사람들을 가리킨다. 그들은 꼼꼼하게 사용해 보거나 아울러 다른 애호자들과 서로 그 물건에 대한 정보를 교류한 후에야 비로소 그것을 산다.

換客族: 자신의 소유 물건 중에 필요 없는 것을 인터넷상에 올려 다른 사람의 다른 물건과 교환을 하는 부류의 사람들을 일컫는다. 비슷한 말로 '易物族'이라는 신조어가 있다.

印客族: 인터넷상에서 자신의 쓴 글·그린 그림·찍은 사진 혹은 다운로드 받은 것들을 가지고 온라인 책을 만드는 부류의 사람들을 말

43_ 이 외에도 '拼客族'의 소비유형을 내포하고 있는 어휘들로, 拼飯·拼房·拼愛心(義捐金)·拼遊·拼購·拼玩·拼學(차운전·외국어·유가 등의 배움)·拼卡(헬스·미용카드) 등이 더 있다.

한다.[44]

庫索族: '酷索族'이라고도 한다. 인터넷을 통해 짓궂은 짓을 하는 데 열중인 네티즌들을 일컫는 말로, 그들은 이미 공개적으로 발표한 작품에 대해 가공 처리를 함으로써 골계·유머·웃음의 희극적 효과를 얻도록 한다. 이를테면 다른 사람의 사진을 바꾸거나 심지어 노래 가사를 바꾸기도 한다. '庫索族'의 입장에서 보면, 이러한 행위는 나쁜 의미보다 장난의 의미를 띠고 있다고 할 수 있다. 'kuso'라는 이 어휘는 전자오락계로부터 나왔는데, 개발과 설계가 완벽하지 못하고 심지어 추호의 유희성遊戱性도 없는 소프트웨어에 대해 농담으로밖에는 대할 수 없음을 가리키는 말로, 일본식의 자작自作 영어이다. 오랜 시간이 지나자 이 어휘는 디지털 시대에 '짓궂은 짓을 하다'나 '농담을 하다'라는 말의 대명사가 되었다.

網上同居族: 인터넷상에서 가정을 꾸리는 부류의 사람들을 가리킨다. 그들은 가상세계의 다른 한 쪽과 함께 온라인상에서 '동거'를 할 뿐만 아니라, 또한 각종 사이트의 가정 관련 경기에 참여하여 이웃과 승부를 겨루기도 한다. 그들은 수시로 헤어질 수 있으며, 또한 다른 동거 대상을 찾을 수도 있다.

抱抱族: 'Free Hug족'을 말한다. 길거리에서 모르는 사람을 안아주는 행위를 하는 부류의 사람들을 일컫는다. 이러한 행위는 모르는 사람으로부터의 사랑을 상대방에게 전달하기 위해 하는 것이다. 최근 중국의 대도시 거리에서도 이러한 사람이 나타났다고 하는데, 중국 사람들의 정서에는 그다지 맞지 않을 것 같다.

44_ 이상의 '~客族' 유형의 신조어는 모두 인터넷 문화 및 그 활동과 관련이 있는 어휘들이다. 뒤의 '과학·기술 및 정보산업의 발전을 반영'한 부분에서는 더 많은 '~客族' 유형의 어휘들이 등장한다.

啃椅族: 상점이나 패스트푸드점의 조건들을 누리기 위해 두 잔의 음료수 혹은 약간의 음식을 시켜 놓고 반나절을 앉아 있는 연인이나 학생들을 가리킨다.

砸迪族: 자주 디스코 장에 가서 춤을 추는 부류의 사람들을 일컫는다.

自拍族: 문자 그대로 스스로 사진을 찍는 사람들을 가리킨다. 촬영 기자재·설비의 보편화에 따라, 우리가 남기고 싶은 일상생활의 영상 자료를 찍는 데 갈수록 쉬어지고 있다. 사진을 찍기 위해 특별히 사진관에 갈 필요가 없이 조그마한 사진기를 언제 어디서나 휴대하여 찍을 수 있어 대단히 편리하다. 다 찍은 사진들은 현상을 위해 며칠씩 기다릴 필요가 없이 디지털 카메라로 바로 볼 수가 있다. 요즘은 휴대전화기로 자신의 사진을 찍는 '自拍族'도 늘어나고 있다. 한국의 상황과 같다고 할 수 있다.

装嫩族: 영문 'Grups'는 영화 《Star Trek星際旅行》에서 나온 것으로, 영화 속에서 일군一群의 아이들이 천체天體를 통치하는데, 그들은 영원히 성장할 수 없는 것으로 묘사되고 있다. 현실중의 '装嫩族'은 나이가 30세를 넘어섰으나, 의상이나 치장 또는 행동거지가 오히려 소년·소녀와 같은 부류의 사람들을 일컫는다. 그들은 나이도 자신의 방식대로 새로 정한다.[45]

45_ '装嫩族'에 대해서는 우리나라 신문에서도 보도된 적이 있는데, 이 기사에서는 그것에 대해 여성 위주로 설명하였다. 그 기사를 소개하면 다음과 같다. "중국에서 연약한 여성의 주가가 치솟고 있다. 중국 반관영통신인 《중국신문》 인터넷판은 19일 아름답고 성숙한 여인을 중시해 온 추세가 '연약하고 어린 여성'으로 변하고 있다고 전했다. …… 이런 유행의 이면에는 성인이 됐어도 행동·정신적인 면에서 어린 시절의 천진난만함을 유지하고 싶은 여성들의 무의식이 자리 잡고 있는 것으로 분석됐다. 또 중국 남성들이 여성의 연약하고 어린 이미지를 좋아하는 경향이 강해졌다는 조사 결과도 나와 남성들을 사로잡고픈 여심이 반영된 것으로 보인다. 그 동안 중국 여성들은 아시아지역에선 독립심과 자기주장이 강한 편에 속

奶瓶族: 젖병으로 물마시기를 좋아하는 남자들을 일컫는다. 심리학자들은 이러한 현상은 일종의 회귀심리를 반영하고 있다고 하였다.

이상에서 우리는 유행이나 취미생활 등을 반영한 '~~族' 신조어 중에서 인터넷과 디지털 기기의 보급 및 발달과 관련된 어휘들이 많다는 사실을 알 수 있다. 아울러 경제 발전과 외국풍조의 유입 등으로 인해 개인적인 취미활동이 매우 다양해지고 있음을 알 수 있다.

이는 우리나라의 경우도 비슷한데, 비록 쓰고 있는 어휘 자체는 대부분 다르지만(일부는 같은 것도 있음) 그 내용이나 성격 면에서 보면 유사한 것이 적지 않다고 할 수 있다. 이를테면 '自拍族'을 우리는 '셀카족'이나 '디카족'·'폰카족'으로 부르며, '辣奢族'과 비슷한 신조어로 '명품족'·'영품족'[46]이라는 어휘를 들 수 있다. 최근 우리나라에서는 '몰Mall족'이라는 신조어가 등장하였는데, 그들은 대형 몰에서 장시간 머물며 쇼핑·식사·영화·엔터테인먼트 등을 즐기는 부류의 사람들로, 구매+문화+레저의 새 트렌드 내지 새로운 소비문화 코드로 떠오르고 있다.[47] 또한 우리나라에서는 인터넷을 통해 정보를 얻고 쇼핑을 즐기는 20대 후반~30대 초반의 젊은 주부들을 '웹시Websy족'이라고 부른다.

5. 과학 · 기술 및 정보통신산업의 발전 등을 반영

중국은 과학·기술 발전에 있어 최근 20년간이 황금의 시대였으며, 또한 과학·기술 사업은 세계의 선진 수준급으로 향상하는 성과를 보

했다."(《서울신문》 2007년 7월 21일자)

46_ '영품족'은 고가 브랜드의 상품을 무조건적으로 선호하며 사들이는 20~30대의 젊은 사람들 또는 그 무리를 가리킨다.

47_ 《중앙일보》 2008년 6월 13일자 참조.

이고 있다. 원자력·우주비행·고에너지 물리·바이오·컴퓨터·정보 등의 기술은 세계 수준에 거의 가까워지고 있다고 할 수 있다. 이에 따라 과학·기술과 관련된 신조어가 양산될 수밖에 없는데, 특히 최근 몇 년 간에는 컴퓨터 및 인터넷이나 디지털 제품 관련 신조어가 대단히 많이 출현하고 있는 추세이다. 그 중에서 '~~族' 관련 신조어도 적지 않게 나오고 있는데, 이들 신조어는 일반적으로 어느 한 분야에 종사하는 사람 내지 그 분야에 전문지식을 가지고 있는 사람들 그리고 그 분야에 취미나 흥미를 가지고 있거나 혹은 그곳에 과도하게 빠진 사람들을 나타내는 경우가 많다.[48]

아래에서 과학·기술 및 정보통신산업의 발전 등을 배경으로 하거나 반영한 주요 '~~族' 신조어에 대해 구체적으로 설명하기로 한다.

網民族: 인터넷에 접속하는 사람을 '網民(네티즌)'이라고 부르며, 그 부류의 사람들을 '網民族'이라고 한다.

玩機族: 앞의 글 참조.

拇指族: 우리의 '엄지족'에 해당된다. 휴대전화로 문자 메시지 전송에 열중하는 부류의 사람들을 일컫는다. '短信一族'이라고도 한다.[49]

耳機族: 휴대용 CD 재생기나 휴대용 MP3 등을 갖고 다니면서 언제 어디서나 이어폰을 귀에 꼽고 음악을 듣는 부류의 사람들을 가리킨다.

本本族: 노트북 컴퓨터筆記本電腦를 들고 다니는 부류의 사람들을 일컫는다.[50]

48_ 앞의 글 참조.

49_ '拇指族'과 관련된 신조어로 '拇指信息'·'拇指文化'·'拇指狂人' 등이 있다.

50_ 어떤 경우에는 졸업증명서·자격증 등을 소지하고 있는 부류의 사람들을 가리키기도 한다. 또 어떤 경우에는 운전면허증은 있으나 자동차가 없는 부류의 사람들을 일컫기도 한다.

博客族: 개인 온라인 공간인 블로그blog를 만들어 이용하는 부류의 사람들을 가리킨다.

播客族: '博客' 즉 'blog'와는 동의어인데, 양자兩者의 다른 점은 '博客'은 문자나 그림·사진 위주로 정보를 전달하나, '播客'은 소리나 영상 신호로 정보를 전달한다. 예를 들면, 인터넷상의 동영상 등이 이에 속한다. 시청자가 피동적으로 듣거나 보는 일반 매체와는 달리 '播客'은 시청자가 주동적으로 참여한다. 이러한 부류의 사람들을 '播客族'이라고 부른다.

極客族: 컴퓨터와 인터넷 기술에 대해 광적狂的인 흥미를 지니고 있으며, 대량의 시간을 투입하여 연구하는 부류의 사람들을 가리킨다.

威客族: 인터넷을 통해 자신의 지혜·지식·능력을 실제 수익으로 바꾸는 부류의 사람들을 일컫는다.

閃客族: flash 제작의 고수들을 가리킨다.

竊客族: 인터넷상에서 비밀번호를 풀 줄 아는 컴퓨터 고수들을 일컫는다.

秀客族: 홈페이지 제작자들로, 웹 사이트를 통해 자신을 드러내 보이는 부류의 사람들을 말한다.

黑客族: 나이도 어리고 무지하여 인터넷 상에서 자신을 드러내기를 좋아하고 짓궂은 장난을 좋아하는 일부 컴퓨터 천재들을 일컫는다.

駭客族: 컴퓨터나 전화 시스템을 파괴하는 부류의 사람들을 가리킨다.

紅客族: 비교적 나라를 사랑하는 '黑客族'을 일컫는다.

灰客族: 인터넷 상에서 단지 기존의 공구만을 이용하여 교란을 일으키는 부류의 사람들을 가리킨다.

중국 사회는 인터넷이 날로 보편화됨에 따라 인터넷 문화가 갈수록 다양화 내지 전문화의 길을 걷기 시작하였다. 아울러 그것은 현실 생활에도 적지 않은 영향을 미치고 있다고 할 수 있다. 이상에서 보듯이 최근 중국에서는 인터넷 관련 '~~族' 신조어가 꽤 많이 출현하고 있으며, 또한 부정적인 내용을 담고 있는 어휘들도 적지 않게 나타나고 있음을 알 수 있다. 긍정적이거나 부정적인 어휘를 막론하고, '~客族' 형식의 신조어들이 많이 출현하고 있다는 사실은 하나의 큰 특징이라고 할 수 있다.

우리나라에서도 인터넷이나 디지털 관련 '~~족' 신조어가 나타나는데, 이를테면 다른 사람이 인터넷에 올린 콘텐츠를 그대로 가져다 자신의 홈페이지에 올리는 '펌킨족'[51], 디지털 수신 장치를 이용해 시간과 장소에 구애받지 않고 영상·소리·문자 등의 콘텐트를 접하는 미디어 소비자들을 일컫는 'MDDigital Media족'[52], 디지털 시대에 아날로그적 감성을 추구하거나 친근감 있고 인간적인 디자인의 디지털 제품을 원하는 '디지로그Digilogue족'[53], 첨단 디지털 기기와 인터넷을 이용하여 공부를 하는 '디지털 스쿨Digital School족' 등등이 바로 그것들이다.

51_ 이 말은 인터넷 속어 '펌(퍼오기)'과 '커뮤니케이션(communication)'의 합성어이다.
52_ 'DM족'은 디지털 위성방송·케이블 TV 등의 주문형(Demand) 미디어 서비스와 DMB 휴대전화·와이브로 등 이동형(Mobile) 미디어 서비스를 이용하는 사람들이 해당된다. 그들의 상당수는 쇼핑·금융 등의 쌍방향 서비스를 일상생활에 적극적으로 활용한다.
53_ '디지로그족' 중의 '디지로그'는 'Digital+Analogue'의 합성어이다. 또한 '아나디지(Anadigi)족'이라는 어휘도 있는데, 이것은 '디지로그족'과 거꾸로 'Analogue+Digital'의 합성어로, 아날로그와 디지털을 적절하게 결합하여 디지털적인 삶을 제어하며 사는 부류의 사람들을 일컫는다. 이는 빠르고 쉬우며 간편한 것만 추구하는 디지털 문화의 문제점에 대한 반성에서 탄생하였다. 이 밖에 '아날로그족'이라는 어휘도 있는데, 노트북 컴퓨터나 PDA 따위와 같은 디지털 기기 대신 일기장이나 다이어리 따위로 시간과 정보를 관리하는 부류의 사람들을 말한다.

6. 가족 · 가정 및 결혼 관념의 변화 등을 반영

전통 중국 사회에서 가족이나 결혼 관념은 대단히 보수적인 경향을 지니고 있었다. 그러한 경향은 현대 중국 사회에도 많은 영향을 미쳤다. 대가족제도나 종법제도 등으로 대표되는 중국의 가족제도는 가족 내의 구성원들에게 유교의 이념을 강조하여 상하 관계가 매우 엄격하였다. 구성원들 간에 있어 '평등'이라는 개념보다 '명령과 복종'이라는 개념이 더 중요시되었다. 그러한 관념은 결혼에서도 마찬가지로 적용되었는데, 결혼 당사자의 의견은 무시되거나 그들에게 아예 의견을 묻지 않는다. 결혼의 가장 중요한 조건인 사랑으로 결혼하는 사람들은 매우 적었다. 중국에서의 가족이나 결혼에 대한 이와 같은 전통적 관념은 많은 변화 과정을 거치면서 이른바 핵가족화나 자유연애결혼의 방향으로 나아가고 있다. 더구나 개혁·개방 이후, 서구의 새로운 풍조의 유입이나 개인 의식구조의 변화로 인해 이전보다 또 다른 면모를 보이고 있는데, 이를테면 가족을 구성하지 않고 혼자 사는(결혼을 하지 않는) 사람, 아이를 가지지 않는 부부 등 어떤 의미에서 가족 관념의 상실이라고 할 수 있는 경우도 종종 나타나고 있으며, 또한 이혼이 급증하고 결혼 자체에 과도한 비용을 지출하는 경우도 많아지고 있다. 특히 젊은 여성들은 결혼 상대를 고를 때 경제적 능력을 가장 중요시하는 추세로, 지식이나 심성·건강보다 돈을 많이 벌 수 있는 직업인가 아닌가를 가장 먼저 따지는 경향도 많아지고 있다. 시장경제체제의 도입과 발전으로 돈의 영향력을 깨닫기 시작한 신세대들에겐 가난한 사랑보다는 부유하고 편한 생활을 오히려 더 선호하기 때문일 것이다.

최근에 이러한 변화된 내용을 반영한 '～～族' 신조어들이 적지 않게 출현하였는데, 아래에서 그 주요 어휘들에 대해 구체적으로 설명하기로 한다.

無孩族: 앞에서 언급하였듯이, 'DINKDouble Income No Kid족'을 의역하여 사용한 것이다. 또한 '丁克(一)族'으로 음역하여 사용하기도 한다. 즉, 맞벌이 부부로 아이를 갖지 않는 부류의 사람들을 가리킨다. 그들은 대부분 학력이 높고 소비 능력이 강한 부부들이다. 이러한 현상의 출현은 조상의 대를 잇고 노후에 자식에게 의지하려는 등의 전통적 양육관념이 약화되었기 때문이며, 또한 맞벌이 부부들의 일에 대한 스트레스의 증가로 아이 낳는 것을 기피하기 때문이다.

白丁族: 일찍이 'DINK족'을 목표로 삼아, 앞으로 'DINK족'이 되기를 결심했다고 공언했다가 일단의 시간이 흐른 후 그 계획을 주동적으로 포기하는 부부들을 가리킨다. 통상 그들을 '僞丁克'이라고 칭한다. 여기서 '白'는 '白白地(헛되게·공연히)'라는 부사어狀語로 쓰였다.

丁狗族: 'DINK'를 지극히 철저하게 시행하려고 하는 부류의 사람들을 가리키는데, 결혼 후에 그들은 아이 대신 개를 기른다. 그들은 'DINK'의 가장 고급 유형으로, 이 때문에 사람들은 그들을 '骨灰級丁克'이라고도 칭한다. 서구와 우리나라에서는 맞벌이 부부가 아이 없이 애완동물만 키우며 사는 부류의 사람들에 대해 '딩펫DINK+Pet족'이라는 말을 사용한다.[54]

不婚族: 문자 그대로 결혼 적령기가 되었으나 결혼을 하지 않는 부류의 사람들을 일컫는데, 주로 도시의 화이트칼라 여성들이 이에 속한다. 이러한 현상은 최근 중국에서 하나의 유행병처럼 전국적으로 번지고 있다. 이러한 현상이 나타나게 된 원인은 아마도 현대사회의 격렬한 경쟁이 여성들의 독립의식을 강화시켰기 때문일 것이다. 또한 많

54_ 김다은, 앞의 책 89쪽 참조.

은 여성들은 이미 물질적으로 남성에게 의지할 필요가 없게 되었으며, 사업상에서도 남성을 뛰어넘는 성과를 거두었기 때문일 것이다. 서구와 우리나라에서는 가족조차 만들지 않고 그냥 품위 있게 살아가는 부류의 사람들에 대해 '결혼하지 않아도 행복할 수 있다available and happy'는 의미로 '아ah족'이라는 말을 사용한다.[55]

試婚族: 결혼을 전제로 하여 계약 동거를 하는 부류의 사람들을 가리킨다.

夾心族: '三明治族'이라고도 한다. 위로는 노인을 봉양해야 하며, 아래로는 아이를 양육해야 하는데, 가정의 재정 기초가 풍부하지 못한 젊은 부부들을 일컫는다.

이상에서 우리는 현재 중국에서도 서구에서 출현한 '딩크족'·'딩펫족'·'아족' 등이 나타나고 있음을 알 수 있다. 이는 중국 사람들의 전통적 가족 내지 결혼 관념이 빠르게 변화되고 있음을 의미한다고 할 수 있다. 그러나 최근 중국 사회에서 급증하고 있는 이혼에 관한 '~~族' 신조어는 거의 찾을 수가 없다.

우리나라에서도 가족이나 결혼 관념의 변화 등을 반영한 '~~족' 신조어들이 나타나고 있는데, 앞에서 이미 언급한 '딩크족'·'딩펫족'·'아족' 외에도 맞벌이하면서도 아이를 낳아 키우는 '듀크DEWK: Dual Employed with Kids족', 맞벌이 부부지만 사회생활에서 오는 스트레스나 외도로 성생활 없이 지내는 '딘스DINS: Double Income, No Sex족', 남편의 실업失業으로 아내가 직장에 나가 돈을 벌고 반대로 남편이 가

55_ 김다은, 앞의 책 90쪽 참조. 이 책에서는 '아족'의 어원에 대해 "미국의 한 귀금속 회사에서 다이아몬드 11개가 박힌 백금 반지를 출시하면서 반지에 'ah'라고 새겨 넣음으로써 유행하기 시작한 용어라고 한다. 이는 남자가 다이아몬드 반지를 끼워 줄 때까지 기다리지 말고 여성 스스로 반지를 구입해서 품격을 높이자는 광고인데 미국 내 독신 여성들에게 폭발적인 인기가 있었다"라고 설명하였다.

사를 돌보는 '체인지Change족', 이혼한 여성이지만 경제적 능력이 있는 '신디스Singleincomed Newly Divorced Woman족', 결혼하지 않은 여성이 아이만 원하는 '싱글맘Single+Mom족', 혼자서 애완동물하고만 사는 '싱펫Single+Pet족' 등등이 더 있는데, 이들은 대부분 서구에서 들어온 것으로 모두 외국어로 된 어휘들로 되어 있다.

7. 경제 발전 및 경제생활 등을 반영

앞의 글에서도 언급했듯이, 개혁·개방 이후의 경제체제의 전환은 중국 사회의 모든 방면을 지배하고 있으며, 또한 경제 발전에 따른 상업화 경향 역시 날로 심화되고 있다.[56] 많은 중국 사람들은 돈벌이에 혈안이 되어 있을 뿐만 아니라, 사회 각 방면에서 배금주의의 경향이 심각할 정도로 팽배해 있다. 그리고 그들의 경제활동의 유형은 개혁·개방 이전보다 매우 다양하게 전개되고 있다. 이러한 현상들을 반영한 신조어들이 매우 많이 등장하고 있는데, 그 중에서 '～～族' 신조어 역시 적지 않게 보인다.

아래에서 경제 발전 및 경제생활 등을 배경으로 하거나 반영한 주요 '～～族' 신조어에 대해 구체적으로 설명하기로 한다.

款(一)族: 돈 있는 사람(부자)을 통칭해서 쓰는 말이다.

刷卡族: 신용카드로 소비하는 부류의 사람들을 가리킨다. '持卡族'이라고도 한다.

套牢族: 주식시장에서 주식을 구입한 후에 주가가 하락하여 손해를 입은 투자자들을 일컫는다.

56_ 앞의 글 참조.

轎車族: 이른바 '마이카족'을 말한다. 경제 발전으로 인해 최근 중국에서는 '轎車族'이 갈수록 많아지고 있다. '小車族'이라고도 한다.

背車族: 외지인이 베이징에서 돈을 들여 베이징 호적戶口의 시민을 구한 후 그 시민의 신분증으로 자동차 구매 수속을 하는데, 이때 신분증을 빌려주는 사람들을 '背車族'이라고 한다. 그들은 신분증을 한 번 빌려주는데 30-50위안을 받는데, 매일 중고자동차 매매 장소에 출근하여 전문적으로 이러한 일을 하는 사람도 있다. 중국의 법률 규정에 의하면 외지인은 베이징에서 중고자동차를 구매할 때 자신의 명의로 이전수속을 할 수 없게 되어 있다.[57]

持照族: 면허증을 따기만 하고 그것을 활용하지 못하는 부류의 사람들을 가리킨다. 운전 방면에서 이른바 '장농 면허증' 소지자들을 말한다.

工薪族: 앞의 글 참조.

打工族: 아르바이트로 생계를 도모하는 사람들을 일컫는다.

57_ 베이징에는 두 부류의 시민이 있는데, 베이징 호적을 지닌 '베이징인'과 임시거주증(暫住證)을 갖고 있는 '외지인'이 바로 그것이다. 2009년 말 현재 베이징시 거주자 1,972만 명 가운데 베이징인은 1,246만 명, 농민공(農民工)을 포함한 외지인은 726만 명이다. 베이징이라는 한 도시에 살지만 베이징인과 외지인이 받는 처우는 천양지차(天壤之差)다. 이를테면 베이징인의 자녀는 베이징시에서 초등학교와 중학교의 9년 의무교육을 보장한다. 보험료만 내면 의료보험·실업 및 양로보험의 혜택을 받는다. 그러나 외지인은 베이징에서 수십 년간 직장생활을 해도 시에서 제공하는 사회보장을 받기가 쉽지 않다. 외지인의 자녀가 베이징의 초·중학교를 다니려면 별도의 기부금이나 등록금을 내야 한다. 또한 베이징시의 영업용 택시운전은 베이징인만 가능하고, 시내 신문가판대 운영도 베이징인에게만 허가가 주어진다. 심지어 전화·전기료 납부 방식, 아파트 주차 공간 제공 등에서도 차등이 있다. 중국 정부가 호적제도(戶口制)를 도입한 것은 1958년이다. 취지는 농촌과 도시의 호적을 구분해 농촌 주민의 도시 이주를 제한하자는 것이었다. 그러나 급격한 산업화·도시화가 진행되면서 호적제도가 농촌 인구의 도시 유입을 막는 효과적인 제도가 되지 못한다는 것은 기정사실화 됐다. 그럼에도 호적제도는 50년 이상 버티고 있다. '현대판 신분 차별제'·'중국의 카스트제'라는 비난을 받는 것도 무리는 아니다. 최근에 그것의 폐지 내지 개혁 요구가 증가하고 있다.(《경향신문》 2011년 2월 22일자 참조)

金領族: 지식형 고급 기술자들을 말한다. 많은 부富를 창출할 수 있기 때문에 붙여진 이름이다.

鳳凰族: 현재 상하이에서 직장에 다니는 외지에서 온 남성 '화이트칼라족'을 가리킨다. 그들은 업무 능력이 매우 좋으며 지식도 풍부할 뿐만 아니라, 또한 월급이 매우 높으며(상하이 출신 남성에 비해 높다고 함) 영어나 일본어도 매우 유창하게 한다.

推銷族: 상품 판매를 촉진·확장하는 부류의 사람들인 이른바 '세일즈맨'을 일컫는다. 이 말은 타이완이나 홍콩으로부터 유래된 것이다.

우리나라에서 출현한 경제생활과 관련된 '~~族' 신조어를 살펴보면, 두 가지 직업을 갖는 사람들을 일컫는 '투잡스Two Jops족', 불경기와 함께 평생직장의 개념이 사라지면서 일을 찾아 이리저리 직장을 옮겨 다니는 사람들을 일컫는 '메뚜기족' 또는 '잡 노마드족', 퇴직 압박에 창밖만 바라보며 사는 직장인들을 가리키는 '면창面窓족', 지난 1986년부터 1990년까지의 거품 경기 때 입사했거나 대학생활을 보낸 현재의 직장인 중 거품경제가 사라지면서 급변하는 기업 조직 환경에 적응하지 못하는 직장인들을 지칭하는 '버블리족' 또는 '거품족', 대기업이나 거대한 조직 내에서 무사안일에 빠져 주체성 없는 로봇처럼 행동하는 부류의 사람들을 가리키는 '좀비Zombie족', 경쟁사의 요구가 있을 때마다 정보를 넘겨주고 건건件件이 보상을 받는 신종 산업스파이 노릇을 하는 부류의 사람들을 가리키는 '레옹족', IMF 금융 위기 이후 기형적으로 팽창한 주식 시장에서 부를 축적한 신흥 부자들을 일컫는 '스톡리치Stock-Rich족' 등등이 있는데, 대부분이 경제 불안 내지는 경기 불황 등으로부터 나온 어휘들이다. 이렇듯 한국에서 나온 어휘들과 중국에서 나온 어휘들을 비교하면, 마치 현재 양국의 경제 상황을 그대로 반영하고 있는 것 같아 매우 흥미롭다.

8. 기타

이상에서 모두 일곱 가지 유형으로 나누어 중국의 '~~族' 신조어에 대해 그 내용 및 특성 등을 살펴보았다. 물론 이 외에도 더 많은 유형의 '~~族' 신조어들이 출현하였으나, 어떤 공통적인 성격이 있어 하나의 유형으로 따로 설명하기에는 수적數的으로 그다지 많지 않을 뿐만 아니라 위의 일곱 가지 유형 중의 하나에 넣기도 애매모호한 어휘들을 아래에서 간단하게 소개하였다.

1) 생활의 빈곤함과 관련된 것

吃剩飯族: 대부분 가정 빈곤자·외지 유랑자·외지 노동자 등으로, 그들은 식당을 전전하며 손님들이 먹다 남긴 음식으로 배를 채운다. 그들 대부분은 할 일이 없으며, 심지어 살 집도 없다.

2) 절약 생활과 관련된 것

捧車族: 돈이 있어 차를 샀지만 타지 않고 한 군데에 '모셔捧' 놓는 부류의 사람들을 일컫는다. 앞에서 언급한 '拼車族'과 함께 도시 화이트칼라의 새로운 절약 생활방식의 하나라 할 수 있다.

蹭停族: 주차비를 아끼기 위해 차를 대학교 캠퍼스 내에 주차시키는 부류의 사람들을 가리킨다.

淘券族: 인터넷 상에서 각종 고객 우대 쿠폰 정보를 수집하고 아울러 그 쿠폰을 이용하여 소비를 하는 사람들을 일컫는다.[58]

58_ 또한 인터넷 혹은 상점에서 각종 고객 우대 정보를 수집함으로써 질 좋고 가격 싼 상품 구매를 바라는 사람을 '淘客'이라고 한다.

3) 신흥 직업과 관련된 것

領舞族: 디스코장에서 춤을 리드하는 것을 직업으로 삼고 있는 남녀들을 일컫는다.

試藥族: 새로운 약이 생산되면, 사용하기 전에 반드시 4기期의 임상시험을 거쳐야 하는데, 이 중에서 위험도가 가장 높은 1기 임상시험에 참가하는 부류의 사람들을 가리킨다.

4) 자녀 양육 및 교육과 관련된 것

接送族: 아이의 안전을 위해 아침에는 아이를 학교까지 데려다 주며, 오후 또는 저녁에는 아이를 집으로 데려 오는 가장들을 말한다.

5) 신체와 관련된 것

輪椅族: 신체장애로 휠체어를 타는 사람들을 가리킨다.

肥臀族: 둔부臀部가 특별히 살찐 사람들을 일컫는다.

Ⅳ. 나가는 말

여기서는 중국어 '～～族' 신조어에 대해 한국과 중국의 각종 신조어 사전 등을 비롯하여 신문·잡지 또는 인터넷 기사 등으로부터 조사·수집하여 그것들을 유형별로 나누고 아울러 그 내용을 구체적으로 살펴보는 형식으로 기술되었다. 그래서 본고는 논문 형식이라기보다는 중국어 특수 어휘에 대한 조사보고서 형식이라고 할 수 있다. 이 '～～族' 신조어들을 조사하여 그 어의와 사회적 배경 및 의의 등을 밝힘으로써 중국어 교학教學 방면에 도움이 되도록 하였을 뿐만 아니라, 앞으로 한국에서의 중국어 신조어 사전 편찬 작업의 일환으로 삼을 수도 있을 것이다.

그리고 많은 '～～族' 신조어들을 통해 체제 전환이라는 거대한 명제로 인해 중국어 어휘 역시 변화와 생성이라는 역동적인 환경에 처해 있음을 알 수 있다. 중국인들은 체제 전환에 따른 사회 각 방면의 변화에 부응하여 많은 어휘들을 새로 만들어 사용하고 있을 뿐만 아니라, 또한 체제 전환으로 나타난 여러 사회현상의 구체적 내용들을 이들 신조어를 통해 드러내고 있다. 특히 '～～族' 신조어들만을 두고 보더라도, 중국인들은 많은 관련 어휘들을 만들어 사용하면서 주로 새로운 세대의 출현과 새로운 생활양식, 건강이나 웰빙 생활, 취업난 및 자신의 능력 개발, 유행 및 시대 풍조 또는 개인적 취미, 과학·기술 및 정보통신산업의 발전, 가족·가정 및 결혼 관념의 변화, 경제 발전 및 경제생활 등등 당대當代 중국의 다양한 사회현상이나 상황 등을 매우 뚜렷하게 반영하고 있음을 알 수 있다.

전반적으로 보면, 중국어 '～～族' 신조어의 특성을 구성하는 주요 요소로 도시·화이트칼라·80後·웰빙·인터넷·디지털 등을 들 수 있다. 여기서 이들 신조어의 특성을 구체적으로 설명하면 다음과 같다.

첫째, 그 어휘들은 외국어의 의역이나 음역 외에도 외국어를 그대로 사용하는 등 외국에서 들어온 것이 비교적 많다. 이는 외국의 풍조나 유행 등에 대한 모방의 의미이기도 하지만, 중국에서도 그만큼 다양하고 개성적인 군체群體가 등장했음을 나타내기도 한다. 또한 서구의 다양한 유형의 군체가 중국에서도 등장하기 시작하였음을 의미하기도 한다고 할 수 있다.

둘째, 이들 '～～族' 신조어 속에 등장하는 주요 세대를 보면, 이른바 '80後' 세대들이 주류를 이루고 있다. 이들은 최근 여러 방면에서 중국 사회의 관심의 대상으로 부상하고 있는데, 새로운 생활양식에 대한 주도적 역할은 물론 민감한 정치적 문제까지도 이들의 영향력은 커져가고 있다. 또한 소비의 주체로 이들의 역량은 대단하여 기업의 마케팅 대상으로 부각하고 있다. 이를테면 '月光族' 등이 바로 거대 소비 군체로 등장하였다. 새로운 세대의 출현과 새로운 생활양식을 반영한 '~~族' 신조어들 중에서 그 주요 세대와 생활양식을 주도하는 군체는 대부분 이와 같은 '80後' 세대나 '月光族' 등과 중복되어 있다. 다시 말해, 젊은 세대가 이러한 문화를 주도하고 있는 셈이다.

셋째, 바쁜 현대 도시생활 속에서 자신의 건강이나 웰빙을 중시하는 군체가 등장하였을 뿐만 아니라, 심지어 정신생활과 환경보호를 중시하는 경향이 나타나기도 하였다.

넷째, 우리나라와 마찬가지로 중국에서도 취업난과 관련된 '~~族' 신조어들이 등장하였는데, 그 신조어들의 주체는 대부분 대학 졸업생 등 고학력 실업자이다.

다섯째, 유행이나 취미생활 등을 반영한 '~~族' 신조어 중에서 인터넷과 디지털 기기의 보급 및 발달과 관련된 어휘들이 많이 등장하였으며, 아울러 경제 발전과 외국풍조의 유입 등으로 인해 개인적인 취미활동이 매우 다양해지고 있다.

여섯째, 정보통신산업의 발달과 인터넷의 보급으로 이와 관련된 '~~族' 신조어들이 대단히 많이 나타났다. 특히 인터넷을 통해 어떤 활동을 하거나 인터넷과 관련된 일을 하는 군체가 매우 많이 등장하였다.

일곱째, 가족이나 결혼 관념의 변화 등을 반영한 '~~族' 신조어를 보면 전통적인 관념에서 대단히 진보적으로 전환되었음을 엿볼 수 있으며, 심지어 가족 관계의 상실이라고 할 정도의 현상도 나타나고 있다.

결론적으로 말하면, 우리는 중국어 '~~族' 신조어들을 통해 중국은 현재 도시 중심적이기는 하나 사회의 각 영역이 크게 발전하고 성장하여 이미 다원적인 사회로 진입했음을 알 수 있다.

1 PART

중국어 외래어의 중국화에 관한 고찰

Ⅰ. 들어가는 말

중국어가 외래어를 흡수한 역사는 유구한데, 중국어 외래어의 역사를 전체적으로 살펴보면, 중국어 외래어의 가장 현저한 특징은 바로 중국화(漢化)인데, 바로 외래어를 받아들이는 과정에서 온갖 방법을 동원하여 외래어로 하여금 발음·형식·구조적 측면에서 중국어 고유어와 더욱 닮게 한다는 사실을 발견할 수 있다. 중국어 외래어는 중국어 고유어와 닮으면 닮을수록 중국어 어휘시스템에서 받아들이기가 더 쉽게 된다. 중국어가 외래어를 흡수하는 이러한 과정은 세계의 여타 언어가 외래어를 흡수하는 방법과 뚜렷한 차이가 있는데, 다른 국가나 지역의 언어가 외래어를 흡수할 때, 보통 음역音譯의 방식을 채택한다는 점에서 중국어가 적극적으로 외국어를 중국화 하려고 하는 것과 아울러 중국어가 외래어의 색채를 엷게 한다는 것과 같지 않음을 알 수 있다. 왜 중국어 외래어는 중국어 이외의 다른 언어의 외래어와 비교해 볼 때, 이와 같은 큰 차이가 나는 것일까? 도대체 어떠한 요소가 중국어가 외래어를 흡수할 때 그 어휘를 최대한 중국화 하게 만드는가? 외래어의 중국화는 주로 어떠한 방면에서 나타나는가? 중국화의 특징은 얼마나 오랫동안 유지되는가? 이러한 일련의 문제를 가지고 중국어의 외래어 흡수 역사를 고찰해 보면, 바로 중국어(특히 한자)와 한족문화漢族文化의 독특한 성격으로 말미암아 중국어 외래어가 일종의 특별한 모습을 가지게 되었음을 알 수 있다. 따라서 본 논문은 이 두 가지 근본 요인을 긴밀하게 파악하고, 외래어의 중국화 경향과 관련된 약간의 문제들을 검토해 보고자 한다.

Ⅱ. 외래어의 정의

외래어를 정의하는 문제에 대해 학계에서는 여태껏 통일된 견해가 없었으며 의론이 분분하여 일치된 결론을 내릴 수 없었다. 그러므로 먼저 외래어에 대한 정의가 이루어져야 할 것이며, 이러한 토대 위에서 비로소 진일보한 논의가 가능할 것이다. 曹煒 선생은 《現代漢語词匯研究》라는 책에서 그 정의에 대해 다섯 가지의 대표적인 견해가 있다고 하였다. 그 견해들을 소개하면 다음과 같다. 첫 번째는 의역어意譯語와 차형어借形語는 모두 외래어가 아니다. 두 번째는 의역어와 차형어는 모두 외래어이다. 세 번째는 차형어는 외래어이고 의역어는 외래어가 아니다. 네 번째는 의역어는 외래어가 아니지만 차형어는 구별해서 처리해야 하는데, 만약 차형어가 고대중국어에 이미 존재하였고 의미가 서로 같거나 비슷하면 이러한 단어는 외래어라 할 수 없다. 다섯 번째는 차형어는 외래어로 보아야 하지만 의역어는 구별해서 처리해야 한다. 그 중 방역어仿譯語는 외래어인데, 예를 들면 馬力horsepower·籃球basketball 등이 있으며, 순의역어純意譯語는 외래어가 아닌데, 예를 들면 火車train·電話telephone 등이 있다. 이상의 다섯 가지 견해를 소개한 뒤, 曹煒 선생은 의역어와 차형어는 모두 구별해서 처리해야 한다는 의견을 제시하였는데, 즉 의역어 중에서 순의역어는 외래어에 속하지 않으며, 차형어 가운데에서 일본어·현대중국어·고대중국어에 공통적으로 사용된 어휘가 의미도 기본적으로 같거나 비슷하다면 이러한 단어는 외래어가 아니라고 하였다.

필자는 기본적으로 曹煒 선생의 관점에 동의하지만, "순의역어는 외래어에 속하지 않는다."는 견해에 대해서는 다른 의견을 가지고 있다. 단어란 가장 작으면서도 독립적으로 운용할 수 있는 소리와 의미의 결합체로, 소리音·의미義·형태形의 통일체이기에 어떠한 단어든지 그 세 가지 각도에서 고찰해야 한다. 그래서 하나의 외래어 어휘를 고찰할 때 차음借音·차형借形·차의借意의 세 가지 방면에서 고찰해야 한다. 그러므로 언어를 접촉하고 차용하는 과정에서 외국어에서 빌려온 모든 어휘들은 차음·차형·차의를 막론하고 단지 그 중 하나의 요소가 있으면 외래어라 할 수 있다. 의역어는 소리·형태의 측면에서 보면 조금도 외래어의 흔적이 없는 것 같지만 그 단어가 나타내는 개념에는 여전히 외국어에서 빌린 것이 남아 있으며, 다만 중국화가 더욱 철저해 져서 외래적인 색채가 숨어 있을 따름이다. 이 때문에 순의역어를 외래어에서 배제하자는 주장은 논리적이지 않다.

Ⅲ. 중국어 외래어의 제약요소 및 그 표현

중국어 외래어의 주요 내원來源은 다음과 같은 여섯 종류의 언어로, 서역西域의 각 민족 언어·인도고대어梵語·중국어 이외 아시아 각 민족의 언어·서양 언어·러시아 언어·중국 각지의 소수민족 언어가 바로 그것이다. 이들 언어에 속하는 언어의 유형과 문화는 중국어에 속하는 언어의 유형 및 문화와는 커다란 차이가 있다. 그러므로 중국어에 이들 외국어의 이질적인 어휘가 들어올 때는 반드시 중국어 언어시스템과 한족문화의 제약 하에 그 언어에 대해 가공과 개조를 거침으로써 최대한 중국어 어휘에 근접하게 해야 한다. 이와 같이 해야만 비로소 사람들이 외국어를 인식하고 사용할 수 있기 때문에 그 외국어가 중국어 어휘시스템에 순조롭게 들어갈 수 있다. 이러한 가공과 개조가 우리가 말하는 '중국화'이다. 어떤 경우의 중국화는 어휘를 빌릴 때 진행되는데, 우리는 이것을 '공시적共時的 중국화'라고 부른다. 어떤 중국화는 장기적으로 중국어 어휘시스템과 융합되는 과정에서 점차 완성되는데, 우리는 이것을 '통시적通時的 중국화'라고 부른다.

아래에서는 외래어가 어떻게 하여 중국어 내부 여러 가지 요소 및 한족문화심리의 제약 하에서 중국화 되는지 살펴보기로 한다.

1. 중국어의 여러 가지 요소가 외래어의 중국화에 미치는 제약

1) 음성형식의 영향을 받아 일어나는 변환

각 민족의 언어는 음성적 차이가 존재하므로 완전한 순음역 외래어로 번역하는 것은 불가능하기 때문에 음역외래어 또한 중국어의 음성적 특징을 지니게 된다.

(1) 성조聲調의 증가

중국어는 성조가 있는 언어이지만 외래어가 속해 있는 언어는 일반적으로 성조가 없다. 그래서 외국어를 흡수하는 과정에서 외래어에 성조를 부여할 수는 있으나 결국 몇 성聲을 부여해야 하는가는 정해진 규칙이 없다.

(2) 음소의 교체

음소의 교체란 외래어 중 어떤 음은 중국어 음성시스템에 존재하지 않으므로 외국어를 흡수할 때 비슷한 발음을 가진 중국어로 대역하는 것을 말한다. 예를 들어 radar→雷達léidá · rifle→來復槍láifúqiāng을 보자. 중국어에는 영어의 〔r〕과 같은 설음舌音이 없으므로 위의 예처럼 〔r〕음이 포함되어 있는 외국어를 들여올 때는 일률적으로 한어병음漢語拼音에서 발음이 비교적 비슷한 설첨음舌尖音 l로 대체한다. 예를 들어 muslim→穆斯林mùsīlín · totem→圖騰túténg을 보자. 현대중국어에는 〔m〕으로 끝나는 비음鼻音이 없고(방언 제외), 단지 ng · n 두 가지의 비음만 있으므로 외국어의 어미에 〔m〕발음이 있으면 반드시 ng · n 발음으로 대체해야 한다. 이밖에 〔v〕→f · w, 〔θ〕→s · t, 〔tʃ〕→sh · zh · j · q, 〔z〕→z · c · s · zh · ch · sh · x 등등의 예가 있는데, 모두 비슷한 발음으로 대체한 경우이다.

(3) 내부구조의 음절화音節化

이른바 내부구조의 음절화란 음절을 기록하는 한자로 외국어의 음을 모방하여 번역할 때, 그 음절보다 작은 역음譯音 단위를 가지고 번역하는 것을 가리킨다. 예를 들어 brandy→白蘭地 · clone→克隆을 보면, brandy에서 영어의 br은 복자음구조인데, 이것을 중국어 음절로 번역할 때는 외국어의 b가 bai白로 되며, clone이라는 단어에서 cl 또한 복보음구조인데, 이것을 중국어로 번역할 때는 원래의 음절 보다 작아진 c를 ke克로 대역한다.

(4) 음성의 길이 면에서 쌍음절화雙音節化 추세가 뚜렷이 나타남

쌍음절 어휘는 현대중국어 어휘의 주요한 특징이다. 그러므로 음성 길이 측면에서 외래어는 늘 중국어 어휘의 특징에 순응해야 하므로 가능한 한 중국어 어휘의 발전방향에 근접해야 한다. 외래어의 발전과정을 전체적으로 살펴보면, 수많은 다음절어들이 최종적으로 쌍음절어로 대체되나, 반면 쌍음절어가 다음절어로 대체되는 경우는 매우 드물다.

불교 외래어의 어원인 산스크리트어梵語는 인도유럽어계에 속하며, 어휘는 다음절어가 많다. 그러나 불교가 중국의 중고시기中古時期에 전파될 때는 바로 중국어 어휘가 단음절어에서 쌍음절어로 변해가는 과도기였다. 중국어 어휘의 쌍음절어 위주의 발전법칙에 부합하기 위해 상이한 번역법에 의해 나타난 많은 외래어 어휘들이 일상적인 중국어 어휘로 융합되는 과정에서 종종 음절생략법을 선택하였으며, 마지막에는 대부분이 쌍음절어 형식으로 고정되었다. 예를 들면 '羅漢' 의 원래 번역어는 '阿羅漢'였으며, '伽藍'의 완전한 명칭은 '僧伽藍摩'였고, '菩薩'은 '菩提薩埵'에서 나왔다.

아편전쟁阿片戰爭 이후, 영어를 중심으로 하는 대량의 현대 인도유럽어의 어휘들이 신속하게 들어왔다. 이들 외국어가 처음으로 중국어에 흡수되었을 때, 음역의 방법을 사용하든 의역의 방법을 사용하든 상관없이 많은 다음절 어휘를 만들어내었으나, 시간이 지남에 따라 음절형식은 쌍음절 어휘에 근접하게 되었으며, 그 중 소수의 어휘만이 삼음절어로 변하였다. 예를 들면 電鈴(1901년)·電線鈴(1866년)·電氣鬧鐘(1887년) 등의 어휘는 새로 나타난 쌍음절어 '電鈴'이 모든 다음절어를 대체하게 되었다. 다시 예를 들면 '博士'(1889년)가 '鐸克瑞'(1889년)를 대체하였으며, '溫室'(1917년)이 '玻璃巨室'(1871년)를 대체하게 되었다. 심지

어 어떤 외래어는 여러 가지 번역법 중에서 단지 하나만이 쌍음절어 어휘이고 그 나머지 어휘가 모두 다음절어인 경우에도 마지막에는 쌍음절어 하나만이 살아남게 되었다. 예를 들면 電報·電氣信·電氣線·電氣線報·電氣報·電氣秘機·電氣通標·信通線·法通線·法銅線·電機信 등의 수많은 외래어 어휘가 존재하였으나 마지막에는 '電報' 한 단어만이 남게 되었다.

2) 한자 영향을 받아 일어난 변화와 변환

한자는 현재 세계에서 유일한 표의문자(어떤 사람은 형태소문자形態素文字라고 부름)인데, 가장 큰 특징은 소리와 의미의 결합체, 곧 표음부분과 표의부분으로 되어 있다는 점이다. 오랫동안 한족들은 "글자를 쓰야 뜻을 알고", "글자를 보고 대강 뜻을 짐작"하는 독서습관과 언어심리를 키워왔다. 따라서 어떤 글자를 볼 경우, 자연스럽게 그 글자의 뜻을 생각해 낼 수 있다. 그래서 외래어를 음역하는 과정에서 글자 뜻이 나타나는 단어를 최대한 선택하였고, 심지어는 외래어의 발음도 표기할 수 있고 의미도 나타낼 수 있는 새로운 글자를 만들기까지 하여, 한자의 표의기능이 최대한 발휘되도록 함으로써 외래어의 가독성을 높이고자 하였다. 이렇게 함으로써 외래어의 음역이 빚어내는 형태·소리·의미의 분리현상을 최대한 피하려고 하였다.

(1) 음역어를 위해 의미를 찾아 이해할 수 있는 음근자音近字

외래어의 번역방식에는 두 가지가 있는데, 음역 겸 의역과 반음반의역半音半意譯이 바로 그것이다. 이 두 가지 번역방식은 외국어 원래 어휘의 어음語音과 비슷하게 혹은 부분적으로 대역했을 뿐만 아니라, 동시에 사용되는 한자와 외래어의 의미가 일정한 연관성을 가지도록 함으로써, 글자만 보고 대강의 뜻을 짐작하는 중국인들의 독서습관을 충족시켰다. 예를 들면 敵殺死Decis는 일종의 효력이 뛰어난 농약살충제이며, 香波shampoo는 머리를 씻는 세제를 가리키며, 偉哥Viagra는 일종의 양위陽痿 치료 약물이며, 可口可樂Cocacola는 일종의 음료이다. 이상의 예들은 음역 겸 의역이다. 迷你裙miniskirt은 미니스커트이고, 霹靂舞breakdance은 리듬이 강렬하고 동작이 격렬한 춤이며, 呼啦圈hula-hoop는 원형의 운동기구이다. 이상의 예들은 반음반의역이다.

또 예를 들면, 외국인의 이름을 음역할 때도 마찬가지로 한자의 선택이 고려된다. 발음이 똑같은 Ma(r)를 음역할 경우 여성 이름은 통상 '瑪'로 번역하는데, 예를 들면 '瑪格麗特'·'瑪莉亞'·'瑪麗'·'瑪麗安娜'·'瑪吉'·'瑪喬里'·'瑪莎' 등등이다. 남성 이름은 보통 '馬'로 번역하는데, 예를 들면 '馬庫斯'·'馬里'·'馬丁'·'馬修'·'馬克思' 등등이다.

(2) 새로운 한자의 창조

형성자形聲字가 가지고 있는 성방聲旁은 소리를 나타내고, 형방形旁은 의미를 나타내는 특징을 충분히 이용하여 외래어를 음역할 때, 어떤 경우에는 한자를 써서 외래어 어의語義의 의미부류 및 지칭범위를 나타내기 위해 전문적으로 그 외래어를 위해 새로운 형성자를 만들기도 한다. 예를 들면 '魔鬼'의 '魔'는 산스크리트어에서 '魔羅'의 약음略音인데, 중국어에는 원래 이러한 글자가 없었지만 불경을 번역할 때 중국어의 '磨'자를 빌려 그 어휘를 나타냈으며, 후에 양무제梁武帝 시기에 이르러서야 비로소 '磨'자를 '魔'자로 바꾸었다. 그 밖에 '懺悔'의 '懺', '寶塔'의 '塔', '獅子'의 '獅' 등등은 모두 불경을 번역하면서 만든 새로운 글자이다. 이러한 현상은 현대의 음역어에서는 주로 과학기술 분야의 번역어에서 주로 나타나는데, 특히 화학원소의 번역에서 많이 보인다. 예를 들면 금속원소를 음역할 때, '金' 방旁을 가진 글자를 많이 만들었는데, 예를 들면 '鉀'·'鈣'·'鈉'·'鎂'·'鋅' 등등이며, 기체원소를 음역할 때는 '氣' 방을 가진 글자를 많이 만들었는데, 예를 들면 '氫'·'氧'·'氬'·'氮' 등등이다.

(3) 음역 성분의 형성화

이 방법은 바로 어휘의 전체 의미를 고려하여 원래는 겨우 표음만이 가능한 글자에 형성화를 부가한 것으로, 표의 기능을 가진 형방을 추가한 것이다. 예를 들면 '烟肢'는 '燕支'·'燕脂'·'胭肢'·'焉支' 등의 번역어가 더 있는데, 화장품은 피부와 관련이 있기 때문에 '肉' 방을 부가하여 '胭脂'라는 어휘로 규범화 하였다. 이러한 방식과 유사한 많은 음역어는 통상 의부意符를 지닌 채로 남아 있다. 예를 들면 '葡萄'·'苜蓿'·'琉璃'·'箜篌'·'檸檬'·'袈裟'·'駱駝' 등의 예들이 모두 그러한 경우이다.

3) 중국어 어휘의 구조형식이 외래어 중국화에 미치는 영향

중국어 어휘의 구조형식은 주로 '어근복합법語根複合法'이다. 즉, 형태소 간에 서로 연관이 있고, 형태소 간에 존재하는 각종의 어법·의미관계는 바로 어휘를 이해할 수 있는 근거가 된다. 그러나 일반적으로 음역된 외래어는 구조적으로는 한 덩어리이므로, 다만 하나의 형태소로서 이해해야 하지 어법이나 의미상으로 분리할 수는 없다. 외래어의 중국화 과정에서 종종 외국어 단순형태소의 구조의 틀을 깨뜨리는 방법을 고안하기도 하는데, 이렇게 하여 그 어휘가 의미를 가지면서 연계성도 있는 몇 가지의 형태소로 바뀌게 된다. 이러한 부류의 중국화는 주로 다음과 같은 두 가지 경우가 있다.

(1) 외국어 원래 어휘의 내부구조가 어떠한지를 막론하고 중국어에서는 그 어휘를 흡수한 뒤 전체를 수식형복합식구조修飾型複合式構造로 만든다. 더욱이 '수식' 부분과 '피수식' 부분이 일종의 '종種'과 '속屬', '하위형태소'와 '상위형태소'의 관계를 이루도록 하는 것이다. 이러

한 상황은 주로 반음반의역형식·음역에 유속표지類屬標識를 부가하는 형식의 두 가지 번역방식으로 나타나고 있다. 예를 들면 motorcycle·ice-cream·jazz·ballet 등의 어휘는 중국어로 흡수된 후에 수식형복합식 합성어인 '摩托车'·'冰激凌'·爵士樂·芭蕾舞' 등이 되었다. 앞의 두 개 외래어는 반음반의역방식이고, 뒤의 두 개는 음역에 유속표지어를 부가해서 만든 것이다.

(2) 중국어에 있는 각종 구조형식을 이용하여 해당 외국어 어휘의 구조형식을 바꾼다. 예를 들면 vitamin이라는 단어는 중국어에서 동빈형복합구조動賓型複合構造를 이룰 수 있으며, 여기에 더욱 다층적이며 복잡한 구조로 만들어진 단어가 '维他命'이다. Cocacola라는 단어는 중국어로 흡수되면서 하나의 연합구聯合句인 '可口可樂'가 되었다. 또 Esperanto(의역어로는 '世界語'라고 함)는 중국어로 흡수되면서 하나의 긴축복합형식緊縮複合形式인 '愛斯不難讀'라는 단어가 되었다.

2. 한족의 문화심리가 외래어 중국화에 미치는 제약

한족의 문화심리는 언어의 외적 요소로서 외래어의 중국화에 대해 상당한 제약작용을 한다. 언어는 중요한 문화현상이며, 반드시 그 민족 문화심리의 영향을 받는다. 이러한 영향은 민족 언어 자체의 구조적 형식을 결정할 뿐 아니라, 민족 언어의 외래 성분에 대한 흡수와 변환도 결정한다.[1] 한족은 역사적으로 유구하며 고대에는 오랫동안 문화의 중심지이자 문화수출국의 지위에 처해 있었으므로 민족문화에 대한 강한 동질감과 자신감을 지니고 있었다. 이 밖에도 주지하다시

1_ 陳榴, 〈漢語外來語與漢民族文化心理〉, 《遼寧師範大學學報》(社會科學版), 1990(5).

피 중화문명은 황허黃河유역에서 발생한 것이며, 이 지역은 지중해와 인더스강으로부터 멀리 떨어진 아시아의 중부에 위치하고 있으며, 비교적 일찍 흥기한 기타의 인류문명과 거리상으로 멀어 지리적 환경의 제약을 받았기 때문에 대규모의 교류가 이루어지기에 불편하였다. 이런 상황이 중화문명으로 하여금 일종의 상대적이고 독립적인 환경에서 생존하고 성장하게 했으므로 외래문화에 대해 배척하고 멸시하는 태도를 가지게 하였다. 이러한 민족문화심리의 지배 하에서 중국문화는 외래문화를 흡수할 때, 종종 충돌·개조·융합의 모식模式으로 나타나는데, 즉 먼저 외래문화에 대해 민족화로의 개조를 진행하고 그런 후에 다시 그것을 소화하고 흡수한다. 梁漱溟은 이것을 "조화를 이루고 중용의 태도를 견지한다调和持中."(《東西文化及其哲學》)라고 하였다. 외래어를 수입하고 흡수하는 과정에서도 마찬가지로 충돌·개조·융합의 모식이 나타난다. 최대한 의역을 하면서 음역을 배척하였으므로 부득이 음역을 선택해야 하는 상황 아래에서도 여전히 한자를 선택해야 하는 고심을 하지 않을 수 없다.

비록 5·4시기에 시작하여 특히 1980년대 개혁·개방에서 현재에 이르기까지 중국 현대화의 발걸음은 점점 더 빨라졌지만, 중국의 유구한 역사와 뿌리 깊은 전통문화의 유전자는 이미 중국인의 정신 속에 깊이 각인되었다. 과거·현재는 말할 것도 없고 앞으로도 오랫동안 전통문화심리는 여전히 중국인의 사상·행위를 지배하고 그것에 대해 영향을 미칠 것이다.

결론적으로 말하면, 언어 내부의 여러 가지 요소 및 한족문화심리의 제약으로 말미암아 외래어는 일반적으로 정도가 다르게 중국화가 진행될 것이다. 그 중 의역어는 중국화가 가장 철저하고, 순수음역어는 중국화가 가장 낮을 것이다. 중국화가 철저하면 철저할수록 중국어에 진입할 가능성이 커지며, 중국화가 낮으면 낮을수록 도태되어 버릴 가능성이 더 커진다. 중국화는 외래어의 운명을 결정하는 관건적 요소이다.

Ⅳ. 반중국화에 대한 인식

이른바 반중국화라는 것은 바로 외래형식을 많이 이용하거나(알파벳의 사용) 혹은 중국어로 의역하는 과정에서 여전히 음역을 사용하는 것이다. 1980년대 이래 중국화 정도가 낮은 외래어 사용 비율이 상승하는 추세에 있다.

첫째는 알파벳의 출현 비율이 갈수록 많아졌는데, 어떤 어휘들은 이미 기본어휘의 대열에 들어가 있다. 권위 있는 중국어사전인 《現代漢語詞典》[2]을 1994년에 전면적으로 수정하는 과정에서 서구의 알파벳으로 이루어진 어휘 39개를 부록의 형식으로 수록하였다. 예를 들면 'WTO'·'VCD'·'QQ'·'IT業'·'E經濟'·'GDP'·'AA制' 등등인데, 만약 어떤 사람이 이러한 단어의 뜻을 모르다면 아마도 현대의 문맹이 될 것이다. 2004년에 출판된 《現代漢語規範詞典》[3]도 똑같은 요령으로 서구의 알파벳으로 이루어진 어휘 132개를 부록에 수록하였다. 예를 들면 'ABC'·'CT'·'E-bank'·'E-book'·'E-mail'·'EMS'·'EQ'·'FAX'·'GNP'

2_ 이 사전은 中國社會科學院語言研究所詞典編輯室에서 편찬하였으며, 商務印書館에서 출판하였다. 1994년판은 제3차 수정판이며, 2005년 제5차 수정판이 이미 출판되었다.
3_ 이 사전은 李行健이 主編하였으며, 外語教學與研究出版社·語文出版社가 공동으로 출판하였다.

·'HDTV'·'ID卡'·'Internet'·'IOC'·'IQ'·'ISBN'·'KTV'·'LCD'·'MBA'·'MP3'·'NGO'·'OA'·'PC'·'PDA'·'ROM'·'SOHO族'·'SOS兒童村'·'Tel'·'TOEFL'·'TOEIC'·'VIP'·'VISA'·'UFO'·'WC'·'WWW'·'X染色體'·'Y染色體' 등등이다. 이러한 점으로 미루어, 이미 많은 알파벳 어휘가 권위 있는 사전에 수록되어 있음을 알 수 있다. 흥미로운 사실은 한국에서도 이러한 알파벳 어휘를 보편적으로 쓰고 있다는 점이다.

다음으로 음역외래어의 대량 증가인데, 통계에 의하면 대형 상점의 의복 브랜드명·화장품 브랜드명·식품명 등의 90% 이상이 모두 음역외래어이다. 북경의 동단제東單街는 절반의 상호가 모두 음역외래어로 되어 있다.[4] 심지어 어떤 외래어는 원래 의역방식을 선택했는데, 지금은 음역어로 새롭게 대두되고 있다. 예를 들면 '的士'·'巴士'·'迷你'·'麥克風' 등의 어휘가 있는데, 어떤 것은 의역어와 더불어 나란히 한 자리를 차지하고 있으며, 어떤 것은 이미 윗자리를 차지하였다.

최근 외래어 반중국화의 유행은 개혁·개방 이래 중국인의 서구 학습과 서구문화에 대한 숭상현상이 언어현상으로 나타난 것이다. 중국인의 외국어 수준이 보편적으로 향상됨에 따라 이러한 현상은 더욱 활발해 질 것이다. 史有爲 선생은 그의 책 《漢語外來詞》에서 "개방과 외국어 교육의 보편화에 따라 음역형식의 증가는 예측된 것이다", "음역과 외래어 로마자화는 우리가 이상적으로 여기는 것 중의 하나"라고 주장하였다. 그러나 필자는 중국어의 언어시스템과 한족문화심리는 근본적으로 변화가 일어나지 않을 것이라는 전제하에서 중국화는 외래어의 주도적 현상이 될 것이고, 반중국화는 여전히 부차적 지위에 머물러 있을 거라고 생각한다.

4_ 楊華, 《漢語新詞語研究》, 哈爾濱: 黑龍江教育出版社, 2002, 240쪽.

V. 나가는 말

중국어 언어시스템의 독자성 및 한족문화의 폐쇄성·보수성 및 양자의 고정성과 강한 생명력으로 말미암아 중국어가 외래어를 수입·흡수하는 과정에서 중국화는 여전히 주도적·핵심적 지위를 누릴 것이며 미래에도 여전히 중국어 외래어의 현저한 특징이 될 것이다. 그러므로 외래어를 차용할 때 여전히 의역·음역 겸 의역·반음반의역·음역에 유속표지(의미표지)를 가한 형식 등의 번역방식이 위주가 될 것이며, 음역어는 부차적인 것이 될 것이다. 외래어를 사용할 때 표현의 필요에 근거하여 외래적인 색채가 농후한 음역어를 적절히 사용해야 하겠지만 남용을 방지하기 위해 일반적인 경우에는 중국화 정도가 더욱 철저한 외래어를 사용하는 것이 좋을 것이다. 외래어의 규범 면에서 규범화의 중점은 음역어에 두어야 한다. 그리고 외래어를 연구할 때 중국화는 우선적으로 고려해야 할 요소이다.

중국 사회 속의 신조어

PART_2

2 PART

'중국어'와 '중화어中華語'

우리는 지금 우리가 쓰고 있는 '중국어'란 명칭에 대해 여러 가지 표현법이 있다는 사실을 알고 있다. 최근에 중국에서 이 명칭들에 대해 새로운 제안을 한 사람이 있어 흥미롭기도 하면서 어떤 면에서는 그 저의가 무엇인지 곰곰이 생각하지 않을 수 없게 한다. 우선 아래에서 그 명칭들을 열거해 보면 다음과 같다.

중국어中國語

중어中語

중문中文

중국화中國話

화어華語

한어漢語

현대한어現代漢語

현대중국어現代中國語

백화白話

보통화普通話

국어國語

만다린Mandarin

먼저 '중국어'는 중국어에 대한 가장 보편적인 명칭이다. 우리가 일반적으로 '일본어', '프랑스어', '스페인어'라고 부르는 것과 같은 이치라고 할 수 있다. '중어'는 '중국어'를 줄여서 부르는 것으로, '일본어'를 '일어', '영국어'를 '영어' 등으로 부르는 것과 같은데, 이것은 대개 한국에서만 사용하는 것 같다. 주로 학과 명칭을 '중어'중문학과로 부를 때 사용하고 있다. '중문'은 대개 두 가지 측면에서 사용되고 있다. 그 하나는 '중국어'의 의미로 사용되며, 또 하나는 '중국문학'의 준말로 쓰이는데 한국에서 주로 사용하고 있는 중어'중문'학과라는 말에서 그 사실을 알 수 있다. 그리고 중국에서는 '중문계中文系'로, 타이완臺灣에서는 '중문연구소(中文硏究所: 우리의 대학원과 같음)' 등으로 사용되는 것과 같다고 할 수 있다. 그러나 '중문'이 단독으로 사용되면 주로 '중국어'와 '중국어 문장'이라는 뜻으로 많이 사용되는데, 이때는 '중국어문(中國語文: 중국말과 글)'의 준말로 사용되었다고 할 수 있다. '중국화'는 이전에 타이완에서 주로 사용하였는데, 우리말로 '중국말'이라고 직역할 수 있다. '화어'는 '중화민족의 언어'라는 의미를 띠고 있는 문화민족적 냄새가 약간 풍기는 말인 것 같다. 이 단어는 주로 해외 거주 중국인들이 모국어에 대한 지칭으로 사용하고 있는데, 해협양안(海峽兩岸: 중국과 타이완)에서는 거의 사용하지 않는 것 같다. 그러나 아직도 지역에 따라서 사용하는 사람이 없지는 않다. '한어'는 중국 대륙에서 가장 보편적으로 사용하고 있는 단어로, 우리도 쓰고 있는 '한자(漢字: 중국에서는 '中文字', '中國字', '國字'라고도 함)'의 '한漢' 즉 '한나라'라는 의미로 쓰였다. '한자'라는 말이 한나라 때에 비로소 사용됐기 때문이다. 이렇듯 '한자'가 중국의 문자를 가리키는 것이라면, '한어'는 중국의 언어 즉 중국말을 가리키는 것으로 쓰이고 있다. 중국에서는 일반적으로 '한어'는 '한족漢族의 언어'라고 하는데(《辭海》, 《現代漢語詞典》 등),

다른 소수민족 언어에 대응하는 개념으로, 한족문화의 역사가 유구하고 한족의 수도 가장 많으며 그 사용 지역도 가장 넓기 때문에 자연히 주요 어종이 되었다는 것이다. 아무튼 여기서 덧붙이고 싶은 말은 앞에서 언급한 '중문'이라는 말은 곧 읽기와 글쓰기 등과 관련이 많은 반면, '한어'라는 말은 말하기와 듣기와 관련이 많다는 것이다. 다음의 '현대한어'와 '현대중국어'는 '고대한어'와 '고대중국어'와 상대적인 개념으로 사용되는 것으로, 이때의 '고대한어'와 '고대중국어'는 주로 고대의 문언문文言文을 가리킨다. 우리가 흔히 말하는 '한문漢文'이 바로 '문언문'이라고 할 수 있는데, 중국에서는 구어체口語의 상대적인 개념인 '서면어書面語'라고도 한다. 물론 고대에도 구어체 문장이 출현하였는데, 특히 송대宋代 이후의 화본소설話本小說 작품에서부터 많이 채용되기 시작하였다. 우리는 이러한 소설을 문체적 특성으로부터 '고대백화소설古代白話小說'이라고 부르는데, 여기서 '백화'는 바로 구어체라는 의미를 지니고 있다. 다시 말해 '백화'라는 말은 문체적 특성으로부터 나온 말로, 현대중국어는 당연히 백화에 속한다. 또한 '고대중국어' 속에는 '문언문'뿐만 아니라 '고대백화문'도 포함되어 있음을 알 수 있다. '보통화'는 중국에서 사용되며 '국어'는 타이완에서 사용되는 것으로, 둘 다 중국의 여러 방언(方言: 지방 사투리)에 대응하여 사용하는 '표준 중국어'라는 속성을 지니고 있다. 북방어北方語는 중국어의 방언 중 하나인데, '관화(官話: '관리들의 말'이라는 뜻으로, 중국에서 청淸나라 말까지 표준어를 호칭하던 말)'라고도 하며, 중국에서 매우 광범위하게 사용되고 있는데, 서양에서는 이것을 보통 '만다린mandarin'이라고 한다. 북방어의 대표가 되는 방언은 베이징어北京語, 톈진어天津語, 동베이어東北語, 시안어西安語, 청두어成都語, 난징어南京語 등이 있다. 서양에서 현대중국어를 '만다린'으로 칭하는 경우도 있는데, 그 사용 범위 면에서 약간은 잘못된 표현법이라 할 수 있다.

최근 중국에서는 '국가공통어國家共同語' 정명正名에 관한 얘기가 나오고 있는데, 어떤 사람은 '중화어中華語'라는 말로 '보통화', '국어' 그리고 '한어' 등의 말을 대체하여 사용하자고 주장하고 있다. 이 말은 세계 중국인들의 언어의 실제 상황을 가장 절실히 반영하고 있을 뿐만 아니라 중화민족의 응집력을 더욱 강하게 결집하는 데 유리하기 때문이라는 것이다. 이른바 '한족의 언어'인 '한어'는 소수민족의 언어가 적지 않게 존재하고 있는 현실에서 그 포괄성이 그다지 넓지 않다는 것이다. 그리고 현재 다수의 만주족滿族과 다수의 회족回族이 한어를 사용하고 있으며, 또한 기타 부분 소수민족 이를테면 인구 283만의 토가족土家族 90%도 그들의 언어를 이미 한어로 바꾸어 사용하고 있다는 것이다. 아울러 소수민족과 한족의 교류가 날로 빈번해지고 많은 소수민족이 이미 한어를 할 줄 알며, 특히 한족과의 잡거지역雜居地域에서 소수민족의 한어 사용 상황이 더욱 보편화 되고 있다는 것이다. 이러한 상황 하에서 한어는 중화 각 민족 인민의 공통어이지 한족의 언어가 아니라는 것이다. 이러한 이유로 절대 다수의 중국인들이 사용하고 있는 언어를 '한어'로 부르는 것은 합당하지 않고 '중화어'로 칭하는 것이 합리적이라는 것이다. 그렇다면 '화어'라는 말도 사용이 가능하지 않는가라는 문제를 제기할 수 있다. 그러나 '화어'는 '중화어'의 약칭으로는 사용할 수 있으나, '중화민족中華民族'을 '화민족華民族'이라고는 할 수 없듯이 그것을 전칭全稱으로는 사용할 수 없다는 것이다.

우리는 이 '중화어'라는 말에서 소수민족을 아우르고 중화민족문화를 강조하려는 민족주의의식이 다분히 작용하고 있음을 엿볼 수 있다. 중국은 현재 세계 각국에 이른바 '공자학원孔子學院'을 세워 중국어

보급에 열을 올리고 있다. 이 역시 문화민족주의의 발로에서 나온 것임은 의심의 여지가 없는 것 같다. 중국어는 그냥 '중국어'이다. 외국(특히 우리나라)에서는 그냥 '중국어'로 사용하면 된다. 그리고 자신들이 가장 보편적으로 사용하고 있는 '한어' 역시 지금과 마찬가지로 그대로 사용하면 별다른 문제가 없을 것이다. 왜냐하면 이는 현재 엄연히 존재하고 있는 소수민족의 언어들을 인정하는 바탕 위에서만 가능하기 때문이다.

중국어와 관련된 다른 또 하나의 소식은 1958년에 만들어진 '한어병음방안漢語拼音方案'에 대한 수정 작업이 현재 이루어지고 있다는 것이다. 전국정치협상회의全國政治協商會議 위원이자 중국사회과학원中國社會科學院의 언어학자인 리란李藍은 현재 사용하고 있는 '병음방안' 중에는 현대사회 발전과 맞지 않은 부분이 다소 있어 많은 사람들이 한어병음자모의 독음讀音을 정확하게 발음하지 못한다고 주장하면서 그것의 수정안을 제기하였다. 많은 사람들이 영어식으로 한어병음자모의 독음을 발음한다는 것이다. 이는 중국도 영어 교육이 널리 보급된 결과이기도 하다. 이러한 현상은 우리나라 언론매체에서도 자주 일어나는데, 예를 들면 한어병음 'Feng'을 '펑'으로 읽거나 표기하지 않고 '팽'으로 읽거나 표기하는 경우가 바로 그것이다. 앞으로 어떤 수정안이 나올지 궁금하나, 아무튼 현대사회의 실제 상황에 근거하여 세계적으로 객관성을 담보할 수 있는 방안이 도출되었으면 하는 바람이다.

PART 2

'개미족蟻族'과 '88만 원 세대'

한국은 청년실업 문제로 심각한 상황에 처해 있다. 최근 청년실업률이 10%를 넘어 사상 최고를 기록했다는 소식과 대졸 여성 실업자가 20만 명을 넘어 사상 최대를 기록했다는 뉴스를 전해 듣고 우리 학생들을 생각하면서 우울해 한 적이 있다. 이처럼 대졸자의 취업 문제는 요즘 경제적으로 잘 나가는 중국도 상황이 그렇게 좋은 편이 아닌 것 같다. 중국에서는 올 6월(중국은 우리와 달리 9월 신학기제임)에 630여만 명이 대학을 졸업한다고 한다. 지금까지 취업을 하지 못하고 있는 대졸자 수와 합치면 700여만 명이 일자리를 구해야 하는 상황이라고 한다. 대학의 취업 관련 전문가들의 말에 의하면 중국의 입장에서 이러한 취업 상황은 매우 심각한 수준이라고 한다.

아울러 며칠 전 중국의 신문 보도에 따르면 중국 대학생들의 심리 상태 역시 불안한 상황이라고 한다. 한 설문조사에서 설문에 응한 대학생 반이 미래에 대해 확실한 계획을 갖고 있지 않다고 대답하였으며, 또 설문에 응한 대학생 반이 생활에 대해 불만을 갖고 있다고 응답하였다는 것이다. 이는 설핏 대단히 의외의 결과인 것 같아 보이지만, 사실 중국이 안고 있는 사회적인 나쁜 요인들을 그대로 반영하고 있는 것이라고 할 수 있다. 현재 재학 중인 대학생들이 이른바 '90後'라는 사실에서 그 원인을 찾을 수 있는데, 이는 이들이 이른바 '독생자

獨生子女'로서 주로 가정구조 내에서 생활하면서 부모나 조부모의 과도한 사랑과 가정교육의 결핍으로 인해 자주의식, 책임의식, 사회적응 능력, 배려심, 인내심 등이 결핍되어 있기 때문이라고 할 수 있다. 거기에다 취업난으로 인한 미래에 대한 불안감도 그 원인으로 작용했을 것이다.

최근 중국에서는 '개미족蟻族'[1]이라는 신조어가 출현하였는데, 이는 중국의 '한 가정 한 자녀計劃生育' 정책 실시 이후에 태어난 '80後' 대학 졸업자들에 해당되는 말이다. 이들은 대학 교육을 받아 지적 능력은 높지만 힘은 약하고 집단으로 거주하며 월급이 많지 않다는 공통적인 특성을 지니고 있는데, 개미의 집단 거주 등의 특성과 유사한 데서 나온 신조어인 것 같다. 이 신조어는 베이징대학北京大學에서 포스트 닥'博士後' 과정에 있는 롄쓰廉思가 주편主編한 사회학 보고서 형식을 띤《개미족――대학 졸업자 집단 거주촌 실록蟻族――大學畢業生聚居村實錄》이란 책에서 가장 먼저 사용하였다. 이들은 대부분 도시 속의 시골이라는 의미의 '성중촌城中村'에 모여 살고 있다. 집세가 싸기 때문이다. 골목 속으로 들어갈수록 집세는 더 싸다고 하는데, 그곳은 우리나라의 변두리 쪽방 촌을 연상하게 한다. 막 대학을 졸업한 이들은 월급이 적기에 일상생활 중에서 절약할 수 있는 한 절약하며 밥도 혼자서 해 먹는다. 중국도 재작년 금융위기로 인해 취업난이 심각하였는데, 당시 이들의 월급은 입에 풀칠 할 정도였다. 이들은 우선 먹고 사는 것이 시급하기 때문에 일단 아무 곳이나 취업을 하는 것이 급선무이지 월급 수준, 미래 전망 등을 따질 처지가 아니었다. 보도에 의하면, 개미족의 어떤 사람은 자신을 '때려죽일 수 없는 바퀴벌레'로 비유하기도 하였

1_ 베이징 시내에는 개미족보다 못한 계층인 이른바 '생쥐족'이 있는데, 이들은 베이징에 있는 아파트 단지나 빌딩 지하에 있는 쪽방에서 사는 저소득층을 말한다.

다. 어떤 전문가는 개미족의 출현은 대학교육의 대중화로 인해 대학생이 우대를 받던 집단에서 그런저런 처지로 떨어진 것과 관련이 크다고 분석하면서, 정부나 직장의 주택 분배가 있었던 10여 년 전의 대학 졸업자에 비해 터무니없이 적은 월급으로 너무 비싼 주택 임대료를 감당하기 어려워 이러한 생활을 하지 않을 수 없다고 하였다.

재미있는 현상은 우리나라에서도 개미족과 같은 취업이나 취업난과 관련된 신조어가 중국보다 더 많이 출현하였다는 사실인데, 그만큼 중국보다 훨씬 취업난이 심각하다는 사실을 반영하고 있다고 할 수 있다. 이런 신조어들은 주로 취업을 위해 자신의 스펙을 갖추기 위한 과정을 반영하고 있거나 아울러 취업의 어려움을 매우 잘 투영하고 있다.

바쁜 취업준비와 아르바이트로 교우관계를 맺기 어려운 학생들을 '나홀로족'이라고 한다. 그리고 '나홀로족'은 커피전문점에서 혼자 일을 하는 '코피스Coffee+Office족'이나 혼자 시간을 즐기는 '글루미Gloomy족'으로 변형되기도 하는데, 친목 도모보다는 자기 계발에 전념해야 하는 치열한 대학가의 모습을 반영하고 있다. 긴 방학 기간을 이용하여 해외로 나가 어학연수를 하거나 해외 인턴십internship에 참여하는 등의 학생들을 '어브로드Abroad족'이라고 한다.

대학가에는 졸업 후 실업자 또는 신용불량자가 된다는 '청년실신'이란 신조어가 있는데, 대학을 졸업한 뒤 취업에 실패해 실업자는 물론 빌린 학자금을 갚지 못해 신용불량자가 되는 세태를 비꼰 말이라고 한다. 또 졸업을 미루는 '모라토리엄Moratorium족'(NG(no graduation)족이라고도 함), 학교라는 둥지에서 벗어나지 않으려는 '둥지족', 졸업하고도 오랫동안 취업을 하지 못한 '장미족(장기미취업 졸업생)'이라는 신조어도 있다. 졸업생 못지않게 힘든 재학생의 생활을 반영한 신조어도 있다. '알부자족'은 '알바(아르바이트의 속칭)'로 부족한 학자금을 충당하는 학생들을 가리키는데, '겉보다는 실속이 있는 부자'라는 '알부자'의 원래의 뜻과 반대되는 의미로 쓰여 반어적反語的인 말이다. 또 방학이 되면 명절을 포기하고 평소 시급의 1.5배를 주는 일자리를 찾는 '점오배족', 점심 값을 아끼려는 '도시락족'이나 하루 5,000원만으로 생활하는 '5000원족' 등의 신조어도 있다. 취업을 위해 몸값을 올리기 위해 편입학을 거듭하는 '에스컬레이터족'이라는 신조어도 있다. 대학의 학점 교류가 보편화 되면서 출현한 신조어는 '학점쇼핑족'이나 '강의노마드족' 등이 있는데, 계절 학기는 학점을 보충하기 위해 신청하는 경우가 많았으나 최근에는 유명한 취업 관련 특강이나 토익 특강과 같이 취업에 관련 수업을 듣기 위해 타 대학의 명 강의를 찾아다니는 대학생들이 늘어나면서 생긴 말이다.

이밖에 기존 의미가 변형된 '홈퍼니Homepany족'도 있는데, 홈퍼니는 원래 홈home과 컴퍼니company를 결합해 '재택 근무하는 직장인'을 뜻하지만, 구직자들 사이에서는 집에서 원서접수에 열중하는 것을 빗대 '홈퍼니에서 일한다'로 통한다.

우리나라에서도 최근에 '88만 원 세대'라는 말이 있는데, 그 말의 출현 배경과 그들의 생활 방식 등이 중국의 개미족과 유사하다고 할 수 있다. 정부는 정책적으로 거의 속수무책인 것 같고, 그나마 미미하게 시행하는 정책들은 당사자들에게 그다지 환영을 받지 못하고 있는 실정이다. 정말 막막한 느낌뿐이다. 그러나 절망은 금물이다. 그래도 희망을 갖고 자신의 스펙을 완벽하게 갖추는 데 노력해야 할 것 같다. 어느 시대 어느 상황이든 '노력'은 희망을 가장 빠르게 실현시켜줄 수 있는 미덕이 아니겠는가!

PART 2

친절과 배려

얼마 전 입적入寂하신 법정法頂 스님의 법어法語에 "이 세상에서 가장 위대한 종교는 친절이라는 것을 마음에 거듭 새겨 두시기 바랍니다. 작은 친절과 따뜻한 몇 마디 말이 이 지구를 행복하게 한다는 사실 역시 기억하시기 바랍니다"라는 말씀이 있다. 친절은 다른 사람에 대한 배려와 통한다. 불교에서 금생今生에서 옷깃을 한 번 스치는 인연이면 전생前生에서는 5백 번 만난 적이 있다고 한다. 그렇다면 금생에서 말 한 마디 거는 인연이면 전생에서 수 만 번 이상 만났을지도 모른다. 여기서 우리는 '친절'을 이 세상에서 가장 위대한 종교라고까지 하신 법정 스님의 그 말씀이 어떠한 의미를 지니고 있는지 어렴풋하나마 짐작할 수 있다.

중국에서의 친절은 아직 좀 요원한 느낌이다. 물론 이전보다는 많이 좋아진 편이기는 하다. 특히 개인 사업업체가 늘어나면서 자신들의 영리 목적을 위해 친절하게 고객을 대하는 곳이 늘어나고 있다. 오랫동안 사회주의 체제 하에서 살아온 중국 사람들이 친절에 약한 것은 당연한 일일지도 모르겠다. 당시 국영기업만 존재하고 있었을 때, 그 소속 직원들은 자신들이 많은 노력을 하더라도 월급은 그것과 상관없이 분배받는다는 사실을 잘 알고 있었다. 그들은 고객에게 친절해 봐야 자기에게 돌아오는 이익은 아무것도 없다는 사실 역시 잘 알고 있었다. 친절하면 고객이 더 많아지고 고객이 많아지면 기업의 이익이 늘어나고 기업이 발전하면 그만큼 자신에게도 이익이 된다는 자본주의의 기본적인 원칙을 잘 알 리가 없었다. 그래서 중국과의 수교 초기인 1990년대 중반만 해도 고객에게 물건을 내던지는 백화점 점원의 불친절한 모습이 자주 목격되곤 했었다. 당시 그런 경우를 직접 당하면서 곤혹스러워 했던 사람들이 적지 않았을 것이다. 나 역시 그런 경우를 당한 적이 몇 번이나 있었다.

가장 친절한 서비스가 요구되는 여객기 안의 승무원의 모습에서 우리는 중국의 '친절'이 아직은 좀 멀리 있다는 사실을 다시 한 번 느낀다. 특히 중국 국내선을 타보면 더욱 그 사실을 확인할 수 있는데, 승무원들의 얼굴에 미소라고는 거의 찾아볼 수 없는 지경이다. 그들은 아마도 승무원 연수를 받을 때 승객들에게 항상 친절하고 얼굴에는 늘 미소가 깃들어 있어야 한다는 훈련을 받았을 터인데 말이다. 무엇이 그들을 그렇게 만들었을까? 어떤 요인으로 해서 그들을 그렇게 만든 것이라기보다, 그것은 중국 사람들의 극히 일반적이면서도 평소의 모습으로 이해하는 편이 더 나을 것 같다.

최근 다롄외국어대학大連外國語學院에서 겪은 일이다. 이곳 뤼순旅順 새 캠퍼스에서 다롄大連 시내에 있는 캠퍼스로 가려면 스쿨버스를 타고 한 시간 이상을 가야한다. 나는 그날 시내에 볼일이 있어 스쿨버스를 타게 되었다. 낮에 운행하는 스쿨버스 안에는 학생들이 대부분이었다. 남학생 한 명이 학기 초인데 무슨 일로 그렇게 많은 짐을 옮기는지 모르겠지만, 커다란 짐 보따리 3개를 버스 아래에 있는 짐칸에 실은 뒤에 차에 올라탔다. 그 학생은 학교 도착 얼마 전에 다른 사람 몇 명과 함께 차에서 내렸다. 차에서 내려 짐칸 문을 스스로 열고 짐을 내리고 있는데, 갑자기 기사의 고함소리가 들렸다. 마치 그 학생을 죄인 다루

듯이 소리치는 기사의 목소리에 나도 아연俄然 놀랐다. 왜 좀 빨리 짐을 내리지 않느냐는 것이다. 학교의 주인이 학생이라는 사실은 차치且置하고, 기사의 언행을 생각하면 어안이 벙벙할 수밖에 없었다. 그 학생은 그래도 묵묵히 그리고 예사일인양 자신의 다음 행동을 진행하고 있었다. 이런 일쯤이야 평소에도 얼마든지 있었던 것처럼 말이다. 내가 그 학생에게 미안한 마음이 든 것이 오히려 더 이상하게 느껴졌다.

중국은 아직도 보행자인 사람 우선이 아니라 차가 우선인 나라인 것 같다. 아니 그 차를 모는 사람이 운전자이니 사람 우선은 사람 우선이기는 하다. 이렇게 보면 중국에서의 운전자는 대단한 특권을 누리는 것 같아 보인다. 아직 자동차 문화가 그다지 성숙되지 않은 데서 그 원인을 찾을 수 있지만, 관건은 다른 사람에 대한 배려심이 부족하기 때문이 아닐까?

얼마 전, 다롄시의 한 주택가에서 일어났던 일이다. 자신의 승용차에 흠집을 낸 사람과 보상 문제가 원만하게 해결되지 않자 자신의 차로 그 사람이 사는 아파트 입구를 막아버린 사건(?)이다. 당연히 주민들의 출입이 불편해진 것은 불을 보듯 뻔했다. 신문에까지 보도된 이 사건은 자신의 이익만 생각하고 다른 사람에 대한 배려는 전혀 생각하지 않은 데서 일어난 웃지 못 할 해프닝이라고 할 수 있다. 정말 황당한 일이 아닐 수 없다.

중국 사람들은 지금까지 꽤 오랫동안 수동적인 삶을 살아왔다고 할 수 있다. 마치 우리가 본 영화《인생活着》(장이모張藝謀 감독 작품)에서의 주인공 부부가 살아온 것처럼 말이다. 중국 현대사의 과정 중에서 그들은 정치에 예속된 삶을 살았으며, 혁명과 계급투쟁에 좌지우지된 수동적 인생을 영위했다고 볼 수 있다. 즉, 그들의 인생 속에서 능동적인 삶은 거의 찾아볼 수가 없다. 이렇듯 수동적인 삶 속에서 그들은 자신들의 감정을 자유롭게 나타내기가 쉽지 않았을 것이다. 어떤 면에서 그들은 정치에 대한 눈치와 이데올로기에 의한 구속 속에서 살아왔다고 할 수 있다. 이런 상황 하에서 남에 대한 배려와 친절은 결코 쉬운 일이 아니었을 것이다.

중국도 이제 여러 방면에서 변화를 겪고 있다. 특히 개혁·개방 이후, '체제전환(중국어로 '體制轉變'이라고 하는데, 주로 경제체제전환을 나타낸다. 이른바 사회주의시장경제체제社會主義市場經濟體制로의 전환을 일컬음)'이라는 거대한 변화 속에서 사람들의 사고방식이나 행동양식 등에서도 이전과 달라진 모습을 그렇게 어렵지 않게 볼 수가 있다. 이를테면 질서나 공중도덕 의식이 이전보다 조금은 나아지고 있는 편이다.

중국 정부도 인민들의 예의나 친절성 등에 많은 관심을 기울이고 있다. 그만큼 인민들이 그것에 대해 부족하다는 사실을 잘 알고 있다는 것이다. 그래서 여러 채널을 통해 예의나 친절과 관련된 캠페인을 벌이고 있다. 그러나 정부의 캠페인과 같은 것으로 이 문제를 해결하기는 결코 쉽지 않을 것이다. 가장 중요한 것은 중국 사람들 각자의 자각의식일 것이다. 친절이 얼마나 좋은 덕목인지 스스로 알아차리는 것이다. 친절은 예의와 통한다. 예의가 없는 사람은 마음속에서 우러나오는 진정한 친절을 실천할 수가 없다. 어떻게 보면 그들은 금방이라도 친절의 덕목을 완벽하게 실천할 수 있을지도 모르겠다. 그들은 유가儒家의 덕목 중에서 가장 중요하다고 할 수 있는 '예禮'에 대해 너무나 잘 알고 있기 때문이다. 어쨌든 '예'는 그들이 만들어낸 덕목이 아닌가! 앞으로 중국 사람들이 '경제력'이라는 하드웨어와 함께 '친절'이라는 소프트웨어를 철저하게 갖추어 나갈 때 지금보다 훨씬 경쟁력을 갖춘 국가가 될 수 있을 것이다. 그걸 생각하면 중국이 그냥 무섭다.

PART 2

중국 신세대의 부와 가난

중국어 신조어 중에는 중국 신세대의 특성이나 성향 등을 반영하고 있는 말들이 대단히 많다. 이는 그만큼 중국의 신세대가 다양한 특성이나 성향을 지니고 있다는 의미이기도 하다. 그 중에서 주로 그들의 소비성향을 비롯한 경제 관련 내용을 담고 있는 신조어들이 적지 않은데, 여기서 몇 가지 예를 들어 살펴보기로 한다.

앞에서 우리는 '80後', '90後' 그리고 '개미족蟻族'에 대해서 파악해 본 적이 있는데, 이 중에서 '80後'와 '90後'는 비록 출생 시기를 기준으로 해서 나온 말이기는 하지만, 그 세대들은 각각 분명히 공통된 특성이나 성향을 지니고 있다. 나이로 봐서 그들도 당연히 신세대에 속한다. '개미족' 역시 최근 대학을 졸업한 사람들을 지칭하기 때문에 주로 '80後'에 속하는 신세대이다. '개미족'과 같이 요즘 중국의 가난한 젊은이들을 지칭하는 말이 적지 않는데, 그 중의 하나가 '방노房奴'이다. 이것은 도시의 집값이 폭등함에 따라 대출로 집을 구입한 뒤에 평생 대출금을 갚으며 살 수밖에 없는 사람들을 가리키는데, 우리말로 '집의 노예'라고 번역할 수 있다. 참고로 '~奴'라는 형식을 가진 신조어로 '白奴('화이트칼라白領族 노예'의 준말로, 그들의 노예주奴隸主는 주로 승용차, 집, 사치품 등으로, 세속적인 이상과 포부를 가리키는 경우가 대부분이다)', '車奴(승용차의 노예)', '卡奴(신용카드의 노예)', '股奴(주식의 노예)', '證奴(각종 자격증 등 스펙을 갖추기 위해 동분서주하는 사람)', '墓奴(호화 묘지를 조성한 후에 그 비용을 갚기 위해 애를 먹는 사람)', '壟奴('壟'은 '행정行政 농단壟斷'이란 말에서 나온 것인데, 주로 전신電信, 상수도, 난방, 우정郵政, 연초煙草, 철도, 석유, 항공 등 부문의 행정 농단으로 소비자가 손해를 입고 '농노'가 된다. 현재 우리나라에서는 휴대전화 요금 중의 인터넷 사용료 등에서 이런 현상이 자주 일어난다)' 등이 더 있다.

이처럼 가난한 젊은 세대를 지칭하는 신조어가 있는 반면, 부자인 신세대를 반영한 신조어도 있다. 그 중에서 가장 대표적인 하나가 '부이대富二代'로, '부를 물려받은 세대' 또는 '부잣집 2세', '재벌 2세' 쯤으로 번역할 수 있는데, 부모가 기업 경영주이거나 관직에 있는 사람들을 지칭한다. 주로 부의 세습을 빈정거리는 의미로 사용하였는데, 최근에는 꼭 그렇지만도 않은 것 같다. 얼마 전 중국 신문에서 미국의 《포보스》지가 발표한 세계 청년 부호 랭킹('《福布斯》全球十大年輕富豪榜')에서 두 명의 중국인이 랭크되었다고 보도하면서 '부이대'라는 신조어를 사용하고 있다. 그 사용 범위가 얼마간 넓어진 예라고 할 수 있다. 그 두 명의 중국인을 보면, 제3위에 오른 28세의 양훼이옌楊惠姸은 자산資産 가치 34억 달러를 소유하고 있으며, 그녀의 아버지는 광동성廣東省의 모 부동산개발회사의 회장이다. 제9위에 랭크된 28세의 리자오훼이李兆會는 자산 가치 10억 달러를 소유하고 있으며, 그의 아버지는 중국의 최대 사영私營 강철 제조 공장 중의 하나를 소유하고 있는 모 재벌회사의 회장이다.

보도에 의하면, 작년 중국의 광동성 광저우시廣州市의 한 대학 구내에는 "대기업 후계자인 20대 남성이 아름다운 캠퍼스 퀸校花을 찾는다"는 전단이 뿌려졌다. '부이대'들이 예쁜 여자 대학생들을 신붓감으로 구하려고 뿌린 것인데, 중국 신화통신 인터넷 사이트 신화왕新華網은 캠퍼스에서 '선비(選妃: 왕비를 간택한다)'를 하는 셈이라고 꼬집었다. 막대한 부를 대물림하는 '부이대'들은 중국 신세대 중에서 극소수이다. 수천만 원짜리 초호화 생일파티를 열고 성적이 나빠도 명문대에 입학하는 이들에 대한 일반인들의 반감도 상당하다.[1]

얼마 전 중국 신문에서 재미있는(?) 기사 하나를 본 적이 있다. 작년 7월에 광동성 주하이시珠海市 모 대학을 졸업한 한 사람이 대학 4년 동안 학비를 제외하고 약 1억 5천만 원을 썼는데, 그 중에서 학습 용품으로는 한 푼도 쓰지 않았다는 것이다. 그 중에서 단지 여자 친구 사귀는 데만 약 2,500만 원을 썼다고 한다. 그는 자신의 이 같은 소비 정도는 당시 대학생들 중에서 중등 수준에 불과하다고까지 했다. 이 액수는 중국의 물가와 소비 정도로 봐, 지극히 큰돈이 아닐 수 없다. 그는 아직 청년 실업자 신세로 있을 뿐만 아니라, 지금은 여자 친구도 없다고 했다.

'부이대'와 반대되는 말로 '빈이대貧二代'라는 신조어가 있는데, 가난을 대물림한 중국의 신세대를 가리킨다. 자신이 능력이 있어도, 권세나 돈이 있는 부모가 없으면 좋은 직장을 구할 수 없는 현실을 비꼬는 동시에 비판하는 말이다. 아울러 개혁·개방 30년 동안 부자 대열에 끼지 못한 농민과 농촌에서 도시로 들어와 일용직으로 살아가는 농민공農民工의 2세들도 당연히 이에 속한다고 할 수 있다.

신세대의 소비성향과 관련된 신조어 중에 '연청족年淸族'이라는 말도 있다. 1주일 동안의 중국 춘절春節 연휴를 보내면서 친지들에게 선물을 사주느라 체면치레 소비를 해버린 결과 한 해의 연말보너스를 다 써버린 사람들을 가리킨다. 이때의 '淸'은 '花淸'으로 '돈을 깨끗하게 다 써버리다'의 의미이다. 그래서 그들 중에는 춘절에 고향으로 돌

1_《조선일보》 2009년 12월 23일자 참조.

아가는 것을 두려워하는 '공귀족恐歸族'[2]도 갈수록 많아진다고 한다. 이른바 '화이트칼라'가 춘절을 보낸 후 '연청족' 내지 '공귀족'으로 바뀐 것이다. 이들 신조어와 관련하여 재미있는 풍자시가 있다.

명절 앞 기쁘게 설 쇠려고,
節前歡喜過大年,
지갑에 3천~5천 위안 준비했다네.
包裹準備三五千.
가족친지 함께 모여 설 지내고 나니,
親朋好友團團坐,
또 다시 해방 전 빈곤시절 맞게 되었네.
節後回到解放前.

자신들의 신세를 자조自嘲 섞인 어투로 한탄하고 있는 시[3]이다. 아무튼 이들 대부분은 '80後' 세대에 속하는데, 그들 중에는 또 월급을 저축하지 않고 다 써버리는 '월광족(月光族: 여기서 '光'은 '花光' 즉 '돈을 다 쓰다'라는 의미로 쓰였다. 위의 '清'과 같은 의미이다)'도 있다. 이래저래 '80後'들은 다양한 특성을 지닌 부류(族)들이 많은 것 같다.

이와 같은 중국 사람들의 춘절 소비 열풍에 힘입어 올해 춘절 연휴 7일 동안의 소매 판매는 지난해보다 17.8% 늘어난 3,400억 위안(약 56조 원)을 기록했다고 《신화통신》이 중국 상무부商務部 발표를 인용하

2_ 앞의 글 참조.

3_ 중국에서는 이와 같은 시를 '타유시(打油詩)'라고 하는데, 구체시(舊體詩)의 일종으로 즉 배해체시(俳諧體詩)이다. 내용과 시구(詩句)가 통속적이고 해학적이며 평측(平仄)과 운율(韻律)에 구속되지 않는다. 당대(唐代) 민간에서 발생했다고 전한다.

여 보도하였다.[4] 신세대의 희생(?)으로 중국 정부가 내건 내수확대 목표 정책에 좋은 영향을 끼쳤다고 할 수 있다.

4_《한겨레신문》 2010년 2월 21일자 참조.

2 PART

'셀 수 있는' 맥주, '셀 수 없는' 요구르트

중국이 음식의 천국이라는 사실을 모르는 사람은 거의 없을 것이다. 일찍이 린위탕林語堂은 "중국 사람들은 우주를 먹는다"고까지 하지 않았던가! 그래서 중국에 오면 나는 즐겁다. 바로 입의 즐거움口福을 누릴 수 있기 때문이다. 더군다나 음식 값이 꽤 싼 편이라 그다지 큰 부담 없이 그 즐거움을 향유할 수 있다는 것이다. 개인적으로 또 한 가지 즐거움은 과일 값이 너무 싸다는 사실이다. 이곳은 추운 북쪽 지방인데도 과일 종류가 적지 않다. 물론 비싼 음식도 대단히 많다. 더욱이 다롄 지역은 삼면이 바다로 되어 있어 해산물이 풍부하며 아울러 해산물 요리 전문 식당이 매우 많은데, 그곳 음식 값은 꽤 비싼 편이다. 다롄외국어대학 구내 교직원 식당의 한 끼 식사 값은 6위안(1천여 원)인데, 그런대로 괜찮아 배불리 먹을 수가 있다. 학생들도 대부분 학교 안의 식당에서 식사를 해결하고 있는데, 그 가격은 꽤 싼 편이다. 한 끼를 6위안 미만으로 해결하는 학생들도 많은 것 같다. 또 그것이 가능하다는 것이 신기하기도 하다. 중국 학생들은 가격이 좀 비싸고 질이 좋은 음식을 먹을 때는 항상 친구들 몇 명과 함께 식당에 간다. 대략 두 사람이 같이 가면 두 가지 요리를, 세 사람이 함께 가면 세 가지 요리를 시켜 먹는다. 이는 요리 하나의 양이 많기도 하면서 식사 값을 아낄 수 있기 때문이다.

이런 중국에서 음식에 관한 이야기꺼리는 너무나 많다. 이번에 중국에 와서 약간 놀란 일이 하나 있다. 그것은 바로 중국에 요구르트(중국어로 '酸奶' 혹은 '酸牛奶'라고 함) 종류가 많다는 사실이다. 지금까지 중국에 많이 와봤지만 요구르트가 이렇게 많다는 사실을 이번에 처음 알았다. 주로 호텔 조식으로 나오는 중국 요구르트를 먹을 때마다 맛있다는 사실은 알고 있었지만, 그 종류가 많다는 사실은 이번에 중국에 장기 체류하면서 슈퍼마켓에서 직접 보고 알게 되었다. 떠먹는 요구르트와 마시는 요구르트는 당연히 있다. 그 중에서 떠먹는 요구르트를 매우 큰 용기(그 크기가 우리나라의 가장 큰 우유 용기와 거의 비슷함)에 넣어 파는 경우도 있다. 과일 요구르트의 종류는 당연히 많다. 그것을 생산하는 회사도 대단히 많으며, 아울러 각 회사에서 나오는 요구르트 종류도 대단히 많을 뿐만 아니라 그 용기 형식도 다양하다. 그래서 대형 슈퍼마켓에 전시된 요구르트 종류를 세는 것은 결코 쉽지 않을 것이다. 아니 아마도 불가능할지도 모르겠다. 물론 한 슈퍼마켓에서 철저하게 세면 셀 수는 있겠지만, 그곳에 없는 다른 지역의 다른 종류의 요구르트는 또 어찌 할 것인가? 아무튼 중국은 '요구르트의 천국'이라고 할 수 있다.

그렇다면 중국에는 왜 이렇게 요구르트 종류가 많을까? 궁금증이 생겨 학생들에게 물어봤으나 돈을 벌기 위해 회사들이 경쟁으로 그렇게 많은 종류의 요구르트를 만든다는 등의 아주 피상적인 대답만을 들을 수 있었다. 그러나 곰곰이 생각해보면 그 답을 알 수 있을 것 같다. 중국은 요구르트의 종류는 많지만 우유 종류는 그렇게 많지 않다. 우유는 단지 몇 가지뿐이어서 손가락으로 셀 수 있을 정도이다. 우리나라와 타이완臺灣 등 규모가 비교적 작은 국가에서는 오히려 우유 종류가 많고 요구르트 종류는 매우 적다. 여기서 유통(流通: 중국어에도 '流通'이라는 말이 있으며, 또 우리와 같이 '物流'라는 말도 많이 쓰고 있음) 문제가 그 답인 것을 알 수 있다. 중국은 땅이 넓어 유통 상에서 쉽게 변하는 우유보다 그렇지 않은 요구르트가 더 용이해서 일 것이다. 그렇지만 중국 요구르트에도 유통기한은 있다. 당연히 그 유통기한이 매우 긴 편이다.

중국에는 이렇게 종류가 많은 것이 또 있다. 그 중에서 맥주를 들 수 있는데, 예전에 누군가 중국에서 생산되는 맥주의 종류를 세다가 도중에 포기했다는 말을 들은 적이 있다. 그만큼 종류가 많다는 것인데, 이것은 지방마다 서로 다른 상표의 맥주를 생산하고 있는 중국의 맥주 생산 시스템 때문일 것이다. 1,000~2,000종까지 말하는 사람도 있지만, 전국을 직접 돌아다니면서 조사하지 않은 이상 누구도 정확한 숫자로 말하기는 어려울 것 같다. 하지만 중국의 검색 사이트에서 '중국의 맥주 종류'를 검색해 보면 그 수를 대충이나마 짐작은 할 수 있다. 여기서 검색 결과를 한 번 보기로 하자.

燕京(8.43), 青島(6.76), 三得利(6.57), 雪花(4.09), 哈爾濱啤酒(3.94), 百威(3.73), 行吟閣(3.43), 金威啤酒(3.27), 萊格(2.62), 漢斯(2.38), 趵突泉(2.37), 山城(2.22), 三九(1.82), 力波(1.78), 西湖(1.73), 金陵(1.71), 奧克(1.7), 珠啤(1.67), 迎澤(1.67), 銀瀑(1.62), 黑獅(1.53), 珠江純生(1.51), 南昌(1.51), 藍帶(1.31), 重慶啤酒(1.3), 惠泉啤酒(1.27), 華丹(1.24), 新疆啤酒(1.17), 漓泉(1.16), 白沙(1.15), 麗都(1.07), 太湖水(1.06), 五泉(1.01), 青島(五星)(1), 龍津(1), 黃河(0.98), 綠牌(0.98), 生力(0.97), 大理(0.75), 雪津(0.75), 豪門(0.7), 廣氏菠蘿啤(0.7), KK啤酒(0.68), 三星(0.55), 金星啤酒(0.52), 嘉士伯(0.51), 瀾滄江(0.5), 棒棰島(0.48), 金龍泉(0.43), 力加(0.41), 喜力(0.4), 光明(0.37), 萊克(0.35), 萬

力(0.35), 北京(0.31), 貝克(0.3), 烏蘇啤酒(0.29), 千麥(0.27), 嶗山啤酒(0.22), 金星王(0.22), 寶鷄(0.2), 虎牌(0.2), 零點(0.19), 黃牌(0.19), 黑豹(0.18), 金士百(0.17), 錢江(0.14), 凱龍(0.13), 榕城(0.12), 藍劍(0.12), 上海(0.12), 聖泉(0.12), 新榕城(0.1), 北冰洋(0.09), 廉泉(0.09), 太陽啤(0.09), 煙臺(0.09), 大連(0.08), 漢莎(0.08), 中華(0.08), 銀城王(0.07), 百迪(0.06), 世好(0.06), 喜寶(0.04), 麒麟(0.03), 克利策(0.03), 榕城王(0.03), 三孔(0.02), 琥珀(0.02), 虎啤(0.02)

위의 자료 중에서 ( )안의 숫자는 중국의 맥주 시장 점유율을 나타낸 것이다. 비록 百威, 贝克, 喜力, 虎牌, 嘉士伯, 麒麟, 三得利, 蓝带, 生力 등 외국 상표의 맥주도 보이지만, 전체적으로 그 종류가 매우 많다는 사실을 알 수 있다.[1] 위에서 보면 시장 점유율이 0.1% 미만인 맥주도 매우 많은데, 이 사실은 중국의 맥주 시장이 얼마나 거대한지를 알 수 있게 해준다. 아무튼 시장 점유율이 0.02% 미만인 맥주도 있을 것으로 보여, 이보다 더 많은 종류의 맥주가 있을 것이다. 그리고 작은 단위의 지방에서도 맥주를 생산한다는 말이 있지만, 아직 확인해 보지는 않았다. 요구르트와는 달리, 어쨌든 이렇게 대충이나마 맥주는 셀 수가 있다. 또 다른 술인 중국의 백주白酒도 그 종류가 많다는 사실에서 맥주와 비슷하다고 할 수 있다. 이런 걸 보면 중국이 또 재미있다.

중국에 가면 '셀 수 있는' 맥주나 백주보다 '셀 수 없는' 요구르트를 많이 먹어보라. 될 수 있는 대로 매번 종류를 바꿔가면서 말이다. 술보다 요구르트가 건강에도 좋지 않는가!

1_ 위의 자료는 중국 검색 사이트 http://www.baidu.com(뒤에서는 '百度'로 표시하였음)에서 찾았음.

2 PART

중국에도 '소녀시대'는 있다

'한류韓流'란 주로 우리나라의 대중문화가 아시아를 중심으로 유행하는 현상을 가리키는 것이다. 다시 말해, 중국, 타이완, 일본, 필리핀, 베트남, 몽골 등 아시아 현지인들이 한국의 가요, TV 드라마, 영화 등 대중문화에 대한 관심과 선호가 증가하는 사회문화적 현상이다. 그러나 이제는 단순한 대중문화의 선호 단계를 넘어 한국의 음식, 패션, 미용, 스포츠 등 한국인의 생활양식 전반의 선호로 확대되고 있다. 그 지역도 중앙아시아, 아랍권, 이집트, 탄자니아, 멕시코 등지까지 확대되고 있는 실정이다. 이제 우리나라에서는 한류를 문화 산업계의 중요한 아이콘으로 취급하고 있으며, 또한 그것은 우리 사회의 거대 담론으로 부상하였다.

중국도 한때 이런 '한류'가 휘몰아친 적이 있었다. 주로 1990년대 말부터 시작한 중국에서의 한류 열풍은 2000년대 중반에 이르러 그 절정기를 맞이하였다고 할 수 있는데, 지금은 그 정도가 많이 약화된 상태에 있다. '반한류(反韓流: 한류를 반대함)'와 '혐한류(嫌韓流: 한류를 싫어함)'의 기류도 있었지만, 이제 시간이 많이 흘러 그 유행이 한 풀 꺾이었기 때문일 것이다. 어떻게 보면 이는 극히 자연스러운 결과인지도 모르겠다.

그러나 중국에 직접 와서 생활해 보면 아직도 한류의 저류가 중국 사회의 밑바닥에서 도도하게 흐르고 있다는 사실을 어렵지 않게 발견할 수가 있다. 옛날보다는 그 양이 많이 줄어들기는 하였지만, 아직도 한국의 TV 드라마나 영화 등이 심심찮게 TV에서 방영되고 있다. 심지어 어떤 방송은 한국의 예능프로그램을 방영하기도 한다. 내가 출국하기 전까지 한국에서 채 종영되지 않은 드라마의 DVD를 중국에 온 지 며칠도 안 된 시기에 판매되는 것을 보았다. 정말 불가사의한 일이 아닐 수 없다. 이는 아직도 중국 사람들이 한국 드라마를 좋아하고 있음을 알 수 있는 증거라고 할 수 있다. 한국 영화가 중국에 들어오는 속도 역시 지극히 빠른 편이다. 여기서는 중국의 불법 DVD 유통에 대해서는 논외로 하더라도, 그러한 불법 유통이 중국의 대중문화에 긍정적인 영향도 끼쳤다는 사실을 인정하지 않을 수 없을 것이다. 비록 불법 DVD이지만 한국의 대중문화를 중국에 소개하는 데 매우 큰 역할을 했음을 부정할 수 없다는 것이다. 물론 그것으로 인해 우리나라의 문화산업에 막대한 불이익을 주고 있음은 부정할 수 없는 사실이다.

다롄외국어대학大連外國語學院 한국어과韓國語系 대학원생 중의 한 여학생은 한국의 '동방신기'를 너무 좋아하여 한국어과에 들어왔다고 했는데, 한국에도 갔다 온 이 여학생은 이전에 이른바 '합한족哈韓族'의 한 사람이었다. 지금은 이렇게 한국 문화를 연구하는 어엿한 대학원생이 되었다. 한류 현상이 남긴 비교적 극단적인 하나의 예이면서, 우리로 봐서는 기분 좋은 예이기도 하다.

다롄외국어대학 동문 쪽에 하이셴가海鮮街라고 하는 식당가가 있다. 그 길의 끝은 바로 바다이다. 여름이 되면 해수욕장 손님들이 주로 이용하는 식당들이 즐비해 있는 거리이다. 또 '훠궈(火鍋: 중국식 샤브샤브)' 식당도 많아 겨울에는 그곳을 이용하는 손님들이 많다. 그 손님들은 대부분 다롄외국어대학의 학생들이다. 그래서 그런지 그 길에서 또 그 길가에 있는 식당에서 들리는 음악은 대부분 한국의 아이돌 그룹의 노래이다. '소녀시대', '카라', '티아라', '2NE1', '브라운 아이드 걸스', '에프터 스쿨', '동방신기', '슈퍼 주니어' 등등. 심지어 최근에 나온 신곡들도 들린다. 이런 노래를 틀어놓아야 손님들이 들어온다는 것이다.

중국 미용실 간판에 보이는 '한류' 흔적

중국의 대도시에는 옛날보다 한식 전문 식당이 더 많아진 것 같다. 당연히 수도인 베이징北京도 예외는 아니지만, 그곳에서 나는 정말 대단한 한국 식당에 가본 적이 있다. 그 식당은 외식 전문 업체로, 규모가 대단히 컸으며, 고급 양식 레스토랑보다 더 멋지게 꾸며져 있었다. 그 식당은 음식 값이 꽤 비싼 편이었으나, 그 큰 홀에 손님들이 가득 차 있었다. 이렇듯 음식에서의 한류 바람이 중국에서 불고 있는 것이다. 중국에서 2005년에 방영되어 대단히 큰 인기를 얻었던《대장금大長今》의 영향이 중국에서의 한국음식 붐을 더 크게 일으킨 것이다. 아마도 '대장금'으로 상호를 취한 식당이나 기타 업종의 상점들이 중국에서는 적지 않을 것이다.

이제 중국에서 비빔밥'拌飯'은 어디에서든 볼 수 있는 흔한 음식이 되어버렸다. 다롄시에는 일본인이 많아서인지는 모르겠지만, 한국 김밥집이 적지 않게 눈에 띈다. 이곳에서는 김밥 역시 매우 보편화된 음식이 되었는데, 다롄외국어대학 구내식당만 하더라도 적어도 서너 군데서나 김밥을 판매하고 있다. 구내식당의 일반 중국음식 전문식당에도 한국음식을 같이 판매하고 있는 곳도 몇 군데나 된다. 이런 식당에서 중국 학생들이 한국 음식을 시켜 먹는 경우가 있는데, 그들을 보면 대부분이 음식을 많이 남긴다는 것이다. 어떻게 보면 한국음식에 대한 호기심으로 음식을 시켜 먹은 것 같기도 하다. 이 역시 한류의 영향으로 젊은이들의 한국문화에 대한 관심으로 해석할 수 있을 것이다.

재미있는 것은 한국의 '배달(중국어로는 '外賣', '送餐'이라고 함)문화'가 이곳 다롄에도 있다는 사실이다. 다롄외국어대학 앞에는 한국 식당 하나가 있는데, 배달이 가능하다. 아울러 구내식당 한 군데도 교자餃子[1] 배달이 된다. 한국의 '배달문화'가 중국에 상륙한 것인데, 앞으로 그 세력이 커질 것 같은 느낌이다. 상하이上海 등지에서도 통닭 배달을 하는 한국인 경영 식당이 있는데, 영업이 잘된다는 얘기를 들은 적이 있다.

음식에서의 한류 외에도 한국의 패션, 웨딩드레스, 미용, 성형수술 등 방면에서도 한류의 바람은 아직 식지 않고 있는 것 같다. 다롄시 중심가에는 한국 옷이나 한국 상품 전문 매장이 집중적으로 모여 있는 곳이 있으며, 미장원 간판에는 '한국'이라는 두 글자나 한국과 연관된 내용의 단어들을 쉽게 볼 수 있다. 또한 다이어트, 성형수술, 웨딩드레스 등의 광고를 보면 한국과 관련된 내용이 자주 끼여 있는 것을 볼 수 있다. 상업 목적상의 이러한 현상은 많은 젊은 사람들이 실제로 한국과 관련된 상품을 매우 좋아하고 있음을 반증하는 것이다.

넓은 의미에서 보면 이 모든 것들도 문화에 속한다. 한국의 다양한

1_ 한국 사람들은 '교자'를 '만두(饅頭)'라고 하는데, 이는 잘못된 지칭이다.

문화가 중국의 여러 분야에 스며들고 있다는 것인데, 어떤 의미에서 이 사실은 초기 한류의 대중문화 위주의 단순한 패턴에서 문화의 다원적 복합성이라는 고유한 특성을 십분 발휘하는 측면에서 대단히 고무적인 현상이 아닐 수 없다. 이러한 현상에 대해 문화 산업계에서의 더 많은 관심은 물론, 더 나아가 문화기술CT: Culture Technology 차원에서도 창의적이고 유익한 아이디어를 더 많이 개발할 필요가 있을 것이다.

PART 2

'신나는 작업' 뒤의 명암

중국의 도시에 가면 자주 볼 수 있는 두 가지 서로 다른 모습이 있다. 그것은 바로 '철거拆'와 '건설建'이다. 어느 도시에 가든 도시 자체가 하나의 철거와 건설의 작업 현장(工地: 공사장)이 되어 있다. 우리는 중국의 발전하는 모습을 중국의 도시화 정도를 가지고도 말할 때가 많다. 이를테면 "베이징北京의 스카이라인이 이전보다 많이 변했다", "상하이上海에는 고층빌딩이 숲을 이루고 있다", "톈진天津의 아파트 양식이 매우 다양하다", "충칭重慶이란 도시는 그 크기가 정말 대단하다" 등등.

지금 내가 있는 다롄시大連市도 마찬가지이다. 시내에 있는 오래된 건물들은 거의 철거 중에 있는 것 같은 느낌을 받을 정도로 철거 작업이 한창이다. 철거에는 골치 아픈 일도 많으련만, 중국은 겉으로는 그렇지 않은 것 같기도 하다. 물론 보도에 의하면 중국에서도 최근 보상 문제로 심각한 일이 벌어지는 경우가 종종 일어나곤 한다는데… 일반적으로 철거 지역은 서민들이 거주하는 곳이 대부분이다. 이른바 도시의 소외계층이 주로 이런 지역에서 많이 살고 있다. 이 사실은 우리나라도 다를 바가 없다. 작년에 우리 사회에 큰 충격과 슬픔을 안겨줬던 용산 철거민 사건이 그것을 대변해 주고 있지 않는가!

일찍이 도시화 과정 중에 생겨난 도시 소외계층에 많은 관심을 기울였던 중국의 제6세대 감독들이 그들의 영화 작품 속에 유독 철거 지역 장면이나 철거와 관련된 스토리 등을 삽입하기를 좋아하는 이유도 바로 여기에 있다고 할 수 있다. 이를테면, 장위안張元의 《귀성過年回家》, 쟈장커賈樟柯의 《샤오우小武》, 왕차오王超의 《안양 영아安陽嬰兒》, 장양張揚의 《목욕洗澡》 등등이 바로 그런 작품들이다.

그런데 도시에는 이들 소외계층의 '소외됨'이 있는 반면, 그것을 이용하여 부富를 챙기는 부유계층의 '돈벌이'가 있기 마련이다. 지난 일요일에 다롄시로 가는 스쿨버스 안에서 본 풍경이다. 꽤 큰 광장 안에 사람들이 가득 차 있었는데, 처음에는 무슨 상품 전시회라도 하는 줄 알았다. 나중에 보니 다름이 아니라 집을 파는 사람들, 집을 구하는 사람들 그리고 부동산 중개인들이었다. 하긴 상품 전시회는 상품 전시회였다. 집도 어엿한 상품이 아니고 무엇인가. 부동산 자료들을 종이 위에다 써서 길바닥 혹은 담벼락에 붙여놓고 집 장사를 하고 있었다. 마치 '다롄시 부동산 박람회'를 개최하듯이 말이다. 정말 한 마디로 장관(?)이었다. 중국이 그만큼 부동산 경기가 좋다는 의미이기도 하지만, 마침 그 바로 옆에서 이루어지고 있는 서민 아파트 철거 현장이 중국의 또 다른 단면을 보는 것 같아 씁쓸한 마음을 쉬 지울 수가 없었다.

중국의 수도인 베이징에 가면 이른바 중국의 청춘들이 칩거하는 곳이 있다. 중국의 실리콘 벨리라고 하는 중관촌中關村에서 얼마 떨어지지 않은 곳, 바로 '탕쟈링唐家嶺'이 그곳이다. 이곳에 칩거하는 청춘들은 이른바 '개미족(蟻族: 이런 사람들을 또 '蝸居(달팽이 집)', '向下的青春(하향하는 청춘)'이라고도 함)'이다. 또 이곳은 《개미족》이라는 책으로 인해 개미족 거주지역의 대명사가 되었다.[1] 이곳은 교통도 편리하고 집세도 저렴하여 수

1_ 앞의 글 참조.

많은 개미족이 모여들어 살게 되었는데, 탕쟈링촌은 오히려 개미족으로 인해 유명세(?)를 타게 되어 사람들의 관심을 받게 된 셈이다. 현재 탕쟈링촌의 호적 인구는 3천여 명인데 비해 외래 인구가 4만 명가량이나 된다고 하니, 그 주거환경의 심각성을 훤히 짐작할 수가 있다. 한국의 쪽방촌보다 더 심각하다고 할 수 있다. 이곳에서 살고 있는 개미족은 인터넷 상에서 자신들을 '대당인大唐人'이라고 부르고 있다고 한다. 아마도 '唐家嶺'으로 인해 붙여진 칭호인 것 같은데, 분명한 사실은 자신의 처지를 한탄하는 자조自嘲 섞인 말이라는 것이다.

A 선전(深圳)시 빌딩, B 중관촌, C 탕쟈링의 '개미족', D 탕쟈링의 어지러운 벽보

베이징시는 올해 도시와 농촌 접합 지역의 50개 중점마을重點村을 개조하기로 하였는데, 탕쟈링촌은 중점 중의 중점이라고 한다. 그래서 5월부터 철거와 이사를 시작하여 12월 31일 전에 모두 끝낸 후에 건

설공사를 시작한다고 한다. 그곳에는 거주시설과 다기능 산업 용지用地를 2012년까지 건설할 계획이라고 한다. 그 중 다기능 산업 용지 중의 10만 평방미터는 공공임대아파트公租房를 건설하여 세를 놓는다고 한다. 물론 개미족을 고려한 조치라고 할 수 있다. 그렇다면 공사가 진행되는 동안 이곳의 개미족은 어디로 갈 것이며, 또한 공사가 완공된 후에 과연 개미족에게 입주 우선권이 주어질지는 누구도 모르는 일이다. 그냥 암담한 미래만이 보이는 것 같아 안타까울 뿐이다. 탕쟈링촌에 관해 특별 보도를 한 신문에서 "이 사회는 아무도 약자를 동정하지 않는다"[2]라는 한 개미족의 말을 읽으면서 도시화 과정 중에 철저하게 외면당하는 소외계층의 눈물겨운 삶이 더욱 가슴을 저리게 한다.

중국의 약 90%의 도시 인구는 '제3중국第三中國'에서 거주하고 있다고 한다. 이른바 제3중국이라는 개념은 세계적인 여론연구소인 미국의 갤럽Gallup의 조사 결론에서 나온 것으로, 중국의 10대 도시 이외의 기타 도시들을 가리키는 하나의 신조어이다. 이런 도시들의 인구는 모두 100만 명을 초과하고 있는데, 현재 중국에서 100만 명을 초과하는 도시는 이미 45개나 된다고 한다. 이밖에 중국에는 총인구가 100만 명을 초과하는 도시군(城市群: Megalopolis)도 181개나 된다고 한다. 과거 제3중국은 대도시에 가려 빛을 잃고 있었으나, 지금은 중국의 미래 경제 성장의 중요한 원천이라고 한다. 중국의 도시화가 얼마나 빨리 진행되고 있으며 중국 정부가 도시화를 얼마나 중요시하고 있는가를 짐작하게 할 수 있는 이야기들이다. 이런 가운데 더욱 소외되고 피폐해져 가는 농촌은 중국에서 또 하나의 큰 문제로 대두되고 있다. 여기서 농촌문제는 논외로 했다.

2_《南方周末》2010년 4월 8일자.

이렇게 빠른 속도로 도시화가 진행되고 있는 중국에서의 철거와 건설은 분명히 '신나는 작업'일 것이다. 적어도 정부와 돈 있는 사람들에게는 말이다. 하지만 철거가 다 좋은 것은 결코 아니다. 또한 건설만이 능사도 아니다. 권력자 혹은 부자와 소외계층 간의 높은 벽을 '철거'한 후에야 그 '철거'가 비로소 진정 건설을 위한 '철거'가 되지 않겠는가? 그런데 정부와 국민 사이의 벽을 그대로 둔 채 성급하게 진행되고 있는 우리 정부의 4대강 파헤치기가 너무 걱정된다. 정말 걱정이다.

2 PART

아이 낳을 '자유'

최근 중국 신문에 한 대학 교수가 둘째 아이를 낳고 벌금을 물지 않아 교수직에서 해고당하는 사건(중국 언론에서는 이 사건을 '二胎事件' 혹은 '超生事件'이라고 함)이 보도되었다.[1] 이른바 한 가정에 한 자녀만을 허용하는 '계획생육計劃生育' 정책을 어기고 벌금으로 지불해야 할 20만 위안(약 3,600만 원) 남짓을 내지 않아 대학 당국이 그 교수의 직위를 해고한 사건이다. 중국 정부의 계획생육 정책 실시 30년 이래 가장 주목을 받고 있는 사건이라고 한다.

우리는 중국의 계획생육 정책이 야기하는 많은 문제점들을 잘 알고 있다. 임신 중절, 영아 유기, 호적 없는 아이들(중국어로 '黑孩子' 혹은 '黑戶', '黑人'이라고 함)의 양산 등등. 그러나 무엇보다 중요한 사실은 바로 국민들에게 아이 낳는 자유조차 정책적으로 엄격하게 규정하고 있다는 점이다. 서구에서도 이 문제를 중국의 인권문제와 연관시켜 거론하기도 한다.

그는 올해 나이가 43세인 중국청년정치대학中國青年政治學院 법학과 부교수였다. 그런데 그가 법학과 교수였다는 사실은 이 사건을 해석하는 데 또 다른 의미를 부여하고 있다. 어떤 사람은 법학과 교수가

1_《南方周末》 2010년 4월 15일자 참조. 아래의 이 사건과 관련된 내용은 모두 같은 날짜 같은 신문을 참조하였음.

현행법을 당연히 지켜야 한다는 주장이고, 또 어떤 사람은 그가 법을 너무나 잘 알고 있으니 그의 행동이 어떤 정당성을 지니고 있을 거라는 기대감을 갖게 한다고도 했다. 네티즌들의 열띤 토론도 벌어졌다. 그의 부인(39세)은 이 사건에 대해 대외적으로 공개편지를 쓰기도 하였는데, 그 중의 일부를 소개하면 다음과 같다.

> … 마지막으로 내가 이 아이를 낳아야겠다고 결정한 이유는 내 나이가 이미 38세(필자 주: 현재는 39세)로, 세월이 무정하다는 사실입니다. 또한 중국은 천재와 인재가 끊임없이 발생하고 있는 나라로, 멀리는 커라마이시克拉瑪依市 대화재[2]와 가까이는 원촨현汶川縣 지진[3]이 바로 그것입니다. 그렇게 많은 꽃다운 생명들이 사라져 갔는데, 그들의 부모들은 어떻게 여생을 살아갈 수 있겠습니까? 계획생육 정책의 폐지를 기다릴 것입니까? 나는 기다릴 수가 없습니다. 나는 나중에 후회하기 싫습니다. … 불혹에 가까운 나이의 나와 이미 불혹의 나이를 넘긴 그(남편)는 둘 다 충동적인 사람이 아닙니다. 우리는 많은 중국 사람들과 마찬가지로 너무 '이지理智'적이어서 그저 물과 같이 평담平淡한 생활을 하고 있습니다. 만약에 우리의 이와 같은 행위가 사회에 어떤 의미를 가지고 온다면, 그것 또한 결코 우리의 본래의 뜻이 아니었습니다. …여하튼 나, 우리는 모두 함께 사랑을 위해 (그것과) 타협하고 사랑을 위해 (그것을) 담당할 것입니다.

2_ 1994년 신장웨이우얼자치구(新疆維吾爾自治區) 커라마이시에서 발생한 대화재를 가리키는데, 당시 사망자만 325명이나 되었다.

3_ 2009년 쓰촨성(四川省) 원촨에서 일어난 대지진을 가리키는데, 당시 사망자가 69,225명, 실종자가 17,939명이나 되었다.

어머니로서의 그녀의 강한 모성애는 차치하더라도 그녀가 중국에서 빈번하게 발생하고 있는 천재와 인재를 하나의 예로 들고 있는 사실은 오히려 비장감마저 느껴지게 한다. 그들 부부의 행동에는 사회적으로 다른 목적이 없었다. 그녀는 결국 '사랑을 위해' 둘째 딸을 낳은 것이다. 자식과 관련해서 '사랑'보다 더 중요한 것이 또 있겠는가! 사랑 때문에 자신의 아이를 낳겠다는데 무슨 말이 또 필요하겠는가! 안타깝게도 이들의 행위는 거금의 벌금으로 처벌(?)을 가하는 중국 정부의 정책적 행위와는 너무나 거리가 있는 것 같다.

중국 정부는 2002년부터 이른바 '사회부양비社會撫養費'라는 명목으로 이전의 계획생육의 벌금을 대신하고 있다. 정부에서는 계획생육의 벌금 성격이 사회보상성의 행위에 속하지 행정벌금은 아니라고 얘기한다. 아울러 그 목적은 경제 제약 수단을 운용하여 출산 행위를 규범화 하는 데 있다고도 한다. 그렇다면 앞의 20여 년 동안의 벌금과 그 후의 사회부양비를 지금까지 어디에 사용하였는가? 또 누가 사용하였는가? 라는 문제에 대해서는 정부도 명확한 답을 내놓지 못하고 있는 실정인 것 같다. 보도에 의하면, 그 액수는 천문학 숫자에 해당되며, 누구도 그 구체적인 액수를 말하지 못할 거라고 한다. 아마도 그 거액을 해당 부서 공무원의 월급과 보너스로 유용했을 가능성이 높다는 것이다. 사회부양비가 '공무원부양비'로 쓰인 것이다. 현재 관련 부서에서 계획생육 정책 위반자들을 조사하는 데 매우 적극적이라고 하는데, 그 이유 중에 하나가 배후의 이익 때문이라고 하는 사람도 있다.

중국에서 현재 시행하고 있는 계획생육 정책은 1980년에 시작되었는데, 그 해 중국 정부는 30년 후에 인구증가문제가 완화되면 다른 정책으로 바꿀 수 있다고 강조했었다고 한다. 그런데 그 30년의 시한이 이미 도달했을 뿐만 아니라, 또한 인구증가율과 인구구조도 완전히 변화되어 응당 새로운 제도를 다시 제정해야 할 필요가 있게 되었다. 이는 많은 가정에 대해 대단히 중요한 문제이기도 하며 또한 사회 구조와 그 형태 변화에도 깊게 관련되어 있는 문제이기도 하다. 그러나 현재 이 문제에 대해 공개토론도 쉽지 않으며 더군다나 그것을 막으려는 보이지 않는 힘이 작용하고 있다고 하는데, 이는 바로 관련 부서에서 '사회부양비'라는 막대한 이익에 대한 포기를 원하지 않기 때문이라고 의심을 하는 사람들도 있다. 실제로 보도에 의하면, 만약 '두 아이二胎' 낳는 것을 개방하면 현재 국무원國務院 소속의 계획생육위원회計劃生育委員會가 위생국衛生局 소속으로 한 단계 강등될 것이며, 2005년 말 현재 인구와 계획생육 관련 계통에 종사하는 인원이 총 508,713명인데 이들의 생계가 어렵게 될 것이라고 하였다. 어떻게 보면 '구더기 무서워 장 못 담그는' 격이지만, 중국에서는 이러한 문제가 오히려 더 중요할지도 모를 일이기에 결코 쉽게 해결될 수 있는 문제가 아님을 알 수 있다.

중국에는 가임연령育齡의 여성들이 너무 많아 정부가 골치 아파하고 있다. 이러한 상황은 인구 증가 문제 상에서 또 하나의 큰 요인이 아닐 수 없다. 중국은 2005~2020년에 아이 출산의 고조기를 형성할 것이며, 인구 증가는 매년 1,300~1,500만 명 수준을 유지할 것이라고 한다. 그것은 비록 국가의 지속적인 발전을 보장할 수는 있겠지만, 인구 증가는 수시로 존재하는 난제가 되고 있다. 이러한 상황에서 중국 정부는 또 섣불리 계획생육 정책을 바꾸지 않을 것임은 자명하다. 이러한 난제가 존재하기는 하지만, 가임여성이 많다는 사실은 경제면에서 당연히 장점도 가져다준다. 한 가지 예를 들면, 바로 '新媽媽市場(임산부시장)' 즉 '大肚子經濟(임산부경제: 임산부와 관련된 경제를 가리키는데, 이를테면 임산부와 태아 관련 용품, 임신복, 임산부 건강 프로그램, 임산부 건강 용품,

특성화된 임신부 음식, 임산부와 영아의 사진 촬영, 임산부 학교, 조산원, 산전·산후 도우미 서비스 등등을 말함)' 방면에 막대한 이익을 창출한다는 것이다. 만약 중국 정부가 두 아이 낳는 것을 개방한다면, 이러한 '임산부경제'는 더욱 엄청난 규모로 커질 것임은 불 보듯 뻔하다.

아무튼 중국에는 인구 문제 상에서 거대한 모순이 존재하고 있는 셈이며, 중국 정부는 인구 정책 상에서 심각한 딜레마에 빠져있는 것 같다. 현재 심각한 저출산으로 2100년이면 한민족이 절반으로 줄어들고 2500년이면 한민족이 거의 사라질 거라는 절망적인 전망이 나오고 있는 우리나라의 입장에서는 중국의 인구 상황이 약간은 부럽기도 하다.

PART 2

'NBA'냐 '美國職業籃球聯賽'냐?

최근 중국의 관련 부서에서는 방송국 사회자의 멘트, 기자의 인터뷰 그리고 TV 자막 중에 외국어(중국에서는 학술적으로 그러한 어휘를 '字母詞(자모어)'라고 함. 자모어도 중국에서 사용하게 되면 외래어라고 할 수 있음) 또는 외국어 약자 사용의 금지를 통고하였다고 한다. 이른바 '문자정풍운동文字整風運動'이라고 할 수 있는 이 규정의 통고는 비록 방송에는 직접적인 지장을 주지 않지만, 학술계, 언론계 그리고 인터넷 상에서는 오히려 동서 문화 교류를 방해하고 시대조류에 배치된다는 의견이 압도적으로 많은 것 같다.

그러나 그 규정에 찬성하는 의견도 만만치 않다. 찬성하는 사람들은 중국어의 '순결성'을 보호해야 한다는 것을 주요 이유로 들고 있다. 중국어는 당연히 한자를 사용해야 한다는 것이다. 'NBA'는 응당 '美國職業籃球聯賽'라고 하는 것이 정상으로, 'NBA'가 무슨 뜻인지 모르는 사람은 반드시 있겠지만, '美國職業籃球聯賽'라고 하면 모르는 사람들이 없다는 것이다. 더욱이 'CPI'와 같은 전문성이 강한 용어들은 중국어 어휘로 바꾸어 사용하는 것이 더욱 쉽게 이해가 되고 더욱 많은 사람들이 수용할 수 있다는 것이다.

그에 반해 그 규정에 반대하는 사람들은 주로 다음과 같은 이유를 내세운다. 언어는 의사소통이 가장 중요한 목적이므로 경제원칙을 강구해야 하는데, 하나의 의미를 전달하기 위해서 음절은 적을수록 좋다는 것이다. 3음절인 'NBA'를 대체해 8음절인 '美國職業籃球聯賽'로 사용한다면, '순결성'을 위해 '경제성'을 희생시킨다는 것이다. 어떻게 보면 중국 사람들은 라틴자모로 된 한어병음자모漢語拼音字母를 이미 사용하고 있어 자모어 사용이 그리 낯설지 않을지도 모르겠다.

한 가지 예를 들어 보기로 하자. 중국에서 현재 매우 광범위하게 사용하고 있는 'KTV'를 중국어로 반드시 번역해서 사용해야 한다면 어떻게 번역해야 할지에 대해 재미있게 고민한(?) 글을 본 적이 있는데, '電視卡拉OK'는 여전히 외국어가 들어 있어 부적합하고, '電視卡拉好'는 이상한 느낌이 들어 불가능하니, '沒有樂隊伴奏只有影音伴奏的自娛自樂改良式包廂型唱歌場所'라고밖에 할 수 없다고 하였다. 우리말로 번역해 보면 '밴드 반주 없이 영상과 음악 반주로만 스스로 즐기는 개량식 노래방' 쯤 될 것이다. 당연히 재미있게 언급한 말이기는 하지만, 'KTV'라는 외국어 약자가 얼마나 간단명료하게 그 의미를 드러내고 있는지를 잘 보여주는 예가 아닐 수 없다.

언어의 '순결성' 방면에서 말하자면, 중국어는 일찍부터 이미 순수하지 않았다고 할 수 있다. 유명한 중국언어학자인 왕리王力 선생은 현재 우리가 사용하고 있는 서면어(書面語: 문장 쓸 때 사용하는 언어. 文言文이라고도 함. 반면 말할 때 사용하는 언어는 口語라고 함)는 아편전쟁阿片戰爭 이전과 비교하면 거의 반 이상이 외래어이며, 5·4운동 시기와 비교하면 또한 4분의 1 이상이 외래어라고 했다. 고대 불교의 전파를 통해 번역되어 들어온 범문梵文이나 팔리 말(巴利文, Pali: 고대 인도의 통속어, 불교 경전에 쓰인 말) 어휘가 2,3만 개나 되는데, 이를테면 '世界', '眞諦' 등등을 들 수 있다. 그리고 청말淸末, 일본어로부터 직접 수입하여 지금까지 여전히 사용하고 있는 어휘도 적어도 몇 백 개(?)나 되는데, 이를테면 '共產

黨', '民主', '科學', '自由', '經濟', '政治', '社會', '文化', '革命', '系統' 등등이 바로 그것이다. 또한 '苜蓿', '葡萄', '菠菜' 등과 같은 어휘는 중국어 중에서 2천여 년이나 생존해 있다. 이 어휘들은 현재 거의 중국어의 고유 어휘인 양 자연스럽게 쓰이고 있다. 더군다나 음역된 외래어 중에 현재 거의 외래어가 아닌 것처럼 쓰이고 있는 것도 대단히 많은데, 이를테면 '巴士', '派對', '高爾夫', '酷', '沙發', '蘇打', '卡路里' 등등이 바로 그러한 것이다. 문자도 일종의 기호로, 자모도 그것과 마찬가지로 기호이다. 언어의 어휘 내원來源이 다양화 할수록 어휘의 표현은 풍부해진다. 이러한 언어는 갈수록 생명력이 강해질 것이며, 갈수록 그 언어가 내포하는 문화와 사회 범위도 넓어질 것이다.

최근 몇 년 사이에 중국에는 대단히 많은 종류의 신조어사전新詞語詞典이 출간되었는데, 대부분의 신조어사전 뒤에는 이른바 자모어를 하나 신조어로 취급하여 그 속에 포함시켜 덧붙이고 있다. 여기서 그 예를 하나 들어보면, 2007년에 출판된 《中國當代流行語全覽》(夏中華 主編, 學林出版社)에는 다음과 같은 자모어들이 실려 있다.

AFK, Anyway, B to B, B to C, B4, BBS, BOBO族, BT, BTW, C to C, CBA, CBD, CEO, CGO, CIO, CKO, CMO, COO, CSO, CTO, CXO, Cosplay, DD, DINK, DV, E-mail, E教育, E社會, E時代, E網深情, E學生, E夜情, F2F, F4, FANS, FOAF, FT, GF, GG, GM食品, Google, IF一族, IN, IP電視, JJ, K歌, MMS, MP3, MP4, Moonlighter, NEET, N, OBD, OICQ, OIC, OT, OUT, PF, PK, PLMM, PL, PMP, PSP, QQ, Q族, SARS滅活疫苗, SOLO, very very good, YOYO族

총 70개의 자모어를 수록하였는데, 우리도 익히 쓰고 있는 어휘도 있지만 그렇게 익숙하지 않는 어휘도 적지 않게 있음을 알 수 있다. 중국어에서는 최근 이런 자모어가 급증하고 있는 추세여서 관련 부서에서 언어의 규범성 문제를 고려하여 그러한 규정을 통지한 것 같다.

또한 젊은이들이 휴대폰이나 인터넷 상에서 영어 자모를 사용하여 약자로써 의사를 전달하는 경우가 갈수록 많아지고 있는데, 그 문제점 역시 심각하다고 할 수 있다. 한 가지 예를 들면, 'IOWAN2BWU'는 영어 'I only want to be with you.'의 축약 형식으로 쓰인 것이며, 'ODBC'는 중국어 '哦, 大白痴'를 이르는 것이다. 이런 문제에 대한 정부 차원에서의 규범화 작업은 반드시 필요하다고 할 수 있다. 이는 우리나라도 마찬가지이지이다. 그러나 자모어를 무조건 사용 금지시키는 것은 너무 지나친 조치가 아닐 수 없다. 규범화된 외국어의 사용은 언어 사용의 경제성은 물론이지만, 그만큼 세계화에 동참한다는 의미도 분명히 존재한다고 할 수 있다.

중국어는 원래 외국어 수용 면에서 다른 어떤 언어보다 그 자존심이 강한 언어라고 할 수 있다. 지금까지 중국어 중의 외래어를 보면 의역意譯 외래어가 가장 많이 차지하고 있는 것을 보아도 그 사실을 알 수 있다. 그러나 세계화의 추세에는 중국어도 어쩔 수 없는 모양이다. 이제 자모어는 중국어 중에서 아주 자연스럽게 존재하는 외래어 어휘가 된 것 같다.[1]

언어에 대한 외부의 영향은 주로 사용 경향 상에 나타나는데, 언어 교류 중에서 당연히 경제, 문화, 정치 등의 영향력이 클수록 언어 중에 남아 있는 그 흔적은 많을 수밖에 없다. 이것은 일종의 객관적 규율

1_ 중국어 중의 외래어에 관한 문제는 앞의 글 〈중국어 외래어의 중국화에 관한 고찰〉을 참조하기 바람.

이다. 행정명령을 통해 객관적 규율에 역행하고 대중의 의도에 상반되는 조치를 행하는 것은 설득력을 얻기가 결코 쉽지 않을 것이다. 옛날 군사정부 시절 외국어로 된 연예인 이름을 강제로 우리말로 교체했던 조치가 불현듯 떠오른다.

2 PART

권력과 권리

권력과 권리의 관계는 상호 대립적인 성격을 띨 때가 적지 않다. 우위優位의 '힘'이 열위劣位의 '이익'을 무시하거나 돌보지 않는다면, 그 둘은 대립적인 관계가 될 수밖에 없다. 그것도 아니면 우위의 일방적인 승리(?)로 끝나버리게 된다. 그러나 어떤 경우에는 권력의 도움으로 열위의 권리를 신장시키기도 하는데, 이는 바로 민주주의의 가장 중요한 정신이자 또한 마땅히 이행해야 할 책무라고 할 수 있다.

최근 중국에서는 '권력'과 '권리'의 관계를 극명하게 파악할 수 있는 두 가지 사건이 발생했다.

먼저 그 첫 번째 사건을 보기로 하자.

지난 3월 23일 푸젠성福建省 난핑시南平市 소재 한 초등학교 앞에서 40대 남자 한 명이 아이들에게 칼을 휘둘러 8명의 아이가 죽고 5명의 아이가 부상을 당한 사건이 일어났다. 사후에 시민들이 죽은 아이들의 명복을 빌며 흰 바탕에 검은 색 글자로 쓴 두 개의 플래카드를 내걸었는데, 그 하나에는 "편히 쉬거라! 불행한 꽃송이들아安息吧! 不幸的小花朵"라고 썼으며, 다른 하나에는 "사랑하는 아이들아, 천당 가는 길 부디 조심하거라!親愛的孩子, 去天堂一路走好!"라고 썼다. 그러나 그 플래카드들은 관청에 의해 철거당했다. 이유는 그 플래카드 위에 관청에서 내건 붉은 색 글자의 "전력으로 성체육대회를 준비하고, 노력하여 좋은 성적을 쟁취하자全力備戰省運會, 努力爭取好成績"라는 플래카드가 걸려 있었기 때문이라고 한다. 아마도 기쁜 일에 슬픈 일 관련 내용의 플래카드가 못마땅했던 것 같다. 관청에서는 분위기가 너무 슬프면 아이들에게 해가 될지도 모른다는 변명 아닌 변명을 늘어놓았다고 한다. 너무나 어이없는 일이 아닐 수 없다. 만약 유명한 인물이나 권력자가 이렇게 죽었다면, 이와 같은 일이 일어났을까? 이 사건은 관료주의의 전형이자, 권력이 힘없는 시민들의 순수한 권리를 무시한 것의 다름 아니다.

중국의 관청도 우리나라와 같이 플래카드 내걸기 또는 표어 붙이기를 좋아하는 것 같다. 그런데 중국의 플래카드나 표어의 내용을 보면 '관官' 중심의 내용'官話'이 적지 않게 보이는 반면, 시민 중심의 내용은 거의 보이지 않는다는 사실이다. 다시 말해 관에서 일방적으로 명령하거나 권고하는 내용일 뿐만 아니라, 관이 마치 도덕군자(?)를 자처하고 일반 민중에게 훈시하는 것 같은 문장 형식이 많다는 것인데, 이는 중국 사회가 아직 전반적으로 관 중심 구조로 되어 있다는 데서 그 원인을 찾을 수가 있을 것이다. 예를 들면, "굳건히 범죄자를 소탕하자堅決打擊犯罪分子"라는 표어는 있으나, "경찰은 반드시 공정하게 법을 집행하겠습니다", "경찰은 시민 여러분을 위해 성심껏 봉사하겠습니다"라는 표어는 잘 보이지 않는다. "구걸은 미개한 행위이다乞討是一種不文明行爲"라는 표어는 있으나, "빈민 구제는 정부의 책무이다", "정부는 빈민 구제를 위해 열심히 노력하겠다"라는 표어는 잘 보이지 않는다. 또한 "납세는 영광이다納稅光榮"라는 표어는 있어도 "납세자의 돈을 낭비하는 것은 부끄러운 일이다", "납세자의 돈을 공명정대하게 집행하자"라는 표어는 잘 보이지 않는다. 심지어 반부패 정책이 중국 정부의 중요한 업무임에도 불구하고 그것에 관한 표어는 보기가 쉽지 않은데, 그 이유야 자명하지 않는가? 이른바 '부패'의 온상이 바로 관이기 때문일 것이다.

얼마 전, 선양瀋陽에 갔다가 돌아오는 도중 고속버스 안에서 목격한 일이다. 다롄에서 선양까지는 고속버스로 네 시간 남짓 걸리는 거리이다. 문제는 버스가 그 네 시간 동안 한 번도 쉬지 않고 달린다는 것이다. 물론 버스 안에 화장실은 있지만, 네 시간 동안 쉬지 않고 운전하는 기사의 피로를 생각하면 승객들에게는 매우 위험한 일이 아닐 수 없다. 일반적으로 두 시간가량 운전한 후에는 한 차례의 휴식이 필요하지 않는가. 나는 갈 때도 올 때도 화장실조차 가지 않고 그냥 참았다. 그러면서 줄곧 정차하지 않는 이유에 대해 생각을 해봤지만 명확한 답을 찾지 못했다. 시간을 아끼기 위해서라는 막연한 이유를 생각해 봤지만, 그것도 이해할 수가 없었다. 단지 5~10분이면 되는 일인데 말이다. 더군다나 휴게소가 없는 것도 아니었다. 그 구간에는 대략 너덧 개의 휴게소가 있는 것 같았다.

그런데 돌아오는 버스 안에서 작은 소란이 일어났다. 승객 한 사람이 바로 이 문제를 가지고 여승무원에게 항의한 것이다. 지식인처럼 보이는 한 50대 남자가 기사의 피로 문제와 승객의 안전 문제를 거론하면서 항의를 한 것이다. 그 승객이 항의하자 다른 승객들도 5~10분만 쉬면되는데, 그렇게 간단한 일을 왜 하지 않는가? 라고 거들기도 했다. 승무원은 이전에도 이와 같은 항의를 받고 회사의 상부에 건의를 하였으나, 회사에서 받아주지 않았다는 것이다. 도대체 얼마의 이익을 보겠다는 건지 확실히 알 수 없으나, 이는 분명히 힘없는 서민들의 이익은 안중에도 두지 않고 자신들의 이익만 챙기려는 버스회사의 거만한 처사임에 틀림없다. 승객들은 가장 기본적인 자신의 권리를 무시당한 것이다.

학교에 돌아와 중국 학생들에게도 그 이유에 대해 물어봤지만, 그들도 명확한 답을 내놓지 못하였다. 막연하게 시간을 아껴 돈을 더 벌기위해 그렇게 한다는 것이다. 아직 나는 그 이유를 정확하게 모른다.

다음은 그 두 번째 사건을 보기로 하자.

그것은 중국정법대학中國政法大學 법학과의 한 교수가 사회적으로 이른바 '날카로운 언사〔犀利言辭: 최근 중국의 언론매체에서는 '犀利'라는 단어를 자주 사용하는 것 같다. 얼마 전, '샤프한 거지(犀利乞丐: 犀利哥, 極品乞丐, 乞丐王子, 窮極華麗第一極品路人帥哥 등으로도 불렸음)' 사건으로 전국을 떠들썩하게 한 적도 있었음〕'를 공개적으로 했다는 이유로 강의가 정지된 사건이다. 그것에 대해 대학 당국은 분명한 이유도 제시하지 못하고 있으며, 강의 정지 통고 과정 중에 정식 공문도 없었다고 한다. 더군다나 그에게 구제 신청의 기회도 주지 않았다는 것이다. 절차상에서도 적지 않은 문제점이 있었다는 말이다.

결과적으로 이 사건은 학술의 자유, 교수의 권리 등의 문제를 불러일으키며 사회적으로 많은 주목을 받고 있다. 특히 대학 내의 이와 같은 '異類(행동이나 사고방식 등이 일반 사람들과 다르거나 특이한 사람들을 가리키는 신조어)'들을 어떻게 처리해야 하는가가 대학 당국의 난제가 되고 있다고 한다. 아무튼 이 사건 역시 우위의 권력이 열위의 권리를 무시한 명백한 예라고 하지 않을 수 없다.

중국에도 물론 '겸손한 권력'이 있겠지만, 전반적으로 보면 각 방면에서 권력의 힘이 중국 사회를 지배하고 있는 느낌을 받는다. 아직 신장해야 할 서민들의 권리가 도처에 산재해 있다는 것이다. '겸손한 권력'이 적은 것은 우리나라도 마찬가지이다. 최근에 빈번하고 있는 법원의 '무죄 판결'은 바로 그러한 사실을 반증하고 있지 않는가! 힘없는 사람들의 권리를 위해 일하는 '겸손한 권력'이 득세(?)하는 사회가 진정 그립다.

PART 2

한한韓寒, 그는 누구인가?

지난 5월 초, 미국의 시사 주간지 《타임TIME》이 2010년 '세계에서 가장 영향력 있는 100인全球最具影響力百人榜'을 발표하였는데, 우리나라 사람 내지 한국계 인물로는 피겨여왕 김연아, 뉴욕에서 활동 중인 요리사 장석호, 암 백신 분야에서 새로운 지평을 연 과학자 래리 백이 그 명단에 자신의 이름을 올리게 되었다. 그 중 김연아는 영웅 부문에서 빌 클린턴에 이어 2위에 오르는 영예를 안았다.

중국 사람으로는 타이완臺灣 홍지그룹宏基集團 회장 왕전탕王振堂, 충칭시공산당위원회重慶市共産黨委員會 서기書記 버시라이薄熙來, 바이두百度 총재 리옌홍李彦宏, 32만 달러를 기부한 타이완의 야채장수 할머니 천수쥐陳樹菊, 홍콩香港 배우 리롄제李連杰 그리고 중국의 신세대 작가 한한韓寒 등이 선정되었다. 그 중에서 우리가 가장 주목해야 할 사람으로 나는 조금의 주저도 없이 한한을 꼽고 싶다. 그는 중국에서 이른바 '80後' 작가의 대표주자로, 그의 장편소설 《삼중문三重門》(랜덤하우스코리아, 2008년)과 《연꽃도시一座城池》(랜덤하우스코리아, 2009년)는 이미 우리나라에 번역 소개되었다.

한한(1982~)은 체육 특기생으로 중학교에 입학한 후, 작문 대회에서 1등을 차지하는 등 일찌감치 글쓰기에 두각을 나타내었다. 중국의 교육 문제를 비판하는 글을 주로 써 유급을 당하고 고등학교 1

학년을 두 번 다녀야 했다. 그는 결국 고2 때 자퇴를 하게 되는데, 그의 학력은 이것이 전부였다. 이때의 자전적 경험을 토대로 17세에 발표한 《삼중문》이 200만 부 이상이 팔리면서 그는 일약 밀리언셀러 작가 대열에 합류하게 된다. 그는 이미 탈고한 이 작품을 2000년에 비로소 세상에 내놓게 되는데, 당초에는 3만 부만 찍어 사흘 만에 매진되었다. 결과적으로 《삼중문》의 판매고는 지난 20년 간 중국 출판 시장에서 문학작품이 거둔 가장 큰 성과로 기록되고 있다. 당시 중국 문단에서는 2000년을 '한한의 해韓寒年'라고 칭하였는데, 많은 사람들이 그에 대해 담론하고 연구하였으니, 그는 하나의 커다란 화제 거리가 되었다. 그 후 산문집 《영하일도零下一度》를 발표하였으며, 《창안난長安亂》, 《연꽃도시》 등을 속속 베스트셀러를 만들며 부호 작가의 반열에 올랐다. 유례없는 인기에 대한 평단의 우려를 불식시키고 중국의 지식분자들까지 열광케 하고 있는 그는, 벌어들인 인쇄를 오로지 창작활동에만 투자하는 보기 드문 전업 작가이다. 2006년에 2억 6천만 위안의 인세수입을 올려 미국 경제지 《포브스Forbes》지가 중국 최고의 부호 작가로 선정하기도 하였다.

정부의 일관된 교육정책으로 인해 인성이 말살된 중국 현대 교육체제에 대한 강렬한 비판의식을 담고 있는 《삼중문》은, 보수적인 기성문단을 일대 충격에 빠뜨렸다. 젊은 세대들의 컴퓨터 통신어처럼 가볍게 씌어진, 일사천리로 읽히는 속도감 넘치는 이 작품의 문체는 일대 파격으로 여겨졌고 보수작가진영을 낯설고 불편하게 하였다. 그러나 작품 속에서 자유자재로 등장하여 적재적소에 배치되는 고전 시구詩句는 족히 수천 권의 중국고전과 서양고전을 탐독한 결과라는 평과 함께, 투철한 문제의식과 예리한 통찰이 돋보이는 거침없고 번뜩이는 표현으로 "붓 끝에 문장의 신神이 앉아 있는 듯하다."는 찬사를 받기도 하였다.[1] 실제로 이 소설을 읽어보면 위트와 재기가 넘치는 문체로 작가의 현실비판의식을 분명하게 드러내고 있음을 쉽게 파악할 수 있다.

한한

배우와 같은 수려한 외모를 갖춘 그는 자신의 첫 번째 음반《한·십팔금寒·十八禁》을 발표하는 등 음악 활동도 하고 있는데, 최근에는 인터넷 서점도 개설하여 사업도 병행하고 있다. 또한 그는 카레이서로도 중국에서 최고의 성적을 거두고 있을 뿐만 아니라 가장 많은 수입도 올리고 있다.

이와 같이 다양한 활동을 하고 있는 한한은 의외로 사교 관계의 폭이 좁다. 그는 어떠한 조직에도 가입하지 않고 있으며 활동과 모임에도 매우 적게 참여하고 있다. 그래서 평론계와 싸울 때도 그를 도와주는 사람이 하나도 없다. 그러나 결과는 갈수록 이 '야생마野小子'에게 많은 추종자들이 모여들기 시작하여 공인된 '의견영수意見領袖'가 되었

1_ 이상 百度 상의《삼중문》서평 참조.

다. 그는 겸허하고 신중하며 노인을 공경할 줄 안다. 그는 야간에 차를 운전하다 길 위에 돌이 있으면 차를 세우고 그 돌을 치운다. 그는 비록 비판을 좋아하지만, 세금을 100% 법대로 납부하는 애국자이기도 하다. 그는 단지 자신이 하고 싶은 말을 하며, 진심에서 우러나오는 말만 한다. 그의 말은 예리하면서도 재미가 있다. 그의 생활은 대단히 검소한데, 유일한 부동산은 교외의 보통 아파트이며, 밥은 자그마한 식당에서 먹는다. 그러나 부모에게는 200여 평방미터의 집을 사주고 17만 위안짜리 침대를 사준다. 그는 카레이서이지만 평소 아주 '부드럽게溫柔' 차를 몬다. 그는 카레이스는 '조용한' 운동이라고 생각한다.[2]

얼마 전, 중국 신문에 한한이 한국 사람이라는 한국의 한 네티즌의 황당한 주장을 기사화한 것을 본 적이 있는데, 그 네티즌의 주장은 너무나 터무니가 없어 오히려 그러한 것이 기사거리가 되는 사실이 더 이상하게 느껴졌다. 그만큼 한한의 인기를 실감할 수 있는 하나의 작은 에피소드로 볼 수 있으나, 중국 언론은 그렇게 보지 않는 것 같다. 이런 문제는 이전에도 가끔 있었는데, 이를테면 공자孔子, 조조曹操, 이시진李時珍, 주원장朱元璋, 손중산孫中山 등이 그 주인공들이었다. 정말 한국 네티즌들이 그러한 주장을 했는지에 대해서는 잠시 논외로 하더라도, 중국의 언론은 아마도 흥분한 중국 네티즌들의 정서에 영합하는 것 같기도 하다.

1999년, 한한은 〈잔속에서 사람 엿보기杯中窺人〉라는 산문으로 상하이上海 《맹아萌芽》 잡지사가 베이징대학北京大學 등 유명 대학들과 연합 개최한 제1회 신개념작문대회新概念作文大賽에서 1등을 차지하는데, 여기서 그 문장의 일부 내용을 엿보기로 한다.

2_《大連晚報》 2010년 4월 10일자 참조.

…… 중국은 큰 소리大話 치는 사람을 경시한다. 그러나 내가 보기에는 그 큰 소리가 결코 심한 것은 아니라고 생각한다. 이를테면 옛날에 여자들이 전족纏足으로 작은 발小脚이 습관화 되어 있을 때는 정상의 발을 보아도 '큰 발大脚' 이라고 하였다. 중국 사람들은 '작은 소리小話'에 습관화 되어 있어 정상적인 말을 들어도 당연하다는 듯이 '큰 소리' 친다고 말한다. 감히 큰 소리 치는 사람은 좋은 결과를 얻지 못한다. 더욱이 후인들이 놀라 큰 소리 치지 못하는 것은 물론 아예 말을 하지도 못하게 된다. 다행히 후스胡適가 병으로 죽었기에 망정이지 그렇지 않았다면 이 상황을 보고 화가 나 죽었을지도 모른다. 결과적으로 큰 소리 치지 않는 사람이 사회로부터 받아들여지게 되는 것이다. ……

한한이 말하는 '큰 소리'는 바로 사회의 불합리 현상에 대한 비판의 소리이다. 그는 그 비판의 소리는 마땅히 해야 하는 것이라고 주장하고 있다. 중국에서 그것도 고등학생이 이러한 의견을 개진했다는 자체가 놀랄만한 일이 아닐 수 없다. 그는 중국 사회에 대해 진정으로 '큰 소리'를 치고 있는 것이다. 당시 고등학생으로서 그는 자신이 직접 경험한 중국의 교육 정책의 폐해와 불합리한 점 등을 《삼중문》이라는 소설 작품을 통해 적나라하게 고발했던 것이다.

《타임》지 발표 후, 중국의 일부 작가들은 "한한이 일으키는 열광은 굴기崛起하는 대국大國의 내재적인 창백함, 슬픔, 천박함을 돋보이게 한다", "그래서 한한의 성공은 민족의 실패이다", "한한은 근본적으로 독립적인 사고가 없다. 그의 문장은 죄다 대중의 정서에 영합하는 것이다" 등등의 비판의 목소리가 나오고 있다. 이는 어떤 면에서 한한에 대한 그들의 '질투'일 수도 있으며, 또 어떤 면에서 한한은 그들의 이런 말들도 귀 기울여 들을 필요가 있을 것이다.

보수적 작가들의 입장에서 보면 그는 '반역자'임에 틀림없다. 그러나 그의 '반역'은 너무나 참신하고 또 필요한 '반역'이 아니겠는가? 우리 사회에도 이러한 '반역자'가 더욱 더 많이 나왔으면 좋겠다. 그런 의미에서 2년 전 미국산 수입 소고기 문제로 촛불집회를 시작했었던 당시 고등학생들의 '반역'이 너무나 귀엽고 가상하게 느껴진다. 정말 대단한 아이들이다.

PART 2

'산자이문화山寨文化', 모방이냐 가짜냐?

'山寨(혹은 山砦)'는 원래 "산에 돌이나 목책木柵을 둘러서 만든 성채城砦", "가난한 사람들이 사는 곳", "산적들의 소굴"이라는 뜻으로 쓰이는 단어이다. 그런데 현재는 또 이 단어에 새로운 뜻이 부가되어 신조어로 쓰이기도 한다. 신조어란 일반적으로 기존에 없던 어휘가 새로 탄생하는 것을 가리키나, 이처럼 기존의 어휘에 새로운 뜻을 새로 부가하여 사용하는 것도 신조어에 포함시킨다. 예를 들면, '同志'라는 말은 원래의 뜻으로는 현재 그렇게 많이 사용되고 있지 않으나, '동성연애자'라는 새로운 뜻의 신조어로는 자주 사용되고 있다.

새로운 뜻으로서의 '山寨'는 산을 차지하여 두목이 된 사람의 영역을 가리키는 동시에 관청의 관할을 받지 않는다는 의미를 지니고 있다. 홍콩香港에서는 소규모로 경영하는 공장 혹은 가정 내의 작은 작업장을 '山寨廠(산자이공장)'이라고 불렀으며, 그런 곳에서 생산된 물건을 '山寨貨(산자이물건)'라고 칭하였다. 그래서 광둥어廣東語 중의 '山寨'라는 어휘에는 '비정규적' 혹은 '비정통적'이라는 의미가 포함되어 있다고 볼 수 있다. 그 후, 광둥어의 생략 속성으로 인해 '山寨廠', '山寨貨'는 '山寨'로 간략화 되어 불려 졌으며, 산자이공장에서 만든 산자이물건들은 대부분 모방상품 내지 가짜상품이었기에 산자이는 또한 '모방', '복제', '상표 위조', '짝퉁' 등으로 그 의미가 확대되었다.

'짝퉁' 모음

중국에서는 산자이를 세 개의 단계로 나누어 설명하기도 하는데, 그 내용을 구체적으로 살펴보면 다음과 같다.

첫째 단계는 물질적 단계로, '山寨産品(산자이상품)'들을 가리킨다. '山寨'에서 정부의 관리를 피해 민간의 IT 역량으로 발전시킨 산업으로 생산된 상품들로, 그 주요 특징은 주로 모방성, 신속화, 서민화 등으로 표현된다. 산자이상품에는 산자이휴대전화기山寨手機, 산자이디지털카메라山寨數碼相機, 산자이MP3山寨MP3 등이 포함된다. 이를테면 산자이휴대전화기는 대부분 SAMSUNG, NOKIA, SONY-ERICSSON 등 회사의 상품 기능과 외관을 모방한다. 심지어 어떤 경우에는 그 회사 이름까지도 'SAMSING'(또는 'SAMSUMG', 'SAMSANG'; 또 'Anycall'을 'Anycoll'이라고 표기하기도 함), 'NOKIR'(또는 'NOKLA'), 'SUNY-ERICCSUN'으로 유사하게 취하기도 한다. 이들 휴대전화기의 대부분은 정규 상품을 그대로 베껴서 만든 것으로, 연구개발비용을 절약한 셈이 되며, 그 가격은 정규 상품의 5분의 1 또는 그보다 저렴하다. 이것들은 비록 재질이나 정교한 면에서 정규 상품보다 한 수 아래이지만, 그 기능과 외관은 거의 손색이 없다. 그래서 이것들은 중·저층 소비자들에게 환영을 받으면서 그 영업 규모가 부단히 확대되었다. 또한 인터넷을 통한 소개로 그 판매량은 더욱 많아지게 되었다. 중국 경제에 적지 않은 도움을 준 것이 사실이다.

둘째 단계는 정신적 단계로, '山寨文化(산자이문화)'를 가리키는데, 일종의 좁은 의미의 정신문화현상이라고 할 수 있다. 그 중에는 대중의 사회심리, 심미적 취향 및 사회사조의 출현, 가치체계의 수립 등이 포함된다. 이 부분이 바로 산자이문화를 연구하는 핵심이라고 할 수 있다. 현재 '山寨現象(산자이현상)' 및 '山寨風(산자이풍)'에 대한 비판은 바로 이것에 기초하고 있다. 산자이가 우리에게 가져다 줄 수 있는 것은 무엇인가? 지금의 중국 문화 발전에 대해 어떤 영향을 끼치고 있는가? 2008년 말, 산자이휴대전화기가 일으킨 산자이현상은 산자이인터넷검색엔진, 산자이인터넷사이트, 산자이광고, 산자이스타, 산자이TV드라마, 산자이《뉴욕타임지》, 산자이《백가강단百家講壇[1]》, 산자이춘만春晩[2], 산자이노벨상 등등 모든 분야에 만연되어 있어 엘리트문화(고급문화)에 도전하고 있다. 그 후에 산자이현상은 매우 뜻밖에도 CCTV 뉴스에 등장하였는데, 이는 바로 정부에서 처음으로 민간의 산자이현상에 대해 의견을 제시한 것이라고 할 수 있다. 이로부터 산자이문화는 정식으로 전체 중국 인민 속으로 들어가게 되었다고 할 수 있다.

셋째 단계는 행위적 단계로, '山寨行爲(산자이행위)'를 가리키는데, 여기에는 산자이에 대한 주류문화의 대응방식, 산자이상품과 관련되는 지적재산권 문제에 대한 관리기구 그리고 관련 법률·법규에 대한 도

1_ 중국 국영방송 CCTV의 프로그램 이름으로, 유명 학자들이 출연하여 중국의 고전이나 역사인물 등에 대해 강연하는 형식의 프로그램을 가리킨다.

2_ CCTV의 프로그램 중의 하나로, 음력 설 전날 밤 방영되는 설날 특집 쇼 프로그램을 일컫는다.

피 문제 등이 포함된다. 이는 중국사회의 경제구조, 정치구조, 문화구조와 서로 밀접하게 연결되어 있어 하나가 움직이면 전체적으로 모두 움직이게 되어 있다. 최근 산자이상품의 중국 소비시장에 대한 충격과 더불어 산자이행위가 중국 문화를 다원화 하고 아울러 그 구조를 새롭게 바꾸고 있는 것은 중국의 사회 발전에 얼마간의 영향을 미치고 있다고 할 수 있다.[3]

중국에서는 산자이문화에 대해 찬성하는 사람이 있는가 하면 또 반대하는 사람도 있어, 그것에 대한 상반된 견해가 존재하고 있는 셈이다.

먼저 찬성하는 사람들은 산자이문화는 특히 민간의 창신創新 역량을 표현한 것이며, 관련 업종 관련 상품의 폭리 행위를 막는 일종의 반항이며, 기술 혁신을 촉진하고 새로운 형태의 과학기술을 발전시키는 중요한 역량이라고 주장한다. 아무튼 그들은 산자이문화의 존재에 지적재산권 등의 문제점은 인정하면서도 현재의 중국 사회에 대해서는 여전히 이익이 폐해보다 많다고 주장하고 있다.

반대하는 사람들은 산자이문화가 새롭고 창의적이라고 말하기보다 오히려 일종의 '거짓 창신僞創新'이라고 말하는 것이 낫다고 주장하며, 또 악성경쟁으로 전체 '山寨産業(산자이산업)'에 종사하는 사람들이 일종의 투기와 교활한 심리를 형성함으로써 창의성을 억제시킨다고 한다. 산자이문화의 도전은 정규기업으로 하여금 생산비를 줄이기 위해 연구개발비를 감소하지 않을 수 없게 하여 정규상품기업의 창의성에 해를 끼친다고 한다. 그리고 산자이문화는 양성良性의 지속 가능한 발전을 할 수 없게 하며 창의성을 발전시키기보다 정체시킨다고 주장

3_ 이상 百度百科 '山寨' 조를 참조하였음.

한다. 이런 면에서 폐해가 이익보다 많다고 주장하고 있다. 산지이문화는 일종의 복제문화이자 가짜문화로서 그 핵심은 사실상 표절이며 아울러 저질의 대명사라고 여기고 있다.

이렇듯 산자이문화는 적어도 중국에서는 좋은 점도 있고 나쁜 점도 있다고 할 수 있다. 그것이 가짜상품(짝퉁상품)이 아니고 단순한 모방상품으로서 시장의 중·저층 소비자들에게 저렴하게 판매될 수 있다는 사실 하나만을 보더라도 좋은 점이 존재한다고 할 수 있을 것이다. 산자이문화가 '草根文化(풀뿌리문화)'에 속하는 이유가 바로 여기에 있다고 할 수 있다.

그러나 이른바 모방상품의 한계가 모호하여 어디까지가 모방이고 어디까지가 가짜인지를 불분명하게 한다. 그리고 산자이현상이 더욱 넓게 퍼지게 되면 중국의 전체 산업 상에서 창의성 결핍이라는 심각한 문제가 발생할 수도 있을 것이다. 또한 당연히 이러한 모방상품의 범람은 모방 대상 기업(정규기업)에 그 손해가 고스란히 돌아간다. 우리나라의 산업계에도 분명 나쁜 영향을 끼칠 수 있다는 것이다. 아니 이미 우리나라의 주요 기업들은 그러한 영향을 많이 받았으며 지금도 계속 받고 있다고 할 수 있다. '세계 최대 모조품 생산국'인 중국에서의 산자이문화는 그 존재가치를 무조건 부정하고 비판할 수 없지만 그렇다고 대놓고 제창할 수도 없는 것이 현실이다. 그래서 중국은 여전히 이해하기 힘든 나라인 것 같다.

2 PART

엑스포 뒤켠의 '농민공農民工'

최근 중국의 언론매체는 광둥성廣東省 선전시深圳市에 있는 팍스콘(富士康, Foxconn) 공장의 근로자 자살 사건 보도로 꽤 떠들썩하다. 한국의 언론매체에서도 이 사건을 이미 보도한 적이 있다. 이 공장에서 올 들어 벌써 열두 명의 근로자가 투신자살을 시도하였는데, 그 중에서 두 명만 목숨을 건지고 나머지 열 명은 모두 죽었다. 최근의 중국 신문의 보도 행태를 보면 그 사건을 마치 카운터 다운하듯 자살 횟수를 적시하며 보도하고 있다. … '十連跳' 또는 '第十跳'(열 번째 투신), '十一連跳' 또는 '第十一跳'(열한 번째 투신), '十二連跳' 또는 '第十二跳'(열두 번째 투신)과 같은 표현으로 말이다. 그래서 'N連跳'라는 말까지 나오게 되었는데, 이 말은 앞으로 얼마나 더 죽을지 모른다는 의미를 담고 있는 하나의 유행어가 되어 버렸다. 5월 들어 이미 여섯 사람이나 투신을 하였는데, 모두 죽었다. 투신하는 자가 1월에 1명, 3월에 2명, 4월에 3명, 5월에 6명[마지막 두 명은 이 글을 쓰고 있는 중에 죽었음. 또 보도에 의하면 열두 번째 사건에 이어 손목을 베어 자살을 기도한 사건이 발생했다고 함. 인터넷 상에는 그 날(5월 27일) 하루 동안 열여섯 번째까지의 투신자살 소문이 나돌기도 했는데, 회사 측에서는 그 사실을 부인하였음. 열두 번째 사건은 기업의 책임자가 공개적으로 사과를 한 후에 일어났음. 아래 참조]으로, 갈수록 그 숫자가 늘어나는

추세이다.[1]

팍스콘은 세계 최대의 OEM 생산 및 제조 공장('代工廠' 혹은 '接單工廠')으로 선전 공장에만 근로자가 40만 명이 넘는 이른바 '글로벌공장世界工廠' 또는 '글로벌기업世界企業'으로 이름이 나 있다.(중국 전체 팍스콘 근로자 수는 100만 명이 넘는다고 함) 모기업은 타이완臺灣의 훙하이그룹鴻海集團이다. 주로 전자부품 및 다수의 IT제품을 생산·판매하고 있는 이 공장은 미국 애플사에 아이폰과 아이패드 부품을 공급하고 있는데, 중국 내에서 7년 연속 수출량 1위를 기록하였다. 2008년 기준 수출액이 556억 달러로 중국 수출의 3.9%를 차지하였다. 그러나 이 공장은 이미 '피땀공장血汗工廠'이라는 이름으로도 알려져 있는데, 그만큼 그곳에서 근무하는 근로자들의 처우나 복지 등 방면에 많은 문제점이 존재하고 있다는 의미일 것이다. 팍스콘 근로자들은 그 지역 최저임금인 900위안(약 15만7천 원)에다 매월 일정하지 않은 근무 외 수당을 받는다.[2]

위에서 언급한 열두 명의 나이를 보면 18세에서 24세로 분포되어 있는데, 그들은 모두 꽃다운 나이의 청춘들이다. 이 공장에서 근무하는 근로자들은 대부분 '80後', '90後'들로, 신세대新生代 근로자들이라고 할 수 있는데, 이들은 이 공장 전체 근로자의 85%가 넘는다. 중국

1_ 보도에 의하면, 2010년 8월 4일 새벽 장수성(江蘇省) 쿤산(昆山) 팍스콘 공장에서 여성 근로자 한 명이 또 투신자살로 죽었다고 한다.

2_ 이 사건 이후 팍스콘은 2010년 10월 1일부터 최저임금을 900위안에서 2,000위안으로 2배 이상 인상하였다. 그리고 근로자들이 적어도 매주 하루는 휴식을 취하도록 조치하였으며, 또한 이른바 일련의 '마음의 약속(心靈之約)' 사업을 추진하여 근로자들의 심리건강 훈련을 진행한다고 하였다. 그러나 최근 보도(《경향신문》 2011년 5월 2일자)에 의하면 팍스콘이 근로자들로부터 '자살을 않겠다'는 서약을 받은 것으로 드러나 물의를 빚고 있다고 한다. 최근 아이폰 등 첨단 IT제품의 주문량이 쇄도하면서 정상적인 노동조건에서는 생산량을 따라가지 못하기 때문에 일부 공장에서 근로환경이 나아지지 않고 있다는 것이다.

경제의 주력이자 중국 근로자의 주류인 이들은 대부분 농촌 출신의 '농민공農民工'이다. 일반적으로 말하면, 주로 3D업종에 종사하는 농민공은 도시에서 하층민 내지 소외계층에 속하면서 매우 열악한 생활을 영위하고 있다.

여기서 농민공에 대해 좀 더 구체적으로 살펴보기로 하자. 농민공이란 농촌 호적을 가지고 비농업非農業 일에 종사하는 근로자들을 가리킨다. 농민공은 중국 특유의 도시와 농촌의 이원화 체제의 산물로, 주로 개혁·개방 이후에 출현한 특수한 사회 군체群體라고 할 수 있다. 농민공은 광의와 협의의 구분이 있다. 광의의 농민공은 두 부류의 사람들을 포함하는데, 그 한 부류는 지역 향진기업鄉鎭企業에 취업한 사람들로, 그들은 고향을 떠나지는 않으나 농사를 짓지 않는 농촌 노동력을 가리킨다. 또 다른 한 부류는 외부에서 도시로 들어와 주로 건설업, 제조업 내지 제3차 산업인 서비스업에 종사하는 사람들로, 그들은 농사를 짓지 않고 고향을 떠난 농촌 노동력을 가리킨다. 협의의 농민공은 주로 후자를 가리킨다. 대체로 협의의 농민공은 1억 2천만 명 좌우가 되고, 광의의 농민공은 약 2억 명이 된다고 한다.[3]

'농민공'이란 말은 1990년대부터 빈번하게 사용하기 시작했는데, 그 이전에는 '민공民工'이란 말을 자주 사용하였다. 개혁·개방 이후, 농민공의 유동流動이 본격화 되었는데, 주로 중서부 지역의 농민들이 대량으로 경제 발달 지역인 동부의 연해 지역으로 흘러들어 갔다. 이런 인구 유동 현상을 '민공조(民工潮: 처음에는 이런 현상을 '맹목적으로 도시로 흘러 들어간다'고 해서 '盲流'라고 했으나, 어감이 좋지 않다는 이유로 '民工潮'로 바꾸어 사용하였음)'라고 칭하였다. 중국은 이때부터 농민공 문제가 본격적으

3_ 통계에 의하면 2010년 현재 약 2억4,000만 명으로 추산된다.

로 사회 문제로 대두되기 시작하였다.

농민공 문제는 호적제도로 인한 취업과 복지 등 방면에서의 차별대우 등으로 매우 심각한 양상을 띠고 있다. 비록 중국 정부가 도시와 농촌의 호적제도를 통일시키는 정책을 점차적으로 시행하고 있다고는 하나, 아직도 그들의 자녀들은 도시 호적이 없어 교육상 큰 문제가 존재하고 있으며, 산업 재해나 질병이 발생했을 때 의료보험은 물론 나이 먹은 후의 양로보험 등의 혜택을 전혀 받지 못하고 있는 등, 그들의 권익은 제도적으로 어떠한 보장도 받지 못하고 있는 실정이다. 그리고 가장 중요하다고 할 수 있는 기본적인 인권조차도 보장 받지 못하고 있는데, 그들에게는 제도적 내지 외형적인 문제도 당연히 심각하지만 심리적 내지 정신적 문제 역시 아주 큰 스트레스로 작용하고 있다고 할 수 있다. 위에서 언급한 팍스콘 공장의 신세대 농민공 투신자살도 이러한 심리적 내지 정신적 문제가 그 원인의 하나로 발생한 사건이라고 할 수 있다.

보도에 의하면, 팍스콘 근로자들 중에는 한 방에서 1년 이상 같이 살았으나 서로 알지 못하는 사람들도 있다고 한다. 일이 너무나 바쁘고 힘든 나머지 마음의 여유가 전혀 없다는 말이기도 하다. 현대화 된 도시 선전은 그들의 미래와는 아무 관계가 없다. 그곳에서 아무런 보장도 받지 못하는 채 미래에 대한 작은 희망조차 없는 생활을 영위하고 있는 것이다. 절망뿐인 생활인 셈이다. 그들의 현실은 그들이 바라는 미래와는 거리가 너무나 멀다. 그들이 매일 보는 것은 자신의 그림자이다. 똑 같은 작업복에 똑 같은 작업. 이는 그들이 동료들 중에서 친구를 사귀기 싫어하는 이유이기도 하다. 이러한 '군중 속의 고독'이 그들을 더욱 큰 절망감으로 빠져들게 했을지도 모른다. 며칠 전, 타이완 훙하이그룹 회장總裁이 팍스콘 공장에서 이 사건에 대해 직접 사과를 했는데, 그 사과의 말 속에도 "모두가 서로 무관심하여 이러한 심리 요인을 조성하게 되었습니다. 우리는 이러한 문제에 대해 잘 처리하지 못 하였습니다"라는 말이 있다. 근로자 간의 냉담 또는 근로자에 대한 무관심에 대해 사용자도 인정하고 있는 셈이다. 어떤 사람은 타이완 기업의 스파르타식 관리가 대륙의 신세대 근로자들에게는 맞지 않는다고 팍스콘의 근로자 관리의 잘못을 지적하기도 한다.

드디어 중국 사회가 팍스콘 사건에 대해 비교적 깊은 관심을 가지기 시작하였다. 이는 중국의 전체 농민공에 대한 관심이라고 해도 과언이 아니다. 베이징대학北京大學, 칭화대학清華大學, 중국사회과학원中國社會科學院, 베이징사회과학원北京社會科學院의 사회학자 9명이 연명聯名하여 〈신세대 농민공 문제 해결, 팍스콘 비극 재발 방지解決新生代農民工問題, 杜絶富士康悲劇重演〉라는 제목의 호소문을 발표하였다. 이전에도 이들은 진폐증塵肺症 문제를 가지고 호소문을 발표한 적이 있어, 이번이 두 번째가 되는 셈이다. 학자들은 이 호소문에서 "그들이 노동 대가로 받는 평균 임금은 제3세계 수준보다 낮아, 그들로 하여금 도시에서의 편안한 가정생활을 할 수 없게 한다. 그들은 도시와 농촌 사이에서 배회하며, 뿌리도 없고 누구의 도움도 받지 못하며, 가족과는 헤어지고 부모도 돌보지 못하며, 자식에게 관심과 사랑조차 표시할 수 없는 존엄성 없는 생활을 보내고 있다"라고 하면서, "우리는, 국가와 지방정부가 실질적인 조치를 취해 농민공이 도시의 창조 조건에 융합해 들어가 뿌리를 내리도록 하며, 그들로 하여금 진정한 '지역사회의 공민社區公民'이 되게 하여 그들이 직접 창조한 경제 발전의 성과를 같이 누리도록 해야 한다고 호소한다"라고도 하였다.

그들은 자신들이 다루는 전자 부품보다 못한 자신들의 모습을 보면서 그리고 한 공장의 부속품 이상 이하도 아닌 자신들의 처지를 생각하면서 하루하루를 그냥 수동적으로 살아가고 있는 것 같다. 그들을 보면 6,70년대 열악한 근로 조건과 환경 속에서 목숨을 담보하면서까지 우리 경제 발전에 기여했던 '전태일'들이 떠오른다. 지금은 또 많은 부분에서 외국인 근로자들이 그 역할을 담당하고 있으니, 그들에 대한 관심 또한 필요하다고 하겠다.

A 상하이 엑스포 한국관, B 농민공

화려하게 펼쳐지고 있는 2010 상하이上海 엑스포(世界貿易博覽會, 중국에서는 '世博會'라는 약칭을 많이 쓰고 있음), 어찌 보면 그러한 것을 이루게 한 사람들은 바로 농민공이다. 그들이 엑스포의 주인인 셈이다. 그러나 그들은 자신들을 무시하고 소외계층으로 내몰고 있는 도시인들에게 자신들의 자리를 빼앗긴 것이나 다름없다. 중국 경제 발전의 주역으로서의 농민공이 그들의 희생에 걸 맞는 대우를 받는 날은 진정 요원한가?

2 PART

'韓國'과 '南韓', '朝鮮'과 '北韓'

중국과 타이완臺灣을 함께 아우르는 말로 '해협양안海峽兩岸'이라는 어휘가 있다. 정치적인 냄새가 나지 않게 잘 붙여진 말인 것 같다. 해협양안에서 중국과 타이완이 지금과 같은 상태로 지낸 지도 이미 60년이 넘었다. 다시 말해 장제스蔣介石 국민당國民黨 정부가 국공내전國共內戰에서 마오쩌둥毛澤東이 이끄는 중국공산당中國共産黨에 패해 타이완으로 건너온 지 벌써 60년이 넘었다는 말이다. 이는 우리 민족이 남·북한으로 분단된 채 지내고 있는 것보다 더 오래 된 기간이다.

그러나 최근 수 년 사이 항공기 직항로가 개설되는 등 이른바 '삼통(三通: 해협양안 간의 통상通商, 통우通郵, 통항通航을 통칭하는 말)'의 실현으로, 여러 영역에서 교류가 활발해지고 있다. 그럼에도 불구하고 너무나 오랜 시간 동안의 '정치적 분단'은 해협양안 사이의 많은 방면에서 이질적인 양상을 드러내게 하였다. 그 중 중국어 어휘 방면에서 노정되고 있는 이질적인 모습이 가장 뚜렷하다고 할 수 있다. 이는 마치 남한과 북한에서 사용하는 동일 의미의 어휘 중에 서로 다른 것이 적지 않게 존재하고 있는 것과 유사하다. 남·북한보다 더 오랫동안 격리된 채 살아온 중국과 타이완은 더욱 많은 어휘에서 서로 다른 양상을 드러내고 있다고 할 수 있다.

그 동안 해협양안에서 사용하는 어휘들을 보면, 두 지역의 정치적

성향(이데올로기), 외래문화의 수용 자세, 각종 제도의 차이, 언어 사용의 습관 등에 따라 같은 의미의 어휘가 서로 다른 모습을 보이고 있는 것이 적지 않다. 물론 대부분의 어휘들은 같거나 비슷하여 두 지역의 사람들이 생활하고 대화하는 데 그다지 큰 문제점은 존재하지 않는다. 설혹 완전히 다른 모습의 어휘라 할지라도 뜻글자인 중국어의 특징으로 인해 서로 그것을 이해하는 데 별 어려움이 없는 것 같다. 이를테면, '콘테이너'를 중국에서는 '集裝箱'이라 하고 타이완에서는 '貨櫃'라 하고 있지만, 양안 사람들은 각각 그 글자의 뜻을 가지고 '콘테이너'라는 의미를 짐작할 수 있다. 그러나 어떤 어휘를 한 곳에서는 의역을 하고 또 한 곳에서는 음역을 하는 경우에는 한 쪽에서 그것을 잘 이해하지 못할 수도 있다. 이를테면 'clone'을 타이완에서는 의역하여 '複製'라고 하지만 중국에서는 음역하여 '克隆'이라고 하는데, 영어를 잘 모르는 타이완 사람들은 '克隆'이 무엇인지 이해하지 못할 것이다.

현재 중국에서는 남한을 '韓國', 북한을 '朝鮮'으로 통일하여 부르고 있다. 그 사용에 있어 정책적인 지시(?)가 있기 전, 중국의 언론매체와 사람들은 '南朝鮮', '北朝鮮', '南韓', '北韓', '韓國', '朝鮮' 등 다소 혼란스럽게 사용한 적이 있었다. 타이완에서는 주로 남한을 '南韓', 북한을 '北韓'으로 칭하고 있는데, 우리나라와 단교 이전에는 남한을 '大韓民國' 또는 '韓國'이라 불렀었다. 이는 외교적 내지 정치적 상황들이 다른 나라의 국호를 칭하는 데에 영향을 미친 예라고 할 수 있다. 이는 우리가 타이완을 단교 전에는 '中華民國'이라고 부르다 지금은 그냥 '타이완' 혹은 '대만'이라고 부르는 것과 이전에 중국을 반공이데올로기와 함께 '中共'이라고 칭하다 중국과 수교 후 '중국' 혹은 '중화인민공화국中華人民共和國'으로 칭하는 것과 같은 이치라고 할 수 있다.

또 재미있는 것은 외국어 고유어(인명이나 지명)의 번역(음역) 문제이다. 물론 두 지역의 관련 기관에서는 각각 언어의 규범성 문제에 입각하여 통일된 번역어를 만들어 사용하고 있지만, 두 지역에서 번역한 어휘는 그 이질성을 면하기가 어렵다. 알다시피 이는 중국어의 음절이 한정되어 있어 모든 음을 그대로 표현하는 데 어려움이 있기 때문이다. 이런 관점에서 보면 한국어는 거의 모든 음을 낼 수 있기에 자랑스러워하지 않을 수 없다. 두 지역에서는 한 외국인을 두고 중국어 이름을 서로 다르게 부르는 경우가 대단히 많다. 한 사람에게 두 개의 이름이 붙여진 셈이다. 다음은 두 지역이 외국인 이름을 서로 다르게 사용하는 예들이다.

부시(Bush): 布什(중국) 布希(타이완)
힐러리(Hillary): 希拉里(중국) 希拉蕊(타이완)
고르바초프(Gorbachyov): 戈爾巴喬夫(중국) 戈巴契夫(타이완)
카스트로(Castro): 卡斯特羅(중국) 卡斯楚(타이완)
…

다음은 두 지역이 국명이나 지명을 서로 다르게 사용하는 예들이다.

뉴질랜드New Zealand: 新西蘭(중국) 紐西蘭(타이완) (이 경우에 중국에서는 의역과 음역을 동시에 하였음)

케냐(Kenya): 肯尼亞(중국) 肯亞(타이완)

예멘(Yemen): 也門(중국) 葉門(타이완)

브리지타운(Bridgetown): 布里奇敦(중국) 橋市(타이완) (이 경우 타이완에서는 의역을 하였음)

…

다음은 일반 어휘 중에서 서로 다르게 사용하는 예들을 들어보기로 한다.

선진국: 發達國家(중국) 已開發國家(타이완)
중국표준시간: 北京時間(중국) 中原標準時間(타이완)
기관, 부서: 單位(중국) 部門, 機關(타이완)
비상금: 小金庫(중국) 私房錢(타이완)
초등학교: 小學(중국) 國小(타이완)
중학교: 初中(중국) 國中(타이완)
디지털: 數碼(중국) 數位(타이완)
극영화: 故事片(중국) 劇情片(타이완)
택시: 出租車, 的士(중국) 計程車(타이완)
정보: 信息(중국) 資訊(타이완)
하드웨어: 硬件(중국) 硬體(타이완)
소프트웨어: 軟件(중국) 軟體(타이완)
네트워크: 網絡(중국) 網路(타이완)
복사하다: 複印(중국) 影印(타이완)
프린트기: 打印機(중국) 印表機(타이완)
레이저: 激光(중국) 雷射(타이완)
스크린: 屏幕(중국) 螢幕(타이완)
지적재산권: 知識産權(중국) 智慧財産權(타이완)
문자 메시지: 短信(중국) 簡訊(타이완)
윈도우: 窗口(중국) 視窗(타이완)
가로 줄, 열: 行(중국) 列(타이완)
세로 행: 列(중국) 行(타이완)

사우나: 桑拿(중국) 三温暖(타이완)

…

여기에 든 것 외에도 아직 많은 어휘들이 더 있으나, 지면 관계 상 생략한다. 그리고 중국과 타이완에서는 양안 어휘의 차별에 관한 사전도 몇 권 나와 있으며, 그것과 관련한 연구논문도 적지 않게 나와 있다. 아무튼 현재 양안 교류가 활발해짐에 따라 이런 어휘들도 비교적 용이하게 교류되고 있는 상황이다. 또 앞으로 중국의 신조어가 지금보다 더 빠른 속도로 타이완으로 들어와 사용될 수 있을 것이며, 또한 그 반대로 타이완의 신조어도 더욱 빠른 속도로 중국에 들어와 사용될 수 있을 것이다. 이처럼 해협양안은 그래도 교류가 활발하여 앞으로 두 지역 사이의 언어 사용상의 이질성 문제는 점차적으로 해소될 수 있을 걸로 확신한다. 그러나 현재 꽉 막혀버린 남·북한 관계를 보면, 두 지역 간의 언어 문제는 언제쯤 해소될지 아무도 모르는 상황이다. 적어도 남·북한의 언어학자들만이라도 자주 만나야 하는데…. 이런 점에서 본다면 중국과 타이완의 자유로운 교류가 부럽기도 하다.

마지막으로 타이완에 가서 중국어를 배우려고 하는 사람들에게 말하고 싶은 것이 있다. 그들 중에는 번체자繁體字 문제를 비롯하여 이런 언어의 이질성 문제로 걱정을 하는 사람이 있는 것으로 안다. 그러나 조금도 걱정할 필요가 없다. 번체자는 이미 우리가 한자를 배우면서 익히 알고 쓰고 있는 글자이기에 현대 중국어 학습 상에서 그것을 익히는 데는 그다지 어렵지가 않다. 차제에 더 많은 번체자(한자)를 익히는 것도 일거양득이 아니겠는가. 그리고 어휘의 이질성 문제도 마찬가지이다. 사실 대부분이 같거나 비슷한 어휘를 사용하고 있다고 해도 과언이 아니다. 그래서 일상의 대화를 하고 중국어를 배우는 데에는 그다지 큰 지장이 없다고 할 수 있다. 타이완에서 중국어를 공부하면서 지금까지 배운 것과 서로 다른 어휘가 나오거나 또 앞으로 타이완에서 배운 것과 서로 다른 어휘를 만나게 되면 그때그때 익히면 될 일이다.

2 PART

‘역사상 가장 순결한 사랑’ 이야기

2007년에 중국에서는 주목할 만한 장편소설 한 권이 출간江蘇文藝出版社되었다. 이 소설은 당시 베스트셀러가 된 것은 물론, 출판된 그 해 홍콩香港의 《아주주간亞洲周刊》은 이 소설을 ‘2007년의 좋은 책’으로 선정하였으며, 2년 후에는 중국 CCTV의 독서 관련 프로그램에 소개되기도 하였다. 이 소설은 지금까지도 많은 사람들의 관심을 끌면서 다큐멘터리, TV 드라마, 만화 등으로 제작되거나 제작 중에 있으며, 현재는 영화로까지 만들어지고 있기도 하다. 이 소설은 바로 아이미艾米의 《산사나무 아래山楂樹之戀》라는 작품이다.

《산사나무 아래》 포스터

아이미(1978~)는 여류소설가로, 2005년부터 인터넷의 문학성文學城이라는 사이트에 사실적인 장편의 이야기들을 연재하기 시작하였다. 그녀의 작품으로는 《치명적 온유致命的溫柔》(공저), 《10년간의 동요十年忽悠》, 《이해 못하는 장래不懂說將來》, 《삼인행三人行》, 《같은 숲에 사는 새同林鳥》 등이 있다. 그의 아버지는 대학에서 문화대혁명(文化大革命: 아래에서는 '문혁'으로 칭함) 문학사를 연구하고 있으며, 자신의 대학원생 논문 역시 문혁 10년 문학에 관한 내용이었다. 그녀의 할머니는 일찍이 마오쩌둥毛澤東 어록語錄을 외운 지식분자였다고 한다.

이 소설은 문혁 말기(1975년 전후)에 징치우靜秋라는 당시 18세의 한 여고생과 고급간부의 아들인 라오산老三 사이의 짧은 기간 동안의 사랑 이야기를 묘사하고 있다. 이 소설이 그렇게도 세간의 관심을 얻게 된 이유는 무엇인가? 그 이유에 대해 얘기하기 전에 먼저 이 소설이 이루어진 배경 및 그것의 줄거리를 알아보자.

이 소설은 이 작품의 여주인공인 징치우가 1977년에 쓴 회고록과 유사한 형식의 원고를 기초로 해서 이루어진 것으로, 서사敍事는 작가 아이미가 가미하였으며 대화는 대부분 징치우의 원문 중에 있는 것을 활용하였다. 이렇듯 이 소설은 실화를 바탕으로 이루어진 것이다. 탈고 후 그것을 해외문학 사이트에 올렸는데, 모든 사람들이 그 결말을 보고 울지 않은 사람이 없었다고 한다. 몇 개월 내에 그것은 해외의 네티즌들에 의해 '인터넷 시대의 수초본網絡時代的手抄本'이라고 떠받들려졌으며, 아울러 대단히 많은 징치우 '팬〔최근 중국어로 팬을 '紛絲'('fans'의 음역)라고 함〕'이 생기게 되었다.

징치우는 도시의 어여쁜 아가씨였다. 그녀의 아버지가 지주 자손이었기에 그녀의 가정 성분은 좋지 않았다. 그래서 그들 가족은 문혁 시기에 많은 고난을 겪었는데, 징치우는 이것 때문에 많은 열등감을 지니고 있었다. 그녀는 고등학교 재학 시절 일군一群의 학생들과 함께 새로운 교재 편찬자로 선발되어 시춘핑西村坪이란 시골로 들어가 직접 그곳 생활을 체험하면서 교재를 편찬하게 되었다. 그녀는 그곳 촌장 집에 살면서 라오산을 알게 되었으며, 라오산은 징치우를 매우 좋아하였다. 징치우는 그가 자신을 속이는 줄 알고 처음에는 자주 그를 피하였다. 잘 생기고 재기가 넘치는 라오산은 군구사령관軍區司令官의 아들로, 정의情誼를 지극히 중시하는 인물이었다. 그는 징치우를 위해서는 어떠한 일도 마다 하지 않았으며, 아울러 그녀에게 여태까지 그녀가 누구에게도 받아보지 못했던 진심어린 격려를 해주기도 하였다. 그는 징치우가 졸업하기를 기다렸고 그녀가 취업하기를 기다렸으며, 또 그녀가 임시직에서 정규직으로 전환(중국어에서 임시직에서 정규직으로 전환되는 것을 나타내는 말로 '轉正'이라는 낱말이 있음. 이와 같은 의미로 우리말에는 어떤 낱말이 있는지 아직 찾지를 못했음)되기를 기다렸다. 징치우의 모든 소망이 이루어지자, 라오산은 오히려 백혈병에 걸려 죽고 만다. 그때가 1976년으로, 라오산은 아직 젊은 나이였다.

책을 덮어도 라오산의 다음과 같은 말은 독자들의 가슴에 오래도록 남아 있을 것이다.

> 나는 당신을 1년 1개월 동안이나 기다릴 수가 없어요.
> 我不能等你一年零一個月了。
> 나는 또한 당신이 25세가 될 때까지 기다릴 수가 없어요.
> 我也不能等你到二十五歲了。
> 그러나 나는 당신을 평생 동안 기다릴 수가 있어요……
> 但我會等你一輩子……

어떻게 보면 매우 통속적인 스토리인 것처럼 보이나, 이 이야기 속에는 '문혁'이라는 역사적 배경이 담겨 있다. 그러나 그 문혁의 외부적인 상황들은 뒤로 숨어버리고 그것은 하나의 아름다운 추억으로 변해 있다. 독자들로 하여금 그 시대를 추억으로 변하게 할 수 있었던 것은 바로 징치우와 라오산의 너무나 순수한 사랑이 아니겠는가. 투쟁의 시대, 간난艱難의 시대 그리고 빈곤의 시대에 그들의 사랑이야말로 너무나 아름다운 모습으로 드러나고 있는 것이다. 당시의 중국 인민들은 정치적 이슈나 사상적 투쟁에 휩쓸리며 수동적인 삶을 살았다고 할 수 있다. 그러나 적어도 사랑에 있어서는 능동적으로 하지 않았을까. 이 소설을 읽어보면, 그들에게 항상 따라다니는 정치상의 무서운 압력과 생활상의 어려운 여건 등은 그들의 사랑에 얼마간 불편함을 준 것은 사실이지만, 그들은 아름답고 순결한 사랑으로 그것들을 극복한다.

지금의 적지 않은 젊은이들은 사랑을 너무 가볍게 여기는 경향이 없지 않다. 심지어 순수한 사랑을 대수롭지 않게 여기거나 부끄럽게 생각하는 사람도 있는 것 같다. 이런 젊은이들에게 징치우와 라오산의 사랑은 다소 생소하게 느껴질 수 있을 것이다. 그러나 인터넷 독자들을 보면 40대 이하의 사람들이 대부분이며 더군다나 대학생과 고등학생들이 매우 많았다고 한다. 아마도 그 시대를 겪지 않은 그들은 이 이야기의 배경이나 징치우와 라오산의 사랑법이 얼마간 생소하기는 하지만 그래도 너무나 순결한 사랑에 감동을 받았을 지도 모른다. 또 '어떻게 사람들이 그럴 수가 있는가?' 라고 충격을 받았을지도 모른다. 그 후 책으로 출간된 후, 독자는 40대 이상의 사람들이 더 많았다고 한다. 그들은 그 시대를 직접 겪은 세대로, 이 소설 속에서 자신의 진정한 모습을 찾아보기를 원했을 뿐만 아니라, 그 시대의 하나의 아름다운 추억으로 생각하면서 이 소설을 읽었을지도 모른다. 괴로웠던 추억들은 잠시 숨겨두고 말이다. 아니 영원히 잊기를 바라면서 말이다.

중국에서 '역사상 가장 순결한 사랑史上最純淨的愛情'으로 칭해지고 있는 이 이야기는 현재 영화로도 제작되고 있다. 우리나라에서도 잘 알려져 있는 장이머우張藝謀 감독이 메가폰을 잡았다. 장이머우는 이전에 문혁을 배경으로 한《인생活着》을, 또 순수한 사랑 이야기를 묘사한《집으로 가는 길我的父親母親》을 제작한 바 있는데, 공교롭게도《산사나무 아래》에는 '문혁'과 '사랑'이라는 두 가지 요소가 모두 담겨 있다. 장이머우도 이번 영화는 상업성을 전혀 고려하지 않고 자신의 지난 세월을 기념하면서 자신에게 바치는 영화를 만들고 싶다고 토로한 바가 있다. 그는 징치우 역의 여배우를 새롭게 선발하여 촬영에 들어가기도 하였다. 장이모우 역시 문혁 세대로, 문혁을 겪은 그로서는 누구보다도 당시의 상황이나 당시 사람들의 사랑에 대해 이해하고 있을지도 모른다. 아무튼 원작의 맛을 잘 살려 멋진 영화가 만들어지기를 바랄 뿐이다.[1] 그런데 우리나라에서는 아직 이 소설이 번역되지 않은 것 같다.

1_ 장이머우 감독의 이 영화는 2010년 9월 15일에 소설과 같은 제목으로 중국 전역에 개봉되었다.

PART 2

중국 캠퍼스 점묘點描

내가 있는 다롄외국어대학大連外國語學院 캠퍼스는 얼마 전까지만 해도 민들레꽃이 천방지방 피어 있었는데, 지금은 또 아카시아 꽃향기가 사방팔방 가득하다. 이제야 알았지만 다롄大連 지역에는 아카시아 나무가 유별나게 많은 것 같다. 캠퍼스 안에는 내가 처음 본 자주색 꽃의 아카시아 나무도 있다. 더욱이 다롄시내 가로수를 아카시아 나무로 심어놓은 곳도 적지 않게 보인다. 얼마 전 아카시아 꽃 축제賞槐花節도 열렸다. 중국어로 아카시아 나무를 '槐樹'라고 하고, 아카시아 꽃을 '槐花'라고 하는데, 이 단어들은 솔직히 '아카시아' 본래의 이미지를 얼마간 떨어뜨리는 느낌을 주는 것 같다. 비록 소리를 나타내는 성부聲符이기는 하지만, 귀신 '鬼'자가 붙어있지 않는가? 그리고 이 지역은 또 앵두櫻桃가 유명한데, 지금 이곳에는 국제앵두축제國際櫻桃節가 열리고 있다. 앵두 농장에 가서 1인당 40-50위안을 주면 마음껏 앵두를 따먹을 수 있다. 나는 중국 교수와 함께 뤼순旅順의 한 농장에서 직접 앵두 따먹는 체험을 해 보았는데, 난생 처음 나무에 달려 있는 앵두를 보게 되었다. 앵두는 맛도 있지만, 모양과 색깔이 너무 예쁘다. '앵두 같은 입술'이라는 말도 있지 않는가?

여기서는 이곳 캠퍼스 내에서 내가 보고 겪은 일들을 점묘點

描 형식으로 가볍게 소개하기로 한다. 이 내용들은 중국 대학문화의 일부분이라고 해도 틀린 말이 아닐 것이다.

A 교정에서 공부하고 있는 중국 대학생들, B 대학 내 학생들의 보온병

#1

중국의 대학은 휴일을 매우 융통성 있게 운영하는 것 같다. 이를테면 6월 16일(수요일)은 단오절端午節로 휴일이다. 이전에 단오절은 휴일이 아니었지만 우리나라의 강릉단오제江陵端午祭가 세계문화유산에 등재된 후에 중국 정부는 단오절을 휴일로 정하였다. 다롄외국어대학은 16일 하루의 휴일을 14일(월요일), 15일(화요일)과 함께 연휴로 만들었다. 그 대신 12일(토요일), 13일(일요일)을 정상 근무하도록 조치하였다. 아마도 중국에서는 다른 대학과 다른 직장에서도 이런 방법으로 연휴를 만드는 경우가 많은 것 같다. 일요일에 정상 근무하며 또 공식적으로 수업을 한다는 것은 종교적인 문제 등으로 한국에서는 도저히 불가능하다.(물론 그런 나라는 한국 외에도 얼마든지 있음) 덕분에 나도 토요일과 일요일에 정상 수업을 해봤는데, 수업 분위기는 오히려 더 차분한 느낌이 들었다.

#2

요즘 중국은 입시와 졸업으로 시끌벅적하다. 올 대학입시는 얼마 전 끝이 났다. 6월 말 졸업식을 앞둔 졸업반 학생들이 지난주에 이미 기말시험을 쳤다. 재학생들은 아직 수업을 하고 있는데, 7월 5일부터 9일까지 기말시험을 본다고 하니 계산해보면 중국 대학의 수업일수는 18주가 되는 셈이다. 이번 학기에 나는 이곳 졸업반 수업을 한 과목 담당했었는데, 학생들이 수업에 많이 들어오지 않았다. 아예 한 명도 들어오지 않는 날도 있었다. 대부분 학생들은 실습과 취업 준비 등으로 시간을 보낸다고 했는데, 그들 중에는 이미 취업을 한 학생들도 있었다. 대학 당국이 졸업반 학생들에게는 매우 관대하게 대하는 것 같다. 그들에게 물어보면 우리나라 대학생들과 마찬가지로 취업으로 인한 스트레스가 대단히 심하다고 한다. 또 한 가지 얘기할 만한 것은 바로 졸업사진畢業照에 관한 것이다. 우리나라 대학생들은 최근 졸업앨범 사진을 찍지 않으려고 한다. 사실 앨범의 필요성에 대해서는 나도 그렇게 찬성하는 편이 아니다. 두껍고 무거우며 또 값비싼 앨범이 휴대폰으로 수시로 사진을 찍어대는 요사이 젊은 세대들에게는 너무 어울리지 않는 구시대 유물처럼 보이기도 한다. 중국 대학은 아예 졸업앨범이 없다. 그 대신에 학과별 단체사진合影을 찍는데, 다롄외국어대학 같은 경우에는 시간을 정해 놓고 졸업반 학생들이 운동장에 함께 모여 학과별로 돌아가면서 사진을 찍는다. 총장을 위시한 중요 보직자들도 나와 학생들과 함께 사진을 찍는다. 대학의 큰 행사처럼 보였다. 앞으로 우리나라 대학들도 이런 형식으로 졸업사진을 찍었으면 하는 바람을 가져본다. 중국 사람들은 대학졸업식 자체는 그다지 중요하게 생각하지 않는 것 같다. 우리처럼 가족들이 오고 선물을 건네는 등 시끌벅적하지 않다. 그 이유는 확실히 알 수 없지만, 학생들이 타지 출신이 많아 가족들이 오기가 그렇게 쉽지 않기 때문일 것이라고 개인적으로 생각해본다. 그들은 그저 학위복을 입고 캠퍼스를 거닐면서 사진을 찍는다. 그러나 그런 것도 하지 않는 학생들이 더 많다. 심지어 일부 학생들은 자신이 4년 동안 보던 책들을 기숙사나 식당 주변 땅바닥에 늘어놓고 후배들에게 팔기도 한다.

#3

한 학기 동안 중국의 대학 캠퍼스에서 생활하면서 중국 대학생들의 문화 활동을 얼마간 엿볼 수 있었는데, 그 중에서 우리나라 대학생들 문화와 가장 크게 차이가 나는 것은 이른바 '노는' 행사가 거의 없다는 것이다. 5월 들어 문화 방면의 행사가 꽤 있었으나, 밖으로 MT를 가거나 우리나라 대학과 같은 주막촌 위주의 축제 등은 전혀 보이지 않았다. 외부인사 초청 강연, 특강, 외국어(영어, 일본어, 한국어 등) 경연대회, 스포츠 경기, 경극京劇 공연, 대학의 남녀 형상形象 선발대회, 가요 경연 대회, 여학생 주간 행사(다롄외국대학은 여학생들이 남학생보다 훨씬 많음) 등등이 전부라고 할 수 있다. 그 흔한 가수 초청 공연도 한 번 없었다. 우리와 비교하면 3주 이상이나 긴 학기를 중국 학생들은 그렇게 보내고 있었다. 11시가 되면 일괄적으로 불을 꺼버리는 기숙사에서 10일 가까이 되는 휴일을 보내는 학생들이 아닌가! 저녁밥을 먹고서 아니면 사서 들고서 그들은 4시 반이면 문을 닫아버리는 도서관(적어도 다롄외국어대학 도서관은 그러함)을 등진 채 자신들의 고정 강의실로 가서 공부를 한다. 이 시간이 되면 흡사 야간 강의를 들으러 가는 학생들처럼 보이는 그들의 이동으로 캠퍼스는 꽤나 분주해 진다. 밤의 캠퍼스에는 어른이 없다. 오로지 학생들만 있다. 그들이 주인공으로 활동할 중국의 미래가 훤하게 보이는 것 같다.

#4

중국 대학에서는 아직 수업 시작과 끝에 학생 대표의 구령으로 교수에게 인사하는 일종의 '형식'이 있다. 수업 중에 학생들에게 질문을 하거나 시키거나 하면, 학생들은 반드시 "예."라는 응답을 하고 일어선다. 수업 중에 화장실을 갈 때도 반드시 교수에게 말을 하고 나간다. 나는 학생들에게 이 모든 것들을 하지 말라고는 하였지만, 아직 사회주의(?) 형식문화가 남아 있는 것 같아 약간은 씁쓸한 느낌이 들었다. 물론 좋은 방향으로 생각하여 학생들에게 예절교육의 일환으로 실시하는 것이라고 하면 할 말이 없다. 그러나 그러한 형식적 예의가 유가儒家에서 말하는 이른바 '예禮'의 본질과는 거리가 좀 먼 것 같은 느낌이다. 또 그런 반면, 학생들의 행동에는 형식을 중요시하지 않는 모습들이 자주 눈에 띈다. 이를테면 목욕용품이 담긴 플라스틱 소쿠리를 들고 수업에 들어오는 학생들이 적지 않다. 그냥 편리한 대로 수업 마치고 학교 안에 있는 목욕탕에서 목욕을 하려고 기숙사에서 나오면서 그것을 들고 나오는 것이다. 심지어 어떤 때는 수업을 마치고 바로 집에 돌아가려고 트렁크를 그대로 끌면서 수업에 들어가는 학생들도 보인다. 이는 편안한 생활을 추구하는 현대 젊은이들의 전형적인 특성을 드러내고 있는 것이기도 하지만, 형식과 외형을 중요시하지 않는 중국 사람들의 특질과도 연결되어 있다고 할 수 있다. 그렇지만 외형을 중요시하지 않는다는 사실은 지금의 젊은이들에게는 그다지 맞지 않은 것 같다. 중국 여대생들의 패션을 보면 이전보다 많이 세련되어 졌다. 전체적으로 보면 한국의 여대생들과 별반 차이가 없는 것 같이 보인다. 많은 여학생들은 얼굴이 탈까 양산을 들고 캠퍼스를 걸어다닌다. 캠퍼스 안의 미장원은 항상 손님들로 북적댄다. 그러나 아직 얼굴에 칼을 대는 여대생들은 그렇게 쉽게 찾아볼 수 없는 것 같다.

중국의 대학생들 중에는 아직도 그렇게 넉넉하지 않은 집안에서 자란 학생들이 많은 것 같다. 그들은 비록 중국에서는 아직 특수 부류에 속한다고 할 수 있는 대학생이 되었지만, 그들이 누리는 혜택은 그렇게 많지 않은 것 같다. 경제적으로 빈곤한 집안 출신 학생들은 여전히 내핍耐乏 생활을 하고 있는데, 더욱이 그들이 먹는 한 끼의 식사를 보면 그 사실을 쉽게 파악할 수 있다.(앞의 글에서 이미 언급하였음) 그리고 대학은 학생들의 권익을 충분히 보장하지 않는 것 같다. 그러나 그들은 불평이나 불만을 토로하지 않는다. 그렇다고 그들이 바보라는 소리는 결코 아니다. 그저 대학 당국의 지시에 따르면서 자신들의 할 일만 묵묵히 그리고 열심히 하면서 그 특별한(?) 대학생활을 보내고 있는 것이다.

중국은 대학생 수가 2,340만 명(2009년 현재)에 이르러 세계에서 대학생이 가장 많은 나라로 꼽힌다. 참고로 같은 시기 미국의 대학생 수는 1,730만 명이었다. 미래에 대한 부푼 꿈과 야무진 이상을 지닌 중국 대학생들이 세계로 몰려오고 있다. 우리 대학생들이 더욱 분발해야 할 필요가 있는 또 하나의 이유이기도 하다.

PART 2

중국의 골칫거리 '벌거벗은 관리裸官'들

중국어 신조어 중에 '裸官(나관: 벌거벗은 관리)'이라는 말이 있다. 이는 '裸體官員'('裸體做官'이라는 말도 있는데, '裸體官員'과 비슷한 의미로 쓰이고 있음)의 약칭으로, 자신의 배우자나 자녀는 업무가 아닌 다른 이유로 외국에 거주하거나 외국 국적 또는 외국의 영주권을 취득하고 본인 혼자 국내에 거주하고 있는 공직자를 가리키는 말이다. 벌거벗은 채로 관리 노릇을 한다는 것은 그만큼 부끄러운 일을 하면서도 부끄러움을 모른다는 의미도 담겨져 있을 것이다.

그러나 이들이 모두 문제가 된다는 말은 아니다. 다시 말해 나관이 모두 '탐관貪官'은 아니라는 것인데, 문제는 국내에서 부정하게 모은 돈을 모두 외국으로 유출하는 탐관이 적지 않게 있다는 사실이다. 심지어 부패 혐의로 외국으로 도망친 관리'逃官'들 대부분이 나관이라고 한다. 최근 중국 정부도 이러한 사실을 인지하고 법률을 제정하여 그러한 관리를 감독, 규제하고 나섰다. 이를테면 〈배우자와 자녀 모두 외국으로 이주시킨 국가 공무원에 대한 관리 강화에 관한 임시 규정〔關於對配偶子女均已移居國(境)外的國家工作人員加强管理的暫行規定〕〉,〈고위간부의 개인 관련 사항 보고에 관한 규정(關於領導幹部報告個人有關事項的規定)〉 등이 바로 그것이다.

나관 현상은 일부 관리들 사이에서 일찍이 유행하고 있었고 한다.

큰 권력을 손에 쥐게 되면 그 권력을 활용하여 배우자와 자녀를 모두 해외 이민을 가게 함으로써 부패로 얻은 돈을 해외로 빼돌리게 편리하도록 하였다. 또한 그것은 일단 자신의 부패 행위가 발각되면 빠져나갈 구멍을 마련해 둔 셈이 된다.

어떤 사람은 나관을 '중국 관계官界의 산비둘기野鴿子'로 형용하는데, 왜냐하면 그들이 '산비둘기'의 특성을 지니고 있기 때문이다. 그 특성과 관련된 내용을 구체적으로 보면 재미가 있다.

첫째, 그들의 배우자와 자녀가 모두 외국에 있기 때문에 본인은 혼자 살아갈 수밖에 없으니 '가정'의 개념이 없다.

둘째, 그들은 도처의 '먹잇감(여기서 이 말은 뇌물을 비유하여 사용하였음)'을 한껏 먹는다. 빠져나갈 구멍이나 물러날 곳이 있기 때문에 대단히 대담하게 그리고 아무런 거리낌 없이 도처의 먹잇감을 먹어치우는데, 먹을 수 있는 것이면 모조리 먹으며, 건질 수 있는 것이면 깡그리 건진다.

셋째, 그들은 수시로 '날아갈 수 있다'. 그들은 혼자이면서 신변에 걸리는 것이 없기 때문에 본인에게 일단 불리한 상황이 발생하면 수시로 날아가 버릴 수 있다. 그 뒤의 영향에 대해서는 근본적으로 생각할 필요가 없다는 것이다.

나관들이 가장 도망가기 좋아하는 국가는 캐나다라고 한다. 소규모의 금액에 연루되었거나 직급이 낮은 일부 '소탐관小貪官'들은 중국의 주변국가인 태국, 미얀마, 말레이시아, 몽골, 러시아 등으로 도망간다. 또 어떤 나관들은 법제가 아직 완벽하게 정비되지 않은 아프리카나 라틴아메리카 쪽으로 도망을 가, 자신의 이름을 숨기고 은닉 생활을 하고 있다. '대탐관大貪官'들은 주로 일부 선진국을 선택하는데, 더욱이 그들 국가 중에서 이민을 허용하는 국가는 그들이 가장 선호하는 도망지역이 되고 있다. 이를테면 캐나다, 미국, 호주, 네덜란드 등이 바로 그런 국가들이다.

2003년 이래 매체에 자주 인용되는 통계 숫자를 보면, 4000여 명의 수뢰 범죄 혐의자들이 공금 총 500억여 달러〔1인 평균 약 1억 위안(한국 돈 약 175억 원)〕을 가지고 외국으로 도망쳤다고 한다. 실제로 이 숫자는 검찰기관에서 파악한 일부분에 지나지 않으며, 정확한 숫자는 이보다 훨씬 많을 것이다.

또 베이징대학北京大學의 한 연구 보고서에 의하면, 근래 외국으로 불법 유출된 자금을 1997년에 364억 달러, 1998년에 386억 달러, 1999년에 283억 달러로 산출한 적이 있다. 어떤 학자는 2000년에 외국으로 불법 유출된 자금이 480억 달러에 달하는데, 이는 그해 외국 투자가들이 중국에 투자한 금액인 407억 달러를 초과하였다고 한다. 그러나 해외 인사들은 이 숫자가 너무 보수적이라고 여기고 있는데, 그보다 훨씬 많다는 의미이다. 우리는 이러한 통계 숫자로부터 나관들의 중국 국부 유출이 심각한 지경에까지 이르렀다는 사실을 알 수 있다.[1]

이와 같은 관리들은 국가에 대한 충성심은 물론이거니와 이른바 인민들에 대한 머슴 또는 봉사자로서의 공무원의 기본적 자세가 완전히 결핍되어 있다. 이런 관리들이 많아진다는 사실은 국가의 경쟁력과 응집력을 떨어뜨리는 요인이 되어, 국가 발전에 치명적인 영향을 끼칠 수 있다고 할 수 있다.

이 외에도 중국 공무원들이 '공금으로 먹고 마시며公款吃喝', '공금으로 여행하고公款旅遊', '공무용 차로 소비하는公車消費' 이른바 '삼공소비三公消費'는 이미 오래된 악습으로 지금도 도처에서 행해지고 있다.

1_ 이상 百度百科 '裸官' 조를 부분적으로 참조하였음.

최근 신문 보도에 12명의 공무원들이 공금으로 식사를 하면서 14,810위안(한국 돈 약 2,590,000원)을 소비했다는 재미있는(?) 소식을 본 적이 있다. 1인 평균 1천여 위안(한국 돈 약 175,000원)을 소비한 셈이다. 한 달 동안 피땀 흘리고 버는 돈이 아직 1, 2천 위안에 불과한 인민들이 많은 상황에서 일부 공무원들은 한 끼의 식사비로 그렇게 많은 돈을 돈의 주인인 납세자에게는 아무 말도 없이 그냥 써버리고 있는 것이다. 중국의 서민 가정 세 식구의 한 달 부식비와 맞먹는 액수라고 한다. 일부 네티즌들은 그 호화로운 식사를 조소嘲笑 섞인 어조로 '천가찬天價餐'이라고 부르고 있다.

이들이 과연 인민의 공복公僕으로서 인민들을 위해 봉사할 자격이 있는가? 아마 그들에 대한 인민들의 모든 신임과 기대의 마음은 모두 사라지고 없을 것이다. 관리들이 국민들 위에서 군림하며 국민들을 경시하고 무시하는 나라는 그렇게 밝은 미래를 약속할 수 없을 것이다. 최근 우리나라에서는 성과 올리기에 급급한 경찰의 피의자 가혹행위(고문)를 비롯하여 국무총리실의 불법(초법적) 사찰로 한 민간인의 인생과 재산이 송두리째 무너진 사건이 발생했다. 국민을 무시한 처사가 아니고 무엇인가? 국민을 존중하고 국민의 말 한 마디에도 진정으로 귀 기울일 줄 알았다면 그런 일은 아예 일어나지 않았을 것이다.

중국에서나 한국에서나 국민이 낸 한 푼의 세금도 아낄 줄 알며 또한 그것의 소중함을 아는 관리들이 넘쳐나고 국민들을 제 자식처럼 사랑할 줄 아는 관리들이 가득한 나라가 언제나 실현될 수 있을지! 아마도 유토피아를 기다리는 것과 같이 그 실현 가능성은 거의 제로일지도 모르겠다. 중국은 그렇다 치더라도 또 다시 그 끔직한 시절로 회귀하는 것 같은 지금의 한국이 더 걱정이다.

PART 2

취업난 속의 '곡선취업曲線就業' 현상

중국도 대학생들의 취업난이 심각하다. 그 중에서도 한국과 같이 여대생들의 취업이 더욱 어렵다. 이러한 상황은 일부 여대생들이 결혼으로 그 곤경을 탈피하려는 시도를 하게 하였다. 그녀들은 "훌륭한 남편을 얻게 되면 고생을 10년이나 줄일 수 있다嫁個好老公, 可以少奮鬪十年"고 믿는다. 중국에서는 이처럼 결혼을 통해 취업난에서 벗어나는 것에 대해 '곡선취업曲線就業'이라는 신조어를 쓰고 있다. 우리말 신조어(?) 중의 '취직'과 '시집'의 합성어인 '취집'과 그 의미상 비슷하다고 할 수 있다. 또한 일부 졸업생들은 일자리를 찾지 못하고 실제 경험도 부족하여 먼저 실습을 하는 경우도 있는데, 즉 '훈련-실습-취업'의 형식을 취하는 것으로, 이러한 형식 역시 곡선취업의 일종이라고 할 수 있다. 졸업 후에 직접 취업을 하지 않고 다른 과정을 거친 후에 나중에 취업을 한다고 하여 '직선'이 아닌 '곡선'이라는 표현을 쓴 것 같다.

상하이上海 대학생의 취업에 관한 한 의식조사에서 74.1%의 대학생이 자신의 취업에 대해 비교적 우려한다고 대답하였으며, 10.2%의 대학생은 자신의 일자리를 찾을 수 없을 거라고 비교적 비관적으로 생각하는 결과가 나왔다. 이처럼 총 84.3%가 취업에 대해 걱정을 하고 있는 대학생 중에서 여학생의 비율이 남학생보다 7.3%나 높았는데, 이는 여학생들의 취업에 대한 초조감이 남학생보다 더 크다는 사실을 분명히 나타내고 있다고 할 수 있다. 조사 대상 중 23.6%의 여학생들은 이미 곡선취업 쪽으로 마음이 기울어져 있다고 대답했다. 이는 꽤 높은 비율이라 하지 않을 수 없다. 이들은 만약 객관적인 조건이 허락된다면 먼저 결혼하여 아이를 낳은 후에 취업을 해도 괜찮다는 것이다. 광저우廣州의 한 조사에서는 59.2%의 여대생이 '부이대富二代'에게 시집가기를 원한다는 결과가 나왔는데, 그 이유는 바로 고생하는 기간을 줄일 수 있다는 것이다. 고생을 싫어하고 편안함을 추구하는 요즘 젊은이의 세태를 그대로 반영하고 있다고 할 수 있다. 그리고 또 57.6%의 여대생들은 잠재능력이 있는 대상을 배우자로 선택하기를 원하였다.

최근 중국 여대생들의 곡선취업은 '캠퍼스맘校園媽媽', '필혼족畢婚族', '혼활족婚活族'의 세 가지 경향으로 흐르고 있다. 첫 번째 '캠퍼스맘'은 대학원생들 중에서 자주 보이는 현상으로, 그녀들은 공부 기간을 이용하여 '캠퍼스아기校園寶寶'를 기르면서 '캠퍼스맘' 역할을 하는데, 훗날 취업한 후에 부담이 경감되기를 바라는 것이다. 두 번째 '필혼족'은 '畢業(졸업)'과 '結婚(결혼)'의 합성어로, 졸업 후 직업이 있고 책임감이 강한 남편을 만나 생활에서 안정을 찾은 후에 일자리를 구하는 여대생들을 일컫는다. 이와 같은 여대생들 수가 최근 점차적으로 증가하고 있는 추세라고 한다. 세 번째 '혼활족'은 선보는 프로그램이나 구혼 활동에 열중인 여대생들을 가리킨다.

최근 중국의 TV 프로그램을 보면 이른바 짝짓기 프로그램인 '선보는 프로그램相親節目'이 대단히 유행하면서 사회적으로 논쟁거리로 등장하고 있는데, 아마도 이러한 곡선취업 현상과 결코 무관하지 않은 것 같다. 현재 중국의 지방 위성 TV를 중심으로 선보는 프로그램이 적어도 네 개 이상이 방영되고 있는데, 배금주의, 외모지상주의, 독설, 출연자의 나체사진, 부이대 등과 같은 화제로 많은 문제점이 노출되고 있어 이들 프로그램에 대한 정풍整風이 시작되었다는 신문 보도를 읽은 적이 있다. 너무나 상업적인 이들 프로그램 속에는 '진실', '순수', '인성人性' 등의 요소는 거의 찾아볼 수 없다. 조건이 갖추어져 프로그램에 참여할 수 있는 사람들과 그렇지 못한 사람들 사이의 위화감만을 조성하고 있지는 않는지 심각하게 고려해 봐야 할 것 같다. 곡선취업 현상과 더불어 편안하고 쉽게 삶을 영위하기를 원하는 '80後'들의 성향을 상업적으로 이용하고 있는 것 같아 씁쓸한 느낌을 지울 수가 없다.

"일자리 찾기가 힘들어? 묶어봐!工作不好找? 打包啊!"라는 말이 한동안 유행어처럼 대학생들 입에 오르내렸다고 한다. 일부 기업들은 유능한 인력의 유출을 막고 안정된 회사 생활을 영위토록 하기 위하여 아예 남자와 그 여자 친구를 함께 채용하면서, 한 쌍의 연인으로 계약을 하게 한다. 이런 취업을 여자 친구와 함께 묶어서 채용된다고 해서 '타포취업(打包就業: 기업 입장에서 보면 '타포초빙打包招聘'이라고 함)'이라고 한다. 이와 같은 채용 방법은 일부 여대생들이 그런 남자를 찾아 그의 연인으로 가장하여 계약을 하도록 조장하고 있다. 전문가들은 타포취업의 출현은 주로 여대생들이 취업과정 중에 받는 남녀불평등 대우 때문이라고 한다. 여대생들이 받는 불평등 대우는 이런 방법을 동원해서라도 취업을 하게 하는 원인이 되고 있으며, 이런 취업은 이른바 곡선취업의 한 방법이기도 하면서 동시에 필혼족을 증가시키기는 한 원인이 되기도 한다.

재미있는 현상은 최근 중국에서는 필혼족과 반대되는 '필분족畢分族'도 적지 않게 출현하고 있다는 사실이다. '필분족'은 '畢業'과 '分手(이별)'의 합성어로 졸업과 동시에 이별을 하는 대학생들을 가리키는 말이다. 한 조사에 의하면 '80後' 대학생 연인들이 졸업하자마자 이별

하는 비율이 30%를 넘어섰다고 한다. 많은 커플이 고독감으로 인해 캠퍼스 커플로 함께 지내다가 졸업과 동시에 추호의 주저함도 없이 이별을 선택하는데, 이는 취업과 경제 등의 스트레스가 가장 중요한 원인으로 작용했기 때문일 것이다.

아무튼 필혼족이나 필분족 모두 취업의 스트레스에서 벗어나기 위해 각각 결혼과 이별을 택했다는 사실이 아이러니하기도 하고 재미있기도(?) 하다. 그러나 그들(필혼족, 필분족 모두 포함) 청년들의 순수하고 진정한 사랑은 어디에서도 찾을 수가 없으니 대단히 난감하다. 또 재미있는 현상은 그 중간 형태의 이른바 '담수족淡水族'도 출현하였다는 사실인데, 이들은 급하게 결혼도 하지 않고 이별도 하지 않으며 그저 형세를 관망하는 부류에 속한다고 할 수 있다. 그렇다고 그들이 취업난의 속박에서 벗어난 것은 결코 아니다. 그들도 앞의 두 부류와 똑같은 처지이기는 마찬가지이다.

중국의 곡선취업 현상이 남의 일이 아닌 것 같다. 알다시피 우리나라 여대생들의 취업난은 중국보다 훨씬 더 심각하다. 정부의 청년실업자 대책은 여전히 지지부진하다. 뭐 한 가지 속 시원하게 해결되는 일이 없다. 여대생들의 취업 대책을 요구하기가 민망할 정도이다. 이른바 4대강 사업을 접고 그 경비를 청년실업자 문제 해결에 전환하여 사용하라는 말은 이제 너무 식상한 말이 되어버린 것인가? '쇠귀에 경 읽기'이다. 집권당 소속 한 국회의원[1]이 대학생들을 앞에 두고 성희롱 발언을 그렇게도 자랑스럽게(?) 하는 나라가 아닌가! 정말 부끄럽다.

1_ 이 국회의원은 그 후 탈당하여 무소속으로 남아 있다.

PART 2

'간簡'과 '번繁'의 논쟁

최근 중국에서는 온 라인 상의 네티즌들 사이에서 간체자簡體字와 번체자繁體字 사용에 대한 논쟁으로 다소 시끄럽다. 이른바 '廢簡復繁(간체자를 폐지하고 번체자를 부활하자)'을 주장하는 사람들에 대해 반대 견해를 지닌 사람들의 공격이 이 논쟁의 주요 내용이라고 할 수 있다. 심지어 간체자를 옹호하는 내용의 《최근 약간 골치 아픈 한자——한자: 번체자와 간체자의 시시비비漢字最近有點兒煩——漢字: 繁與簡的是是非非》(一淸 지음, 商務印書館, 2009)라는 책까지 출간되어 베스트셀러 반열에 오른 적이 있다. 여기서는 이 책의 내용을 참고로 하여 최근 중국에서 벌어지고 있는 간체자와 번체자 논쟁의 주요 내용에 대해 간략하게 소개하고자 한다.

중국 정부의 간체자에 대한 논의는 1950년대로 거슬러 올라간다. 1950년 교육부敎育部 사회교육사社會敎育司는 〈상용 간체자 등록표常用簡體字登記表〉를 만들어 의견을 구한 후에 1951년에 〈첫 번째 간체자 표第一批簡體字表〉를 임시로 내놓았는데, 상용 간체자 555개를 수록하여 시험 삼아 사용토록 하였다. 1952년 2월 5일에 중국문자개혁위원회中國文字改革委員會가 성립되었는데, 이 위원회가 〈첫 번째 간체자 표〉 기초 상에서 여러 차례의 토론과 수정을 거쳐 1954년 말에 〈한자간화방안(초안)〔漢字簡化方案(草案)〕〉을 제정하였다. 이 위원회는 즉시 제1차

전체회의를 소집하여 이 방안을 토론을 거친 후에 통과시키고, 1955년 2월 2일 중앙 1급 신문 지상에 그 초안 전문을 발표하였다. 1년여 후인 1956년 3월 29일 중국공산당中國共産黨과 국무원國務院이 반포한 〈문맹 퇴치에 관한 결정關於掃除文盲的決定〉 중에 문맹을 탈피하는 기준을 규정하였는데, 농민은 대략 1,500개의 상용자를 알아야 하고, 도시 근로자는 대략 2,000개의 상용자를 알아야 한다는 것이다. 이는 이전의 일반인 2,000개, 농민 1,000개, 도시 근로자 1,500개의 상용자를 알아야 한다는 규정보다 상향 조정된 것이다. 이는 간체자 방안 실행의 결과라고 할 수 있다. 당시에 "글자 하나에 1획을 감소하면 6억 인구는 곧 6억이나 되는 획을 줄여서 쓸 수 있다"라는 말도 있었다.

번체자로 되어 있는 중국의 표지판들

중국 정부는 문화대혁명文化大革命이 끝난 1년여 후인 1977년 12월 20일에 〈제2차 한자간화방안(초안)〔第二次漢字簡化方案(草案)〕〉을 공포하였다. 이 방안 중의 간체자들은 동음자同音字로 대체한 것이 매우 많았으며, 또 어떤 글자들은 너무 무리하게 간화시킨 것도 많아 많은 문제점을 안고 있었다. 전자의 예로는 '齡'을 '令'으로, '舞'를 '午'로, '菜'·'蔡'를 '才', '部'·'傅'·'腐'를 '付' 등으로 바꾼 것을 들 수 있으며, 후자의 예로는 '街'를 '亍'로, '停'을 '亻+丁'으로, '眉'를 '目'을 없앤 것으로, '然'을 '犬' 아래에 '一'을 더한 것으로, '磨'를 '广' 아래에 '石'을 더한 것으로, '家'를 '宀' 아래에 '人'을 더한 것으로, '激'을 '氵+几' 등으로 바꾼 것을 들 수 있다. 이 제2차 방안은 전문가를 포함한 많은 사람들의 반대로 결국 1986년 6월 24일에 공식적으로 폐지되었다. 이렇듯 이 방안은 꽤 오랫동안 사용된 셈으로, 아직도 그 흔적을 가끔 볼 수 있다. 몇 년 전, 나는 담벼락에 '亻+丁車'라고 쓴 것을 보고 의아하게 생각한 적이 있었다. 물론 감으로 '停車'임을 알았으나, 당시에는 그 배경을 몰라 그냥 "일반인들이 편의상 저렇게 쓰기도 하는구나"라고 생각하였다.

그렇다면 간체자를 반대하는 사람들의 그 반대 이유는 무엇일까? 여기서 그 이유를 열거하면 대략 다음과 같다.

첫째, 번체자는 중화문화를 전승하였으나, 간체자는 중화문화를 단절하였다.

둘째, 번체자는 중국문명의 뿌리를 지키고 있으나, 간체자는 현 정권의 산물로 사사로움과 원한의 본보기이다.

셋째, 번체자는 형식미가 강하여 아름다우나, 간체자는 매우 보기 싫다.

넷째, 번체자는 정자正字이나, 간체자는 산자이판(山寨版: '山寨'에 대해서는 앞에서 이미 언급하였음) 한자이다.

다섯째, 번체자는 조상이 물려준 성물聖物이나, 간체자는 대륙의 '정치적 괴물政治怪胎'이다.

여섯째, 번체자는 육서六書의 이론 하에서 과학적으로 창조된 것이나. 간체자는 한자의 과학적 체계를 파괴하였다.

또 어떤 사람들은 간체자 사용은 양안兩岸 통일에 불리하며, 서법書法예술을 파괴하였으며, 간체자로 된 서적을 읽을 때 쉽게 혼란을 일으킨다고 하였다. 이와 같은 간체자 반대 논리에 대해 간체자를 옹호하는 사람들은 주로 간체자가 새로 만들어진 글자가 아니고 그 중의 많은 글자는 옛날부터 내려오는 것을 그대로 사용한 것이라는 논리를 펴고 있다. 즉, 간체자 중 80% 이상은 모두 속자俗字, 초서草書 등 옛날부터 써 오던 글자라는 것이다. 어떤 학자가 388개의 간체자를 뽑아 그 내원來源을 연구하였는데, 그 결과 다음과 같은 통계 수치를 얻었다고 한다.

선진先秦 시기에 보이는 것: 49자, 12.63%
진秦·한漢 시기에 보이는 것: 62자, 15.98%
위진남북조魏晉南北朝 시기에 보이는 것: 24자, 6.18%
수隋·당唐 시기에 보이는 것: 31자, 7.99%
송宋·(금金) 시기에 보이는 것: 29자, 7.47%
원元 시기에 보이는 것: 72자, 18.56%
명明·청淸 시기에 보이는 것: 74자, 19.07%
민국民國 시기에 보이는 것: 46자, 11.86%
중화인민공화국中華人民共和國 시기에 보이는 것: 1자, 0.26%〔그 한 자는 곧 '帘'자(번체자 '簾')임〕

이를테면, '个', '条', '传', '伤', '仆', '仪', '刘', '劲', '劳', '劝', '励', '独', '单', '寿', '园', '类', '执', '宾', '实', '宝', '宠', '庙', '应', '庐', '对', '夺', '时', '书', '会', '枣', '朴', '权', '栾', '爱', '恼', '怜', '怀', '扫', '礼', '点', '异', '泪', '欢', '无', '万', '将', '质', '属', '准' 등등이 모두 그러한 부류에 속하는 글

자들이다. 이렇듯 많은 간체자는 옛날부터 내려오는 글자들을 활용한 것이어서 간체자가 중화문화의 단절이라는 등의 말은 이치에 맞지 않다는 것이다.

중국 정부가 간체자 사용 정책을 줄곧 견지하고 있으나, 그렇다고 번체자 사용을 완전히 금지시킨 것은 절대 아니다. 2001년부터 시행하기 시작한 〈중화인민공화국 국가 통용 언어 문자법中華人民共和國國家通用語言文字法〉에는 국가가 추진하고 있는 규범문자를 명확하게 규정하고 있는 동시에 번체자와 이체자(異體字: 규범한자와 음이나 뜻은 같으나 형체가 다른 글자. 예를 들면, '闇'은 '暗'의 이체자임)를 사용할 수 있는 범위도 분명하게 명시하고 있다. 그 사용 범위를 보면, 문물이나 고적, 성씨 중의 이체자, 서법이나 전각(篆刻: 나무, 돌, 금옥 따위에 인장을 새김) 등 예술 작품, 제사(題詞: 기념이나 격려의 글, 머리말)와 간판에 직접 쓴 글자, 출판·교학·연구 중에 필요하여 사용하는 경우, 국무원 관련 부서의 비준을 받은 특수한 상황 등이다. 중국에서 여행을 하다 보면 대학 교문의 교명이나 유적지 건축물의 현판 등에 쓰인 번체자를 어렵지 않게 볼 수 있다. 그리고 마오쩌둥毛澤東, 덩샤오핑鄧小平, 장쩌민江澤民 등 중국 지도자들의 제사나 제자(題字: 기념으로 몇 자 적은 글)들을 보면 번체자로 쓴 것이 많다. 또 중국에서 출간되는 고적 중에는 번체자로 된 것도 적지 않게 있다.

아무튼 중국 사람의 입장에서 보면 '간체자를 사용하면서 번체자도 아는 것用簡識繁'이 중요하다는 생각이 든다. 아울러 중국 전통문화의 전승傳承 과정 중에서 번체자의 지위와 작용을 정확하게 인식하는 것도 필요하다고 할 수 있다. 이는 중국 문화를 배우거나 연구하고 중국과의 교류 사업에 종사하는 한국 사람에게도 적용할 수 있는 사실이다. 사실 지금까지 적어도 우리나라에서 중국어를 공부하는 사람들은 이전에 번체자로 한자를 공부한 것을 기초로 하여 중국어 공부는 주로 간체자로 하고 있어 어떤 면에서 얼마간 유리한 점을 지니고 있다고 할 수 있다. 한자를 거의 모르거나 또 한자에 대한 실력이 비교적 낮은 사람들이 중국어를 배울 때도 간체자와 함께 번체자를 동시에 익혀두면 여러모로 좋은 점이 많을 것이다. 동시에 두 가지를 다 배운다는 것이 그렇게 쉬운 일이 아닐지도 모르겠으나, 그렇다고 또 아주 어려운 일도 아니다. 어떤 대학에서는 이미 그렇게 중국어를 가르치고 있다. 한자에 대해 무조건 알레르기성 반응을 일으키는 한국의 요즘 젊은 세대를 위해 그런 교학 시스템을 심각하게 고려할 필요가 있지 않을까?

PART 2

《신화자전新華字典》의 진화

《신화자전》은 중국에서 가장 발행량이 많은 책에 속한다. 1953년부터 지금까지 57년간 4억 책冊 넘게 발행하였다. 이 속에 해적판은 당연히 포함되지 않는다. 발행량, 보급 및 영향 정도는 물론 독자의 의존도로 본다면 중국인에 대한 그것의 의의는 기독교인에 대한 성경의 그것과 유사하다고 할 수 있다. 간결성, 실용성, 소형이라는 삼대 특색을 지니고 있는 이 자전을 중국에서는 초등학생과 중·고등학생이 있는 집은 거의 모두 갖고 있으며, 우리나라에서도 중어중문학과 등 중국과 관련된 학과 소속의 교수들은 거의 소장하고 있지 않을까 싶다. 중국에서 '새로운 중화中華'라는 의미의 '新華'라는 말이 붙은 사물이나 기관 등을 보면 대충 '국영', '국가' 또는 '중국 정부'라는 이미지를 연상하게 하는데, 이를테면 국영 서점인 '新華書店'이나 국영 통신사인 '新華社'가 바로 그러한 예에 속하는 것들이다. 이처럼 《신화자전》도 국가에서 주관하여 만든 자전이기에 그것에 대한 독자들의 신뢰도가 어느 사전보다 높다고 할 수 있다.

《신화자전》은 1953년 초판 이래 이미 12판이 나왔는데, 그 중에는 인민교육출판사人民教育出版社의 1953년판과 1954년판이 포함되어 있다. 그 후, 상무인서관商務印書館은 1957년, 1959년, 1962년, 1965년, 1971년, 1979년, 1990년, 1992년, 1998년과 2004년에 각각 신판을 발행하였는데, 지금까지 모두 10판이 나온 셈이다. 《신화자전》은 1953년 초판으로부터 2004년판(2004년 이후에 나온 책들은 모두 상무인서관의 발행 판수인 제10판으로 되어 있음)에 이르기까지 그 총 자수字數가 시종 50만에서 70만 자 사이를 유지하고 있는데, 2004년판의 총 자수는 66만 자이다. 이 사실은 수정자修訂者가 이 자전의 3대 특색을 고려하여 분량의 과도한 팽창을 원하지 않았기 때문일 것이다. 한자漢字: 單字수는 초판 시 6,000여 개에서 2004년판에서는 1만여 개로 늘어났다.

그러나 《신화자전》의 수정자들은 그와 같은 일정한 분량 내에서 내용을 첨가하기도 하고 삭제하기도 하면서 판수版數를 거듭하였던 것이다. 수록 글자가 적당한지의 여부, 각 글자의 형形, 음音, 의義 및 용법 등에 대해 지속적인 검사와 수정修正을 하였다.

그 중에서 단어(해당 글자의 예로 든 단어를 가리킴)의 삭제와 첨가 그리고 글자 의미義에 대한 변화가 가장 많다고 할 수 있는데, 아래에서는 그것에 대해 구체적으로 살펴보았다.

가장 눈에 띄는 것은 신조어의 첨가인데, 2004년판에서는 '期貨交易(일종의 비현금非現金, 비현물非現物 매매)', '盜版(해적판)', '光纖(광섬유)', '光盤(CD)', '白領(화이트칼라)', '藍領(블루칼라)', '社區[일정한 지역을 기초로 한 사회군체社會群體]', '超市(슈퍼마켓)', '理念(이념)', '軟件(소프트웨어)', '硬件(하드웨어)', '手機(휴대전화)', '艾滋病(AIDS)', '基因(유전자)', '綠卡(그린카드)' 등등의 단어가 새로 등장하였다. 이러한 사실은《신화자전》이 단어 선택에서 시의성時宜性을 소홀히 하지 않고 있음을 나타낸다고 할 수 있다.

《신화자전》 역시 정치적인 환경에 매우 민감하게 반응하였다. 특히 문화대혁명文化大革命 시기인 1971년판에서는 모두 1,100여 곳을 고쳤다고 하는데, 예를 들면 '呼'자의 예문에 "高呼毛主席萬歲(마오 주석 만

세를 소리 높여 부른다)"가 첨가되었다. 그리고 '社'자에 대한 예로 '社會主義'라는 단어를 들고서 매우 길게 설명하고 있다. 이 긴 설명은 1992년판에서는 보이지 않고 대신 '社交'라는 단어를 첨가하여 그것에 대해 설명하였다. 그 후, 2004년판에는 또 '社區'라는 단어를 새로 넣었다.

이데올로기 면에서 '社'자와 대립되는 글자가 '資'자인데, 1971년판에는 '資'자의 예로 '資本', '資本主義', '資金' 등을 들면서 '資本'과 '資本主義'는 '노동 착취'와 연관시켜 폄의貶義로 해석한 반면, '資金'은 "사회주의 국가가 국민경제를 발전시키는 데 사용하는 물자와 화폐."라고 포의褒義로 해석하였다. 그러한 내용은 1992년판에서 모두 사라지고 '工資(임금)'가 새로 첨가되었으며, 살아남은 '資金'도 "1. 국민경제 중 물자의 화폐 표현 2. 공상업을 경영하는 본전"이라고 석의釋義하여 중립적인 태도를 나타내었다. 이 사실은 중국이 정치적 이데올로기를 중시했던 투쟁의 시기에서 경제 중심의 시기로 전환되었음을 나타내고 있다.

또 '教'자의 예로 든 단어 중의 하나인 '宗教'의 석의를 판본별로 살펴보면 다음과 같다.

> 1971년판: "일종의 사회의식 형태로서 이른바 하느님, 신도神道, 정령精靈 등에 대한 미신. 계급사회 중에서 착취계급은 종교를 이용하여 인민의 투쟁 의지를 마비시킴으로써 그들의 반동정치를 보호한다. 종교는 인민을 마취시키는 아편이다."
>
> 1986년판(개정본): '宗教'라는 단어를 예로 들지 않았음.
>
> 1990년판: "일종의 사회의식 형태로서 객관세계에 대한 환상적, 왜곡적인 반영이며, 그것은 사람들에게 초자연적인 신령을 맹신迷信하도록 요구한다."
>
> 1998년판: "일종의 사회의식 형태로서 객관세계에 대한 환상

적인 반영이며, 그것은 사람들에게 초자연적인 신령을 맹신하도록 요구한다."

2004년판: "일종의 사회의식 형태로서 객관세계에 대한 환상적인 반영이며, 그것은 초자연적인 신령에 대한 신앙과 숭배를 제창한다."

문화대혁명이 진행 중에 출판된 1971년판에서는 종교를 대단히 부정적으로 설명하고 있다. 그 후, 1990년판에서는 비록 그 정도는 매우 완화되었지만 여전히 종교를 부정적으로 해석하였는데, 그 중에서 '왜곡적', '맹신迷信', '요구' 등의 단어로부터 그 사실을 알 수 있다. 그러나 1998년판에서는 '왜곡적'이라는 단어를 삭제하여 그 부정적인 뜻을 더욱 완화시켰다. 그러다가 2004년판에서는 '초자연적인 신령을 맹신하도록 요구한다'를 '초자연적인 신령에 대한 신앙과 숭배를 제창한다'로 하여 그 내용을 중립적으로 바꾸었다.

또 '政'자의 예로 든 단어 중의 하나인 '政治'의 석의를 판본별로 살펴보면 다음과 같다.

1971년판: "(정치)는 경제적 집중적 표현이며 계급 대 계급의 투쟁으로, 중심 문제는 정권을 탈취하고 정권을 공고히 하는 것이다."

1986년판: "정당, 사회단체와 개인의 국내 및 국제관계 방면에서의 활동."

1990년판: "(정치)는 경제적 집중적 표현이다. 표현 형식은 계급, 정당, 사회단체, 개인의 국가 생활과 국제 관계 방면에서의 활동이다."

1998년판: "계급, 정당, 사회단체, 개인의 국가 생활과 국제 관계 방면에서의 활동이다. 경제적 집중 표현이다."

《신화자전》의 서로 다른 판본들

문화대혁명이 진행 중에 출판된 1971년판에는 정치를 계급 대 계급의 투쟁으로 보고 있으며, 아울러 정치의 중심 문제를 정권의 탈취와 공고화로 여기고 있는데 이 점은 비교적 정확한 석의라고 할 수 있다. 이는 마오쩌둥毛澤東이 정권을 재 탈취하기 위해 문화대혁명을 일으킨 사실과 관련이 있지 않을까 싶다. 그의 행동을 합리화하기 위해서 말이다. 그러나 그 뒤에 나오는 모든 판본에서는 정권 탈취라는 정치의 가장 근본적인 의의에 대해서는 언급을 회피하고 있다. 이는 중국공산당 정권에 어떤 정치적 세력도 도전할 수 없음을 의미하고 있는지도 모른다. 하지만 《현대한어규범사전現代漢語規範詞典: 제2판 축인본縮印本》(李行健 主編, 北京: 外語教學與硏究出版社·語文出版社, 2010년) 속의 '政治' 항목을 보면 그 석의를 "계급, 정당, 사회단체 혹은 개인이 참여하는 국내외 투쟁과 활동. 주로 국가 정권을 탈취하고 세우며 공고히 하는 투쟁이며, 정권을 운용하여 국가와 사회를 다스리는 활동이다"라고 하였다. 중국에서 비교적 규범적인 사전이라 할 수 있는 이 사전에서는 국가 정권 탈취라는 정치의 기본적 의의에 대해 엄연히 밝히고 있어 석의 상 그 중립성을 유지하였음을 볼 수 있다

또 '科'자의 예인 '科擧'의 석의를 보면, 1971년판에서는 "수隋·당唐으로부터 청대淸代까지의 봉건왕조가 그들의 반동통치를 유지하기 위해 설치한 분과分科 시험으로 예비 문무관리文武官吏를 뽑는 제도"라고 하였다가, 1992년판에서는 '반동'이라는 어휘를 삭제하였으며, 1998년판에서는 또 '그들의 통치를 유지하기 위해 설치한'을 빼버렸다. 갈수록 정치적 이데올로기의 성격이 줄어들면서 중립적인 내용으로 바뀌게 되었다. 《신화자전》의 변천사 상에서 이와 같은 단어 의미의 중립 지향적 현상은 적지 않게 존재하고 있다. 이는 물론 시대적 추세로 보아 당연한 현상이라고 할 수 있다.

'愛'자 역시 1990년판까지는 "계급사회 중의 사랑愛은 계급성이 있는 것이다"라는 설명이 들어가 있었으나, 1992년판부터는 그것을 빼버렸다.

《신화자전》의 변천사 상에서 또 하나의 재미있는 변화는 당초 동물을 인간의 식용 여부나 인간 생활의 활용 등과 연관 지워 설명했던 것을 지금은 모두 없애버렸다는 사실이다. 그 구체적인 예를 들어보면 다음과 같다.

> 貂(담비): "… 모피는… 매우 진귀한 옷의 재료이다. ……"
>
> 狐狸(여우): "… 모피로 옷을 만들 수 있다."
>
> 鹿(사슴): "… {수컷에는 나뭇가지 모양의 뿔이 있는데}, 약에 넣을 수 있다.
>
> 雉(꿩): "{새 이름, 통칭 '野鷄'라고 한다.} … 고기는 먹을 수 있으며, 털로 장식품을 만들 수 있다."

이러한 설명은 1998년판까지 유지되다가 2004년판에서는 모두 삭제해버렸다.(위의 예문에서 { } 부분은 삭제하지 않았음) 이는 시대의 발전에 따른 중국 사람들의 환경보호의식의 제고에서 나온 결과라고 하지 않을 수 없다.

이상에서 우리는 지금까지 《신화자전》의 진화된 양상을 몇 가지의 예를 통해 살펴봄으로써, 이 자전이 시대의 흔적, 중국의 정치적 이데올로기의 변화 그리고 중국인의 의식 변화 모습을 고스란히 반영하고 있음을 알 수 있었다.

중국에 유학을 가거나 중국어를 배우는 사람으로 중국에 갈 일이 있으면 서점에 들러 이 자전을 구입해서 활용해 보기를 권한다. 현재, 가격도 16위안(약 2,700원)에 불과하여 대단히 싼 편이다. 《신화자전》은 한자 한 자 한 자를 설명하는 자전이기 때문에 중국어 단어는 많이 나오지 않는다. 그러나 적어도 중국어의 발음을 익히는 데에는 그것이 소형이라 휴대하기에 편리하고 또 표기된 발음의 정확성을 신뢰할 수 있어 아주 유용하게 사용할 수 있을 것이다.

2 PART

'양가오체羊羔體' 논란

쉬판徐帆의 아름다움은 순수한 여인의 아름다움

徐帆的漂亮是纯女人的漂亮

난 줄곧 그녀를 만나고 싶었지만, 여태껏 이루어지지 않았네

我一直想见她, 至今未了心願

사실 어릴 적 나와 그녀는 가까이 살았어

其实小时候我和她住得特近

담벼락 하나 사이에서

一墙之隔

그녀 집은 시상西商경마장 저쪽에, 우리 집은

她家住在西商跑马场那边, 我家

시상경마장 이쪽에

住在西商跑马场这边

뒤에 그녀는 인기를 얻었고, 남편을 따라

後来她红了, 夫唱妇随

훌륭하고 흥행에 성공한 많은 작품을 찍었지

拍了很多叫好又叫座的片子

난 그녀가 출연한《청의青衣》를 좋아해

我喜欢她演的《青衣》

극중의 그녀는 경극京劇에 빠졌었고, 극 바깥의 나는 경극 중의 샤오옌츄筱燕秋에 빠졌었지
剧中的她迷上了戏, 剧外的我迷上戏裏的筱燕秋
솜사탕 같은 음성으로 몐과面瓜를 부르고 또 부르는 것을 들었어
聽她用棉花糖的声音一遍遍喊面瓜
남자는 어떤 경우 여자에 의해 만들어질 수 있는 것이라고 생각해
就想, 男人有时是可以被女人塑造的
최근《탕산대지진唐山大地震》을 보러 갔지
最近, 去看《唐山大地震》
친구는 붉은 봉숭아 같은 눈을 문지르며 물었지: 너 우니?
朋友揉着红桃般的眼睛问: 你哭了吗
나는 말했지. 울긴 싫어. 단지 두 눈이 기율을 지키지 않은 거야
我说: 不想哭. 就是两只眼睛不守纪律
아직 감정을 가다듬지도 않았는데
情感还没酝酿
두 눈엔 눈물이 줄줄
它就潸然淚下
두 손은 어쩔 수 없어, 가려도 가릴 수 없네
搞得我两手無措, 捂都捂不住
손가락 사이에는 온통 흐르는 강
指缝裏尽是河流
친구가 일깨웠지. 쉬판을 만나 그녀에게 네 눈물을 닦게 하면 되겠네
朋友开导: 你可以去找徐帆, 让她替你擦淚
내가 말했지. 말도 안 돼, 그녀는 대스타야

我说: 你贫吧, 她可是大明星

친구는 말했지. 스타면 다야

朋友说: 明星怎麼了

스타면 더군다나 중국의 그 명언을 알아야 돼——결자해지

明星更该知道中国那句名言——解铃还须系铃人

나는 일리가 있다고 생각하고, 정말 쉬판을 만나러 갔지

我觉得有理, 真去找徐帆

쉬판은 꽃무늬손수건 하나를 들고 저쪽에 서 있었어. 눈빛은 앞쪽을 뚫어지게 바라보고 있었지

徐帆拎一条花手帕站在那裏, 眼光直直的

나는 그녀 앞으로 가까이 다가갔지

我迎过去, 近了

그녀는 갑자기 영화 속 장면처럼 꿇어앉았어. 심금을 울릴 정도로

她忽然像电影上那麼一跪, 跪的驚心动魄

아무 준비도 없었던 나, 별안간 두 눈을 크게 떴었어

毫無準备的我, 心兀地睁开两隻眼睛

눈물은 마치 하천 바닥을 만난 듯, 거리낌 없이 흘러내렸지

淚像找到了河床, 無所顾忌地淌

또 솜사탕 같은 음성

又是棉花糖的声音

당신 자신의 눈, 당신 자신의 눈물을

自己的眼睛, 自己的淚

좀 아끼죠

省着點

당신은 이미 감정이 풍부한 사회를 만났어요

你已经遇到一個情感豐富的社会

눈물로 수습할 필요가 있는 일이 대단히 많으니, 미리 많이 흘리지 말아요

需要淚水打點的事挺多, 別透支

가늘게 흐르는 물이 오래 오래 흐른다는 것을 배워야지요

要学会细水长流

말을 마치고 바로 몸을 돌리어 떠났지. 나는 내 자신의 팔을 꼬집어보았어. 매우 아팠어

说完就转身, 我在自己的胳臂上一拧. 好疼

이제야 알겠어. 꿈, 어떤 때는 진짜와 같다는 것을

这才知道: 梦, 有时和真的一样

위의 긴 시는 중국 시인 처옌가오車延高가 지은 〈쉬판徐帆〉이라는 시다. 처옌가오는 현재 우한시武漢市 기율위원회서기紀律委員會書記로 재직하고 있으며, 일찍이 '중국 10대 시인中國十佳詩人'으로 선정되기도 하였다. 2010년 9월 그는 중국의 권위 있는 문학상 중의 하나인 루쉰문학상魯迅文學奬을 그의 세 번째 시집인 《따뜻함으로의 지향向往溫暖》으로 받았다. 위의 시 〈쉬판〉은 이 시집 속에 실려 있지 않은 작품인데, 오히려 논쟁의 중심에 서게 된 작품이다.

쉬판은 중국에서 매우 유명한 여배우로, 영화, TV드라마, 연극 등 많은 작품에 출연한 적이 있다. 위의 시에 나오는 《청의》는 유명한 TV 드라마이며, 《탕산대지진》은 2010년에 중국에서 상영되어 흥행을 거둔 그녀의 남편 펑샤오강馮小剛 감독의 영화이다.[1] 위의 시는 곧 여배우

1_ 이 영화는 작년(2010년)에 우리나라에서도 상영되었음.

쉬판을 제목으로 삼아 팬으로서 그녀에 대한 시인의 사랑을 솔직담백하게 묘사하고 있다. 처옌가오의 또 다른 시 〈셰팡謝芳〉, 〈류이페이劉亦菲〉도 〈쉬판〉과 같이 여배우의 이름을 제목으로 삼은 작품이라고 할 수 있다. 당시 네티즌들은 그의 이러한 시를 '양가오체'라고 희화하여 불렀는데, '양가오'는 시인의 이름인 '옌가오'의 해음諧音이다. 이는 2006년 자오리화趙麗華의 짧고 구어口語적인 시를 '리화체梨花體'[2]라고 불렀던 것과 유사한 상황이라고 할 수 있다.

많은 평론가 및 네티즌들은 이와 같은 양가오체 시에 대해 그다지 좋지 않은 평가를 내렸다. "청춘기靑春期 시정詩情에 대해 시간을 초월하여 복역服役"한 시라고 하거나 작가가 관직에 있음에도 불구하고 시 속에는 현실에 관심을 두는 내용이 전혀 없으며 또한 이것은 기본적으로 시가詩歌와는 아무런 관계가 없는 것이라고도 혹평하였다. 어떤 사람은 작가가 루쉰문학상을 받은 사실을 염두에 두고서 "중국문학의 비애, 시가의 타락, 루쉰의 치욕"이라고까지 비난하였다.

그러나 작가 본인은 이와 같은 유형의 시에 대해 백화수법(白話手法: 구어수법口語手法)을 사용하여 지었으며 개인적인 감정을 지니고 지은 것이 아니라고 하면서, 스타와 백성들을 가까이 하게 하기 위해 지은 것

2_ 자오리화의 〈나는 드디어 한 그루 나무 아래에서 발견하다(我終於在一棵樹下發現)〉라는 '리화체' 시 한 편을 예로 들어본다.

한 마리의 개미
一隻螞蟻
다른 한 마리의 개미
另一隻螞蟻
일군의 개미
一群螞蟻
아마도 아직 더욱 많은 개미가 있을 것이다
可能還有更多的螞蟻

이라고도 하였다. 그러면서 자신의 시집 속에 실려 있는 시들을 모두 감상한 후에 한 사람의 시인에 대해 전면적으로 이해하고 평가해 줄 것을 요청하기도 하였다. 아무튼 세 편의 '양가오체' 작품으로 처옌가오의 전체 시 작품의 수준을 논한다는 것은 위험한 일이 아닐 수 없다.

재미있는 사실은 네티즌들이 이 '양가오체'를 모방한 시를 짓는 경우가 있는데, 그 시들을 보면 오히려 현실을 풍자하는 경우가 많다는 것이다. 하나의 예를 들어보자.

리이판李一帆의 멋짐은 순수한 도련님들의 멋짐
李一帆的帥氣是純爺們的帥氣
난 줄곧 그를 만나고 싶었지만, 여태껏 이루어지지 않았네
我一直想见他，至今未了心願
……
뒤에 그는 사람을 치었고, 인기를 얻었지
後來他撞人了，紅了
또한 "우리 아버지는 리강李剛이야"라고 소리 질렀지
還喊了句"我爸爸是李剛"

2010년 10월 16일, 허베이성河北省 바오딩시保定市의 허베이대학교河北大學에서 바오딩시 모 부서의 견습생인 리이판(리치밍李啓銘이라고도 함)이 음주 운전으로 두 명의 여학생을 치어 한 명을 사망하게 하고 다른 한 명을 부상시키는 사건이 일어났다. 당시 사고현장에서 그를 둘러싼 사람들을 향해 그는 "자신 있으면 고발해 봐. 우리 아버지는 리강이야"라고 소리 질렀다. 그의 아버지 리강은 바오딩시 모某 공안국公安局 부국장이었다. 지방 고위관리의 자녀인 리이판은 이른바 '官二代(앞

에서 언급한 '富二代'와 같은 유형3의 신조어로, '고위 관료의 자식'을 가리킴)'에 속하며, 그와 같이 배경이 좋은 아버지를 '亮爸'라고 부르기도 한다. 아무튼 당시 이 사건이 일어나자 '我爸是李刚'이라는 말이 온라인상에서 급속히 유포되면서 하나의 유행어가 되었다. 아울러 여러 판본의 노래 가사와 만화도 등장하였는데, 모두 부도덕한 '官二代'들을 풍자하는 내용으로 되어 있다.

어떤 면에서 보면, 주로 비난 받던 '양가오체'가 오히려 모방작이기는 하지만 사회 현실의 불합리나 모순을 풍자하는 글을 출현하게 한 사실은 긍정적인 면으로 평가해도 괜찮을 듯싶다.

3_ 이와 같은 유형의 신조어로 '劇二代(질과 평가 방면에서 본편보다 못한 속편 TV 드라마 등을 가리킴)', '寫二代('文二代'라고도 하는데, 문단에서 아버지나 어머니의 뒤를 이어 활동하는 작가를 일컬음)', '星二代(연예계에서 아버지나 어머니의 뒤를 이어 활동하는 자녀를 지칭함)', '軍二代(아버지의 뒤를 이어 군인이 된 자녀를 말함)'가 더 있다.

PART 2

색깔을 품은 신조어들

냉전시기冷戰時期에 가장 짙은 색깔을 띠면서 가장 지독하고 무서운 어감을 담은 우리말 낱말이 있었는데, 바로 '빨갱이'라는 말이었다. 이 단어는 이데올로기 대립의 산물로, 당연히 북한 공산주의자를 가리켰다. 지금도 특히 현 정부 들어 극우파 진영의 인사들이 이 단어를 애용(?)하는 것을 심심치 않게 듣곤 한다. 반공교육이 극성을 부리고 있었을 때, 초등학교 미술 시간에 반공 포스터를 그리면서 많은 학생들은 북한 공산주의자 인물을 빨간 색깔로 묘사하였으며, 심지어 어떤 학생은 머리에다 빨간 도깨비 뿔을 그려 넣기도 하였다. 이렇듯 당시의 '붉은 색'은 공산주의를 상징하는 색깔로 순전히 폄의貶意로 사용되었던 것이다.

이렇게 단어에 색깔을 넣어 어의語義나 어감을 더하는 경우는 중국어에서 특히 많이 보인다. 신조어가 다른 언어에 비해 많이 출현하는 중국어는 신조어 중에서도 이러한 단어들이 많이 보이고 있다.

중국어 신조어 중에는 여러 색깔 중 특히 황黃, 홍紅, 백白, 흑黑, 회灰색, 녹綠색 등을 많이 사용하는 경향이 있는데, 이들 신조어를 보면 해당 색깔의 전통적 상징 의미를 그대로 지니고 있는 것도 있으나 그렇지 않는 것도 있다.

황색은 원래 중화민족이 숭상하는 색깔 중의 하나로, 전통문화 중에는 중화민족의 대표적인 색깔로 간주되었다. 황색은 황권皇權이나 토지와 밀접한 관련이 있었으며, 그것은 또한 신성함이나 존귀함을 상징하기도 하였다. 최고 권력과 지위의 상징으로 고귀한 색깔로 여겨졌던 황색은 현대에 이르러서는 오히려 저급함 내지 하류의 상징적 의미로 주로 사용되고 있다. 이렇듯 현대적 색채 의미와 전통적 색채 의미의 차가 가장 큰 색깔이 황색이라고 할 수 있다. 신조어 중에서 황색을 지닌 어휘들을 살펴보면 대부분 부패, 타락 등을 상징하며, 또한 색정色情, 음란함과 연관된 것이 많다. 예를 들어보면 다음과 같다.

打黃: 음란물을 제작하고 판매하는 범죄활동을 소탕하는 것을 일컫는다.

黃賭毒: 색정 영업, 도박, 마약 복용 및 판매 활동을 가리킨다.

黃片: 내용이 음란한 영화를 일컫는다.

黃品: 음란물을 가리킨다.

黃情: 음란물을 제조하고 판매하거나 또한 그러한 활동에 종사하는 상황을 일컫는다.

黃色娘子軍: 매춘부를 가리킨다.

黃色網站: 색정이나 음란한 내용으로 채워진 불건전한 웹사이트를 뜻한다.

黃臺: 음란한 내용을 방송하는 전화 서비스 업체를 일컫는다.

黃窩: 음란물을 제조하고 판매하는 소굴을 가리킨다.

涉黃: 색정이나 음란물과 관련이 있다는 뜻이다.

이 밖에도 황색은 황금이나 돈을 상징하기도 하는데, 이를테면 '黃道'는 "상업에 종사하거나 장사하는 길"을 가리키는데, 상업에 종사하거나 장사하는 사람의 수중에는 돈이 있기 때문에 '黃'자를 붙인 것이다.[1] 또한 전화번호부 안의 기업 단위의 전화번호를 수록한 부분(어떤 경우에는 일반 가정 전화번호도 그 속에 포함함)을 '黃頁'이라고 한다.[2]

중국에서 홍색과 백색은 정치적인 방면에서 서로 대비되는 색깔로 사용되었는데, 즉 백색은 폄의, 홍색은 포의褒意를 나타낸다. 정서적으로 보면 중국 전통문화 중에서의 백색을 불길한 색깔로 여긴 사실과 일맥상통한다고 할 수 있다. 홍색은 선혈鮮血의 색깔로 무산계급 혁명운동을 나타낸다고 하여 일반적으로 '혁명'이라는 상징적 의미를 지닌다. 이 의미는 그것과 대비색인 백색에 영향을 미쳤는데, 백색은 차가운 색깔로 진보와 혁명을 표시하는 홍색과 상대적으로 쓰여 '반동反動'이나 '반혁명反革命'의 상징적 의미를 지니게 되었다. 신조어 중에는 비록 정치적인 의미로 쓰인 어휘는 보이지 않았지만, 적지 않은 어휘에서 백색을 부정적인 의미로 쓰고 있는데, 그 예를 들어보면 다음과 같다.

白帽子: 문화지식이 모자라고 업무를 이해하지 못하는 등의 명성名聲을 가리킨다.
白皮貨: 상표가 없는 상품을 뜻한다.
白色汚染: 폐비닐이나 폐플라스틱 등의 제품이 일으키는 환경오염을 일컫는다. 그것들의 대부분이 흰색인 까닭에 '白色'이라는 말을 붙였다. 줄여서 '白汚' 또는 '白汚染'이라고도 한다.

1_ '黃道'와 같은 유형의 신조어로 다른 색깔을 지닌 어휘도 있는데, 이를테면 '白道'는 "대학 졸업 후에 학문하는 길"('白道'가 또 다른 의미로 쓰이는 예는 다음을 참조하기 바람)을 가리키며, '紅道'는 "정치에 종사하거나 관직의 길"을 일컫는데, '紅路'라고도 한다. 또 '藍道'는 "출국하여 유학하는 길"을 뜻한다.

2_ 전화번호부 안의 당정기관(黨政機關)이나 사회단체의 전화번호를 수록한 부분을 '白頁'라고 한다.

白色垃圾: 폐비닐이나 폐플라스틱 등의 제품을 가리킨다.
白色災難: 백색오염이 가져오는 재난을 일컫는다. 줄여서 '白災'라고도 한다. 비슷한 말로 '白色公害'도 있다.

백색은 또 고대나 현대를 막론하고 긍정적인 의미로 쓰이기도 하였는데, 이는 백색의 중요한 상징적 의미가 '순결함'과 '순수함'이라는 사실과 관련이 있다고 할 수 있다. 신조어 중에서도 백색을 긍정적인 의미로 쓰고 있는 어휘가 보이는데, 그 예를 들어보면 다음과 같다.

白道: 정당한 경로를 일컬으며, 주로 '官方'을 말한다. '黑道'와 상대적으로 쓰인다.
白色收入: 정당한 직업을 통해 얻은 임금, 보너스, 보조금 등의 합법적인 수입을 가리킨다. '黑色收入'과 상대적으로 쓰인다.[3]
白市: 공개적이며 합법적으로 매매하는 시장을 뜻한다. '黑市'와 상대적으로 쓰인다.

이상에서 보면, 백색의 포의 용법은 대부분 흑색과 상대적으로 쓰이는 어휘에서 보인다. 이렇듯 중국어에서 흑색은 대부분 부정적인 의미를 나타내는 어휘에 사용되는데, 주로 '불법', '비밀', '비공개' 등의 상징적 의미를 나타낸다. 중국어에서 불법의 조직폭력배 사회를 '黑社會'라고 하는 것이 그 대표적인 예이다. 신조어 중에 위에서 언급한 것 외에 예를 더 들어보면 다음과 같다.

3_ 합법도 아니고 불법도 아닌 성격의 수입을 '灰色收入'이라고 한다.

打黑: 조직폭력배와 관련된 범죄활동을 소탕하는 것을 일컫는다.

反黑: 조직폭력배와 같은 범죄단체를 반대하고 소탕하는 것을 가리킨다.

黑裁: 경기 규칙에 의거하지 않고 판정을 하거나 처벌을 하는 심판을 일컫는다.

黑彩: 불법 복권을 가리킨다.

黑導: 불법 가이드를 일컫는다.

黑哨: 축구나 농구 등 구기 종목 경기에서 심판의 불공정하고 편파적인 판정을 가리킨다.[4] 여기서 '哨'는 심판이 사용하는 호루라기를 말한다.

黑工: 불법적인 일 혹은 불법 근로자를 일컫는다.

黑孩: '黑孩子'라고도 하는데, 계획생육計劃生育을 초과하여 낳아 출생 신고를 하지 않아 호적이 없는 아이들을 가리킨다. 이 중에는 미혼모가 낳은 아이들도 있다.

黑價: '黑市' 가격을 일컫는다.

黑金: 정계에서 뇌물 등 불법 활동에 사용되는 돈을 가리킨다.

黑的: 불법 영업을 하는 택시를 일컫는다.

黑卡: 위조 신용카드를 가리킨다.

黑客: 해커hacker를 일컫는다.[5]

黑領: 고용되어 더럽고 고생되는 일을 하는 사람을 가리킨다.[6]

4_ 심판이 축구협회가 원하는 대로 판정을 하는 것을 '紅哨'라고 하며, 수단을 은폐하고 사람들이 알아차리지 못하게 하는 '黑哨'를 '灰哨'라고 한다.

5_ 앞의 글 참조.

6_ 중국어에 화이트칼라를 직역한 '白領'이라는 말이 있는데, 위의 '黑領'은 이 말에서 파생되어 나온 것이다. 이 밖에도 정신노동에 종사하는 여성을 '粉領', 국가 기관에서 일하는 사람을 '紅領', 지식형 산업에서 영업 혹은 수리하는 사람을 '灰領', 지식형 고급 기술자를 '金領', 육체노동자 즉 블루칼라를 '藍領'이라고 한다.

黑色汚染: 거리나 골목에 복잡하게 거미줄 같이 얽혀 있는 전화선을 일컫는다.

涉黑: 조직폭력배 활동에 연루된 것을 가리킨다.

이상의 흑색 관련 신조어를 보면 예외 없이 모두 부정적인 의미를 나타내는 어휘들이다. 앞의 황색이나 백색 관련 신조어 중 부정적인 의미의 어휘까지 포함시킨다면 그 수가 결코 적지 않다. 이는 개혁·개방 이후의 중국 사회가 그만큼 문제가 많다는 것을 간접적으로 나타내고 있다고 할 수 있다.

최근에는 녹색과 관련된 신조어들이 매우 많이 출현하고 있는데, 이는 당연히 친환경적 내지 친자연적 풍조가 중국에서도 유행하고 있기 때문일 것이다. 아울러 중국 사람들도 경제적으로 이전보다 나아짐에 따라 자신의 건강 및 환경보호 등에 관심을 가지기 시작했음을 의미하기도 한다. 2008년 베이징 올림픽을 '綠色奧運(녹색올림픽)'이라는 모토를 내걸고 개최한 것을 봐도 그 사실을 잘 알 수 있다. 여기서 녹색과 관련된 신조어를 더 들어보면 다음과 같다.

綠色包裝: 환경보호 표준에 부합하는 포장을 가리킨다.

綠色冰箱: 냉각제로 프레온氟利昂 가스를 사용하지 않고 제조하여 환경보호에 유리한 냉장고를 일컫는다.

綠色標志: 줄여서 '綠標'라고 하는데, '機動車綠色環保標志'의 약칭이다. 또한 '綠色食品(녹색식품)'의 표지를 나타내기도 한다.

綠色餐飮: 안전, 건강 및 환경보호 요구에 부합하는 음식을 말한다.

綠色廚師: 환경보호를 중시하여 희귀동식물로 요리하는 것을 거절하는 요리사를 가리킨다.

綠色電池: 오염을 일으키지 않는 전지를 뜻한다.

綠色動力: 오염을 일으키지 않는 동력을 일컫는다.

綠色飯店: 환경보호, 건강, 안전을 모토로 하여 생태를 보호하고 자원을 합리적으로 사용하는 호텔을 가리킨다.

綠肺: 삼림녹화가 이루어진 지역을 비유법으로 '대지大地의 綠肺(녹색 폐)'라고 한다.

綠色革命: 농업기술혁명을 뜻한다.

綠色建築: 에너지를 가장 많이 절약하고 가장 효율적으로 자원을 이용하며 환경 부하가 가장 낮은 생태건축을 일컫는다.

綠色經濟: 시장으로써 유도하고 전통산업경제로 기초 삼아, 경제와 환경의 조화를 목적으로 하는 새로운 경제 형식을 뜻한다.

綠色空調: 환경보호형 에어컨을 말한다.

綠色氣車: 오염과 소음이 적고 공해가 없는 자동차를 일컫는다.

綠色社區: 환경보호를 중시하는 어떤 한 주거 지역 단위를 말한다.

綠色生態小區: 생태와 환경보호를 중시하는 작은 단위의 지역을 뜻한다.

綠色食品: 환경오염이 되지 않거나 식용에 안전한 영양 식품을 가리킨다.

綠色手機: 환경보호형 핸드폰을 일컫는다.

綠色通道: 장애물이 설치되어 있지 않고 신속하고 편리하게 통과할 수 있는 통로를 말한다.

綠色網站: 메인 페이지에 그림이나 움직이는 화면 등이 없는 웹사이트를 일컫는다. 혹은 내용이 건전하고 지혜를 길러주며 생

명과 활력이 충만한 웹사이트를 뜻하기도 한다.[7]

綠色文化: 한 국가 혹은 한 지역에서 나무의 종류, 삼림森林의 배치, 원림園林 건설의 특색 등이 드러내는 문화현상을 말한다. '綠文化'라고도 한다.

綠色消費: 생태균형을 파괴하지 않거나 환경을 오염시키지 않는 소비를 가리킨다.

綠色照明: 환경보호를 중시하는 조명을 일컫는다.

이상에서 우리는 녹색과 관련된 신조어들은 대부분 환경보호나 생태 등과 관련이 있으며, 설사 그것과 관련이 없는 어휘들도 모두 긍정적인 의미를 지니고 있음을 알 수 있다. 녹색은 식물 성장 중 가장 기본적인 색깔로, 생기가 충만한 느낌을 줄 뿐만 아니라 이미지 상 자연과 가장 가까운 색이라는 사실만을 보아도 부정적인 요소는 조금도 찾아볼 수 없다.[8]

중국 사람들은 이제 '혁명'과 '투쟁'을 상징하는 '홍색'이 아니라, '환경보호'와 '생태'를 상징하는 '녹색'에 더 많은 관심을 가지게 되었다. 이제 그들은 개인적으로 더 나은 생활의 질을 추구하는 문제에 더욱 관심을 가지게 된 것이다. 그러나 가장 중요한 사실은 사회적으로 심각한 문제가 되고 있는 '흑색'의 요소들을 적어도 최소화 하거나 제

7_ '黃色網站'과 '綠色網站' 외에 '紅色網站'이라는 말이 더 있는데, 이는 대학교 혹은 기업 단위에서 당정생활(黨政生活)을 주제로 삼아 당의 사상노선이나 정책방침과 당에 관한 기본지식을 홍보하는 사상 및 정치교육 웹사이트를 가리킨다.

8_ 최근 보도에 의하면, 개혁·개방 정책을 실시할 당시 '黑猫白猫論(검은 고양이든 흰 고양이든 쥐만 잡으면 된다)'으로 대표되는 덩샤오핑의 경제성장 제일주의 대신 환경을 강조하는 '綠猫論(환경을 지키는 녹색 고양이)'이 등장하였다고 한다. 중국 정부는 2011년부터 실시되는 제12차 경제사회5개년계획(2011-2015년, 12·5계획)의 주요 내용 가운데 환경보호 정책을 첫 번째로 내놓고 있다.(《경향신문》2011년 2월 23일자 참조)

거하는 일이다. 그러한 요소들을 방치한 채로 남겨두고 그냥 더 나은 생활의 질만을 추구하는 것은 사상누각沙上樓閣에 불과할 뿐이다.

| 참고문헌 |

中國社會科學院語言研究所詞典編輯室 編,《現代漢語詞典》(第3版), 北京: 商務印書館, 1994.

姚漢銘 編著,《新詞新語詞典》, 西安: 未來出版社, 2000.

林倫倫·朱永鎧·顧向欣 主編,《現代漢語新詞語詞典(1978-2000)》, 廣州: 花城出版社, 2000.

宋子然 主編,《漢語新詞新語年編(1997-2000)》, 成都: 四川人民出版社, 2002.

王均熙 編撰,《當代漢語新詞詞典》, 上海: 漢語大詞典出版社, 2003.

宋子然 主編,《漢語新詞新語年編(2001-2002)》, 成都: 四川人民出版社, 2004.

曲偉·韓明安 主編,《當代漢語新詞詞典》, 北京: 中國大百科全書出版社, 2004.

李行健 主編,《現代漢語規範詞典》, 北京: 外語教學與研究出版社·語文出版社, 2004.

沈孟瓔 主編,《新詞新語詞典》, 成都: 四川辭書出版社, 2005.

宋子然·楊小平 主編,《漢語新詞新語年編(2003-2005)》, 成都: 巴蜀書社, 2006.

文滙新民聯合報業集團新聞信息中心 發布,《2005發布榜中國流行語》, 文滙出版社, 2005.

文滙新民聯合報業集團新聞信息中心 發布,《2006發布榜中國流行語》, 文滙出版社, 2006.

文滙新民聯合報業集團新聞信息中心 發布,《2007發布榜中國流行語》, 文滙出版社, 2007.

夏中華 主編,《中國當代流行語全覽》, 上海: 學林出版社, 2007.

許威漢,《漢語詞匯學導論》, 北京: 北京大學出版社, 2008.

符準淸,《現代漢語詞匯》, 北京: 北京大學出版社, 2008.

李行健 主編,《現代漢語規範詞典: 第2版 縮印本》, 北京: 外語教學與硏究出版社·語文出版社, 2010.

姜春華·梁伍鎭·徐希明·鄭宇碩·金祉延 공편,《中韓新造語辭典》, 서울: 현학사, 2002.

강춘화,《중국신조어 최전선》, 서울: 바다출판사, 2003.

국립국어원 편,《사전에 없는 말 신조어》, 서울: 태학사, 2007.

姚漢銘,《新詞語·社會·文化》, 上海: 上海辭書出版社, 1998.

張紹麒,《漢語流俗詞源硏究》, 北京: 語文出版社, 2000.

王珏,《現代漢語名詞硏究》, 上海: 華東師範大學出版社, 2001.

郭伏良,《新中國成立以來漢語詞匯發展變化硏究》, 保定: 河北大學出版社, 2001.

陳建民,《漢語新詞語與社會生活》, 北京: 語文出版社, 2002.

揚華,《漢語新詞語姸究》, 哈爾濱: 黑龍江教育出版社, 2002.

曹滙,《現代漢語詞匯硏究》, 北京: 北京大學出版社, 2003.

史有爲,《漢語外來詞》, 北京: 商務印書館, 2003.

葛本儀,《現代漢語詞匯學》, 濟南: 山東人民出版社, 2004.

曹煒,《現代漢語詞匯硏究》, 北京: 北京大學出版社, 2004.

周薦,《二十世紀現代漢語詞匯論著指要》, 北京: 商務印書館, 2004.

陳光磊 主編,《改革開放中漢語詞匯的發展》, 上海: 上海人民出版社, 2008.

김다은,《발칙한 신조어와 문화 현상》, 서울: 도서출판 작가, 2006.

梁曉虹,〈論梵漢合璧造新詞〉,《福建師範大學學報》(哲學社會科學版), 1986(4).

王德春,〈漢語新詞語的社會文化背景〉,《世界漢語教學》, 1990(3).

陳榴,〈漢語外來語與漢民族文化心理〉,《遼寧師範大學學報》(社會科學版), 1990(5).

王偉,〈淸末四部小說中的外來語硏究〉,《遼寧教育學院學報》, 1992(1).

陳光磊,〈改革開放中漢語詞匯的變動〉,《語言教學與硏究》, 1997(2).

孫曼均,〈北京的流行詞語與當代北京城市文化〉,《語言文字應用》, 1998(3).

雷池月,〈新詞正義管見點滴〉,《東方文化》, 2003(4).

王雲路,〈試論外族文化對中古漢語詞匯的影響〉,《語言硏究》, 2004(1).

王樹建,〈漢語吸收外來語的歷史及特點〉,《語文學刊》(高教版), 2005(5).

曹成龍,〈倣擬造詞與漢語新詞語〉,《중국어문학》제45집, 2005.6.

浩富,〈新新人類多少'族'〉,《華人時刊》, 2007(8).

김혜순,〈中國 流行語에 대하여—인터넷 유행어를 중심으로〉,《중국어문학》제45집, 2005.6

| 부록 |

개혁 · 개방 중 중국어 어휘의 새로운 변화*

개혁·개방 후 중국인들의 언어생활 및 언어 자체에 주목할 만한 변화가 생겼는데, 특히 중국어 어휘에서 심상치 않은 대변동이 발생했다. 이는 5·4 신문화운동 시기 및 중국 건국 시기의 어휘 변화와 함께 20세기 중국어 어휘 발전에 있어 세 개의 정점을 이루게 될 것이다. 물론 각 시기마다 나타난 어휘 및 그 변화의 시대간 격차는 존재한다. 5·4시기 및 신중국新中國 건국 시기와 비교해 볼 때, 현재의 개방심리와 개혁정신 및 현대화 의식이 훨씬 강하기 때문에 언어의 운용 역시 새로운 색채와 격조를 추구하고 창조적인 것을 시도하는 열정과 능력으로 가득 차 있다. 따라서 개혁개방 시기의 중국어 어휘 변화의 범위와 속도가 전무후무한 것이었음은 의문의 여지가 없다. 또한 중국어 어휘의 이러한 변화의 추세와 특징을 연구 조사하고, 더 나아가 중국어 어휘의 규범화 문제를 토론하여 어휘의 새로운 형식을 예측하는 것은 현실적으로 매우 의미 있는 중요한 과제이다.

*_이 글은 陈光磊 주편의《改革開放中漢語詞匯的發展》(上海: 上海人民出版社, 2008) 중의 제1장 서론(〈緖論: 改革開放中漢語詞匯的新變〉) 부분을 번역한 것임.

I. 신시기新時期 중국어 어휘 변화 추세

여기에서 먼저 개혁·개방 이후 중국어 어휘 변화의 추세와 특징에 대해 개괄하여 논하고자 한다.

1. 외래어 '수입'의 새로운 물결

1980년대 중국의 개방과 함께 다른 지역의 정보 담체擔體로써 외래어가 동시에 유입되었다. 외래어의 대량 '수입'으로 한어와 외래어 도입의 새로운 물결이 형성되었다. 또한 사람들, 특히 청년 세대는 언어 사용에 있어 참신함과 차별성을 추구하고 심지어 서구 지향적인 부분이 있었기 때문에 당시 언어생활에서 외래어 사용이 유행했다. 외래어가 중국어에 유입된 방식은 대략 다음의 몇 가지로 분류할 수 있다.

1) 원문 직접 사용(약칭 및 약어 포함): 대부분 상품 혹은 회사 등의 고유 명칭이거나 과학 기술 명사

예: PHILIPS, CITIZEN, IBM, MTV, XO

2) 음역

예: 拜拜bye-bye, 巴士bus, 的士taxi, 香波shampoo, 托福TOEFL

3) 의역

예: 健美body building, 代溝generation gap, 熱點hot point, 信用卡credit card, 公共關係public relations, 跳蚤市場flea-market

4) 음역과 의역의 결합

예: 迷你裙mini skirt, T恤衫T-shirt, 耐克鞋Nike, 霹靂舞break dance

5) 한자와 외국 문자의 결합

예: 卡拉OK, T恤(원문과 음역 각 1/2), BP機, CT掃描, VCD影視機(원문과 의역 각 1/2)[1]

이 가운데 세 번째인 의역된 어휘는 비교적 은성隱性 외래어지만, 다른 몇 가지들은 비교적 현성顯性 외래어이다. 여러 외래어들이 방송과 언론 및 상점의 영업에서 활발하게 사용되고 있을 뿐만 아니라 일반 국민들의 가정에까지 진입하였다.

외래어의 유입과 흡수는 국제 교류에서 필연적으로 나타나며 반드시 필요한 것이기도 하다. 이는 또한 민족의 언어를 풍부하게 만들어 주는 중요한 방법 중의 하나이다. 이 문제에 있어서 '서양을 두려워'한다거나 '서양을 숭배하는' 것은 모두 옳지 않을 뿐만 아니라 그렇게 해서도 안 된다. 개방된 자세로 외래어를 적극적으로 받아들여야 할 뿐만 아니라 민족의 언어를 존중하고 사랑해야지 맹목적인 서구 지향으로 외래어를 남용해서는 안 된다. 상점·호텔·상품·상표뿐만 아니라, 더 나아가 자녀의 작명에까지 외래어 사용을 선호하거나 함부로 사용하는 것은 바람직하지 않다.

2. 홍콩香港과 타이완臺灣 어휘의 '대륙 진출', 광둥어廣東語의 강세, 베이징어北京語의 명성

홍콩과 타이완 어휘의 '대륙 진출'로 광둥어가 강세 방언으로 부상하면서 중국어 어휘 변화에 동남풍이 불기 시작했다. 또한 보통화의

1_ 陈章太, 〈普通話詞匯规範問題〉 참조. 제1회 語言文字應用學術討論會 논문, 1995년 12월.

기초 방언인 베이징어—북방 방언의 중심—역시 명성 있는 방언으로서의 중요한 역할을 하기 시작했다.

홍콩과 타이완은 중국어 운용에 있어서 중요한 지역이다. 역사적인 요소가 언어에 반영되었는데, 주로 어휘에 많은 차이점이 생겨났다. 홍콩과 타이완의 어휘는 개방과 함께 대륙으로 유입되었다. 이러한 어휘들은 어디서 본 듯한 낯선 사람처럼 '알고 있는 글자로 이루어진 새로운 어휘'이다. 즉 어휘를 구성하고 있는 '글자(형태소形態素)'는 익숙한 것이지만, 그 글자들로 구성된 어휘는 낯설다. 예를 들어 運作·資深·共識·認同·物業·架構·飲品·展銷·髮廊·減肥·牛仔褲·美食城·度假村 등이 있다. 대부분은 보통화에서도 이에 상응하는 표현들을 찾을 수는 있지만 완벽하게 같지는 않다. 이러한 어휘들이 드러내는 의미·색채·격조의 차별성으로 인한 신선함 때문에 사람들이 기꺼이 이들을 인정하고 받아들이게 된 것이다. 통계에 따르면 최근 10년간 보통화로 받아들여진 홍콩과 타이완 어휘는 최소 6~700개이다.[2] 또한 홍콩과 타이완은 역사적으로 외래어에 대해 매우 개방적인 태도를 취했기 때문에, 광범위하게 대량의 외래어를 받아들였다. 중국 대륙이 받아들인 많은 외래어 어휘는 홍콩과 타이완을 거쳐 '대륙 진출'을 한 것이다.

이와 관련하여 홍콩과 마카오와의 특수한 관계 때문에 광저우廣州 일대의 광둥어는 주목받는 시장 가치를 지니게 되었다. '돈이 되는 방언 money dialect'인 광둥어는 강세방언强勢方言[3]으로 전국에 유행하였다. 광둥어 학습 '붐'이 일었고, '炒魷魚'·'發燒友'·'電飯煲'·'焗油'·'鴻運扇'·'收銀臺'와 같은 광둥어 어휘도 도처에서 볼 수 있었다. 심지어 "的士"같은 광둥어 음역 어휘 역시 베이징까지 북상하여 베이징 사람들이 택시 타는

2_ 陈建民, 〈普通話對香港詞語的取捨問題〉, 홍콩 《語文建設通訊》 1994년 3월.

3_ powerful dialect.(역자 주)

것을 '打的'라고 했을 뿐만 아니라, 더 나아가 렌트용 삼륜차를 '板兒的'라고 부르게 되었으니, 언어의 남북 결합이자 동서양의 결합이었다.

상하이의 경제 발전과 푸둥浦東의 개방 및 개발로 오어吳語4의 중심인 상하이어도 강세를 띠어 '大興貨'·'解套'·'割肉'·'搗漿煳' 등도 광범위한 영향을 주었다.

광둥어와 상하이어 등이 보통화에 더 많은 어휘 자양분을 공급해 줄 수 있기 때문에 민족 공동어 발전 촉진에 도움이 된다. 그러나 협의의 지역 개념과 방언 감정에 근거하여 자신들의 방언이 '보통화와 대등'해질 수 있다고 생각한다면, 보통화의 보급을 방해하고 배척하게 될 것이다. 이러한 부정적인 영향을 예방해야 한다. 실제로 중국 각 지역의 경제 교류가 증가함에 따라 보통화는 한층 더 보급되고 보편화 되었으며, 국제적으로도 중국의 공통어로써 보통화의 시장 가치가 나날이 높아질 수밖에 없다. 따라서 광둥어와 같은 강세 방언이 보통화에 가까워지도록 하고, 차별성이 생기는 것을 제한해야 한다.

베이징어는 명성이 가장 높은 방언이다. 베이징은 중국 정치·문화의 중심이자 언론의 근거지이기 때문에 베이징어 어휘는 전국 여러 지역에서 쉽게 받아들여진다. '蓋'·'帥'·'火'·'倒爺'·'侃大山'·'大腕兒'·'傍大款'과 같은 베이징식 어휘가 매우 빨리 전파되고 유행되어 이미 보통화가 되었거나 보통화가 되어가고 있다.

3. 일부 옛날 어휘의 '부활'

일부 옛날 어휘가 새로운 어휘로 '부활'하는 것 역시 중국어 어휘

4_ 상하이·장수성(江蘇省) 동남부·저장성(浙江省) 대부분 지역의 방언.(역자 주)

변화의 한 유형이다.

계획경제 시기에는 원래 시장 경제 및 시장 경제의 문화 의식을 반영하던 어휘들이 옛날 어휘가 되어 거의 소멸 위기에 처했었다. 그러나 개혁·개방 이후, 이처럼 사라졌던 어휘들이 다시 사회의 사교 무대에 등장하였다. 예를 들어 股份·股東·典當·股票·證券交易·炒買炒賣·通貨膨脹 등이 잇달아 사용되었다. 또한 招標·回扣·小費·拍賣·選美·賣淫·紅燈區/街·夜總會 등이 점차 다시 나타났으며, 老板·經理·董事長·經紀人·太太·小姐·保鏢 등이 하나씩 다시 등장했다.

연배가 높은 사람들은 이러한 어휘에 대해 개탄해 마지않았다. 심지어 반감을 드러내고 이런 어휘 사용에 '신중'을 기할 것을 호소하는 글을 언론사에 보내기도 했다. 사실 언어는 사회생활의 거울이다. 일부 사회 현상들이 다시 나타난다면 그것을 표현하는 어휘의 '부활' 역시 당연한 것이다. 물론 옛날 어휘의 재사용이라고 해도 결코 옛날 의미 그대로 사용되는 것은 아니며, 부활 당시의 사회의식이 이 어휘에 부여된다. 과거에 폄의, 심지어 증오의 의미도 지니고 있던 '大亨'·'豪門'·'富豪'·'貴族'와 같은 어휘들이 현재에는 옛날 의미에서 바뀌어 새로운 뜻을 갖게 되었다. 이 어휘들을 사용해 부유함을 추구하거나 드러내는 것을 표현하게 된 것이다. 따라서 '大亨酒家'·'豪門海鮮樓'·'大富豪娛樂總匯'와 '貴族牌'·'大亨牌'·'富豪牌'처럼 이러한 어휘를 사용해 상호나 브랜드명을 만드는 것이 유행했다. '凉霸'·'淨霸'·'聲霸'·'視霸'처럼 상품을 '霸'라고 부르는 것도 한때 유행했다.

4. 신조어의 '범람'

신조어의 '범람'은 최근 몇 년간 중국어 어휘 변화의 주요 추세이자

기본적인 특징이다.

개혁·개방된 중국에는 새로운 사물과 새로운 관념이 끊임없이 나타났다. 이들을 표현할 수 있도록 어휘 역시 직접적인 반응을 보여 적시에 신조어를 구성하였다. 대량의 신조어가 나타났으며, 전대미문의 어휘량과 출현 속도 및 전파 속도를 보여주었다. 于根元·劉一玲이 편찬한 《漢語新詞語》 편년본編年本(1991년부터)에 따르면 신조어는 매년 수백 개에서 천여 개씩 증가하고 있다. 예를 들어 特區·創收·空嫂·軍嫂·離休·待業·下崗·打假·大款·爆炒·炒家·官倒·博道·個體户·洋插隊·哥們兒·姐們兒·國庫券·立交橋·希望工程·反腐倡廉·一國兩制 등은 만들어지자마자 바로 언론매체를 통해 광범위하게 유통되었다. 이를 공업·농업·경제·학술·군사·과학기술 등의 항목으로 나누어 수집한다면 이 역시 매우 의미 있을 것이다. '股市'라는 항목의 경우 股民·股友·股勢·股盲·股經·股東工人·公股·私股·塬始股·二手股·上市股·職工内部股·認股·炒股·配股처럼 '股'로 만들어진 어휘가 셀 수 없이 많다.

Ⅱ. 조사법造詞法·구사법構詞法·용사법用詞法의 새로운 현상 출현

개혁·개방으로 인한 중국어 어휘 변화는 조사법[5]·구사법[6]·용사법[7]

5_ 신조어를 만드는 방법을 일컫는다. 언어 중의 신조어는 그냥 나온 것이 아니며, 그 조어(造語) 활동은 반드시 일정한 기초 위에서 이루어져야 한다.(역자 주)

6_ '구사수단(構詞手段)'이라고도 칭함. 단어의 내부 구조의 규율과 방식을 가리키며, 또한 단어 내부의 형태소 조합의 습관적인 방식을 말한다.(역자 주)

7_ 신조어를 만드는 데 기존의 단어를 활용하는 방법을 가리킨다.(역자 주)

에서 나타났으며, 아래와 같은 새로운 현상과 특징을 보여준다.

1. 신조어의 주요 구성 방식인 통사統辭 조합

중국어 신조어는 대부분 통사 조합의 방식으로 구성된다. 그 중 특히 편정 관계의 조합 방식이 다수를 차지한다. 예를 들어 弱智·港商·群蛀·個體户·宏觀調控은 모두 편정식偏正式이며, 調價·翻番·扶貧·待業는 동빈식動賓式, 團伙·展銷·影視·評估는 연합식聯合式으로 모두 통사 조합 방식으로 구성된 것이다. 이는 한어 구사법의 전체적인 특징에 부합되도록 신조어가 만들어지고 또 구사법의 특징을 잘 나타내준다는 것을 의미한다. 즉 1. 성분 조합의 직접성으로 형태소와 형태소가 긴밀하게 연결되어 어휘를 이룬다. 2. 성분 서열의 고정성으로 구사構詞 성분의 배열순서가 안정되어 있어 바뀌지 않는다. 3. 편정 격식의 생산성으로 여러 조합 방식 가운데 편정 격식이 가장 광범위하게 사용되었다.

2. 새로운 접사 혹은 유접사類接詞의 탄생

신조어의 구성에서 일부 새로운 접사接詞 혹은 유접사[8]가 나타났으며, 여기에서 일련의 새로운 파생어 혹은 유파생어類派生語가 등장했다. 예를 들어 '熱'(出國熱·文化熱·股票熱), '角'(英語角·戀愛角·集郵角), '度'(透明度·知名度·新鮮度), '風'(送禮風·攤派風·吃喝風), '族'(上班族·追星族·名牌族), '門'(拉鏈門·艷照門·老虎門, '門'으로 어떠한 나

8_ 어근(語根)과 접사 사이의 성격을 지니고 있으며, 아울러 접사화 경향을 지니고 있는 형태소를 가리킨다.(역자 주)

뻔 사건을 나타냄), '軟'(軟讀物·軟科學·軟任務), '零'(零距离·零接觸·零首付) 등은 모두 상당히 강력한 생산성을 갖고 있다. 일부 형태소는 원래 결합성이 뛰어나지 않고 어의도 그다지 허화虛化되지 않았음에도 광범위하게 사용되어 유접사로 변화되었다. 예를 들어 '壇'은 원래의 '文壇'과 같은 어휘 이외에도 泳壇(游泳界)·箭檀(射箭運動界)·劍壇(擊劍運動界)·拳壇(拳擊界)·郵壇(集郵界) 등의 어휘가 생겨났다.

3. 축약: 신조어 구성의 중요 수단

최근 30년간 축약과 약칭은 신조어 구성의 중요한 방식이었다. 예를 들어 博導(博士生導師)·建材(建筑材料)·公關(公共關係: 원래 의역된 외래어였으나, 약칭으로 사용되어 정통 한어 어휘가 되었음)·公交(公共交通)·特困户(特别困難户)·两個文明(社會主義物質文明과 社會主義精神文明)과 같은 것들이 그러한 경우이다. 이러한 약칭 어휘들은 경제적이고 간결하게 표현하고 쌍음절을 주로 사용하는 중국어 구사 특징에 맞추기 위해 단어를 축약해서 만들어진 것이다. 이는 발전 추세에 있는 중국어 신조어의 창조 방식이다. 축약이라는 조사법으로 구성된 어휘를 구사법으로 분석하면 명사성名詞性 편정어偏正語의 비율이 가장 높다. 예를 들어 案源(案件來源)·家教(家庭教師)·車檢(車輛檢查)·迪廳(迪斯科舞廳) 등이 있다. 또한 다른 구사 격식들도 있는데 節能(節約能源)은 동빈식, 翻番(翻一番)은 동보식動補式, 通脹(通货膨脹)은 주위식主謂式, 影視(電影電視)·展銷(展覽览銷售)·評估(評議估價)는 연합식이다.

4. 전문용어의 통용화

전문 과학 어휘와 업계 어휘의 통용화로 전문 영역의 전문 용어가 보통화의 어휘로 전환되거나 범용되었다. 이는 현대 한어 신조어 발전의 또 다른 추세이다. 예를 들어 물리·화학에서의 '效應'은 어떠한 반향이나 효과를 일으키는 용어로 널리 사용되어 '深圳效應'·'明星效應', 심지어 '文化衫效應'이라고 사용되었다. 또한 '滑坡'(지구 과학 명사)·'反思'(철학 명사)·'黃牌警告'(축구 경기 용어)가 통용 어휘가 된 것 역시 의미의 범용화汎用化로 인한 것이다. '工程'·'意識'·'文化'처럼 원래 비교적 '넓은' 의미를 갖고 있던 어휘들이 '좁은' 의미로 사용되기 시작하면서 '再就業工程'·'送溫暖工程'·'風險意識'·'名牌意識'·'狗文化'·'厕所文化'와 같은 말들이 나타났다. 이는 일부 품격 높은 서면어書面語의 통속화이자 일용화日用化라고 할 수 있다. 이에 상응하여, 혹은 대조적으로 상당히 많은 시민 계층의 유행어나 업계 용어들이 통용화 되기 시작하였다. 예를 들어 '美子'(달러)·'跌份儿'(체면을 잃다)·'托爺'(옆에서 고객 끄는 것을 도와주는 사람)·'割肉'(본전을 까먹다)처럼 원래 문화적 품격이 낮았던 어휘들이 다른 계층으로까지 확산되었다.

5. 활발한 수사修辭 조사造詞

수사로 만들어진 신조어도 대단히 많이 보인다. 예를 들어 '菜籃子'는 부식품 공급을 의미하는데, 여기에서 '抓菜籃子'·'菜籃子工程'과 같은 일련의 용어들이 파생되었다. '紅眼病'은 다른 사람에게 좋은 일이 생기는 것을 질투하는 나쁜 마음을 비유하는 것인데, 이것도 습관적인 표현법이 되었다. 비유의比喩義·차용의借用義와 같은 수사적 의미로 만들어진 신조어는 생동감이 있고 이미지화 되어 있기 때문에 대중들에게 쉽게 다가선다. 이 시기에 나타난 많은 관용어들은 대부분 이렇게 만들어졌다. 예를 들어 '南風窗'(외국이나 홍콩·마카오로부터의 수입이 있는 것을 비유함)·'打擦邊球'(정책의 임계점을 이용해 이익을 얻는 것을 비유 함)·'倣羊皮'(경제 개혁에서 기업이 삼자기업三資企業을 모방하여 경영체제를 바꾸는 것으로 '倣'은 모방, '羊'은 '洋'과 통하며, '皮'는 외면 즉 경영 체제의 어떠한 형식을 의미함)이 그러한 경우이다. 또한 '大哥大'(이동전화기를 휴대한 사람이라는 뜻에서 이동전화기를 지칭하게 되었음)에서 '大姐大'·'二哥大'·'超哥大'와 같은 어휘들이 파생되었다.

6. 외래어의 '중국화中國化'

외래어가 대량 유입되고 받아들여질 때 이러한 외래어들이 한어의 조사造詞 및 구사構詞 형식에 융화되도록 '중국화'하였다. 두드러지는 특징은 다음의 두 가지가 있다. 첫째, 외래어를 음역할 때 한자의 음과 의미를 모두 고려해 어감 상 중국어 어휘처럼 느껴진다. 앞에서 예를 든 '香波'와 같은 경우 외에도 保齡球bowling라는 어휘가 있는데, 이 어휘는 영원히 청춘을 유지하며 늙지 않는다는 의미를 가지고 있다. 樂口福Lacavo·可口可樂Coca cola·雪碧Sprite와 같은 음료수명은 미각을 향유할 수 있다는 느낌을 주고, 奔馳Bens·四通Stone은 철저히 중국식인 듯한 느낌을 준다. 둘째, 음역된 외래어에서 원래 음만을 나타내고 뜻을 나타내지 않는 성분에 일정한 의미를 부여하여 음과 뜻이 결합된 중국어 형태소를 형성한다. 앞에서 '的士'에서 '面的'와 '打的'가 생겨났다는 예를 들었는데, 이는 실제로는 '的'를 형태소화 한 것으로, 여기에서 더 파생되어 '轎的'(렌트용 자동차)·'摩的'(승객을 태우기 위한 오토바이. 이 두 개의 형태소는 모두 음역 글자를 형태소화 한 후 결합시켜 정통 한어 어휘가 되었음)·'的哥'(남성 택시 운전사)와 같은 어휘가 나타났다. 이것 역시 '的'에 '빌려주어 승객을 태우는 차량'이라는 의미가 부여된 것이다. 그 밖에 '大巴'·'中巴'·'小巴'는 '巴士'(bus)의 '巴'가, '扎啤'·'散啤'·'青啤'는 '啤酒' beer의 '啤'가, '吧台'·'吧娘'·'吧女'는 '酒吧'bar의 '吧'가 형태소화 된 것이다. 이처럼 시간이 지나면 어휘의 근원을 추적해야만 그것들이 외래어의 음역된 성분이라는 것을 알 수 있다. 일부 일본어 어휘의 경우에는 한자로 차용되었기에 종종 외래어라는 것을 느낄 수 없다. 예를 들어 '營業中'과 '新登場'과 같은 어휘가 바로 그런 경우이다. 심지어 때로는 외국어의 약칭법으로 신조어를 만들기도 한다. 예를 들어 한 신문에서 '許多大學生對文學的興趣已被 'TDK'奪去了.'('TDK'가 많은 대학생의 문학에 대한 흥미를 앗아갔다.)라고 했는데, 여기에서 TDK는 일본 베스트셀러 테이프 같지만 실은 대학생들의 경향을 나타내는 것으로, T는 TOEFL, D는 DANCE, K는 KISS(연애)이다. 이것 역시 일종의 수사법이라고 할 수 있을 것이다. 이와 함께 주목할 만한 것은 바로 외국어의 자모(주로 영어의 대문자)를 어휘 혹은 구 안에 융합시킨 것으로 '甲A聯賽'·'T恤衫'·'B超'·'做CT'·'看MTV' 등이 있다. 국제 교류가 심화되고 광범위해 지면서 이러한 현상은 앞으로 증가할 것이다. 이는 중국어 조사법의 변화이자 새로운 바람이다.[9]

위에서 이야기한 여러 측면을 종합해 보면 중국어 어휘 변화와 신조어 발생 및 그 발전의 주요 특징과 대략적인 추세를 이해할 수 있을 것이다.

9_ 앞의 글 〈중국어 외래어의 중국화에 관한 고찰〉 참조하기 바람.(역자 주)

Ⅲ. 하나의 과정인 신조어 규범화

개혁·개방 후 중국어 어휘는 민족어와 외래어·보통화와 방언·서면어와 구두어·고상한 말과 세속적인 말·전문적인 말과 통용되는 말 등등 다원화 된 어휘 요소와 어휘 재료가 끊임없이 충돌하고 융합되며 발전하는 상황에 처해 있다. 이처럼 중국어의 어휘 시스템은 복잡하고 풍부해서 어휘 시스템에 변화를 일으킬 수밖에 없으며, 이는 언어가 지니고 있던 기존의 어휘 규범에 충격을 주었다.

일부 사람들은 이에 우려와 반대를 표명하며 '규범화'를 공고히 하여 어휘 변화의 신조류에 대비할 것을 요구했다. 사실 변화가 있어야 발전할 수 있으며, 발전을 하기 위해서는 또한 규범이 필요하다. 변화를 억제하고 기존의 것을 고집한다면 발전이 정체되고 언어는 활력을 잃게 된다. 규범을 거부하고 변화만을 중시한다면 무질서한 발전이 되어 언어 역시 파괴되게 된다. 이 두 가지 상황은 모두 언어에 불행을 가져온다. 따라서 여러 변화를 받아들이고 신중하게 이들을 규범화 시켜야 한다. 큰 변화가 발생하면 긍정적인 면과 부정적인 면이 동시에 나타나기 때문에 일부 어휘들로 인한 변화가 보통화 어휘 발전에 부정적인 영향을 주는 것은 피할 수 없다. 그러나 전체적이고 본질적인 면에서는 긍정적인 역할을 하여 중국어 어휘가 더 풍부해지고 표현력이 강화된다. 우리는 철학적인 안목에서 현재 중국어 어휘 변화가 불러일으키는 도도한 파도를 바라봐야 한다. 그것이 바로 항상 새롭기 위해서는 변화해야 하며 포용력이 있어야 성장할 수 있다는 것이다.

어휘 발전에 있어서 변이가 발생하는 것은 필연적인 것이며, 또 이를 규범화 하는 것도 반드시 필요한 것이다. 중국어 규범화는 우리 눈앞에 놓인 임무이다. 여기에서 필자의 미천한 생각 두 가지를 이야기하고자 한다. 첫째는 규범의 기준 확립이며, 둘째는 규범화 과정에 대한 인식이다.

중국어 어휘 규범화는 어음과 어법 규범화에 비해 난이도가 높다. 이는 어휘 시스템이 어음과 어법 시스템에 비해 변동성·개방성·복잡성을 지니고 있기 때문일 뿐만 아니라 아직까지 명확한 기준이 없기 때문이다. 상대적으로 볼 때 어음은 베이징어를 기준으로 하고, 어법은 전형적인 백화문 저작물을 규범의 근거로 삼지만, 어휘 규범화의 기준은 아직 정해지지 않은 듯하다. 중국어 어휘 규범화는 기초 방언—북방 방언을 근간으로 하여, 현대의 모범적인 구어 및 서면어 작품에 등장하는 어휘의 일반적인 용례를 기본적인 기준으로 삼아야 한다고 생각한다. 좀 더 구체적으로 이야기하자면 공인되고 대표성을 지닌(혹은 모범적인) 작품들의 조사법·구사법·용사법의 상용 규범을 주로 참조하여 어휘 변화와 신조어 성장 상황을 고찰해야 한다. 陳章太 선생이 제시한 보통화 어휘 규범화의 다섯 가지 근거에 찬성한다. ① '현대 한어 규범 어휘표現代漢語規範詞表'에 수록된 어휘, ② 규범적이고 권위 있는 사전에 수록된 어휘, ③ 언어가 비교적 규범화된 현대 및 당대 주요 작품에서 사용된 일반 어휘, ④ 주요 전국 언론에서 사용하는 일반 어휘, ⑤ 북방어 지역에서 보편적으로 사용하는 일반 어휘[10]가 그것이다. 물론 이는 앞으로 좀 더 세분화하고 심화 연구해야 할 문제이다.

어휘의 변화는 언어 사용자로 인해 생겨나는 것으로 일종의 사회 경향이다. 어휘의 규범 역시 언어 사용자의 인가를 받아야 사회적 약속이 된다. 규범의 형성은 하나의 과정이다. 필자는 이 과정에서 언어 종사자들이 해야 하는 중요한 일은 바로 언어에 대한 평가와 논의라

10_ 陳章太, 〈普通話詞匯規範問題〉, 제1회 語言文字應用學術討論會 논문, 1995년 12월.

고 생각한다. 더 나아가 언어를 감독 및 관측하여 어휘 현상에 대해 의견을 제시하고 이론적 근거를 제공하며, 어휘 사용을 평가하고 판단함으로써 사회적 관심을 불러일으키는 것이라고 생각한다. 그러나 규범의 확정과 통과는 결국 사람들이 사회 언어생활 속에서 이를 실천할 수 있는지의 여부에 달려 있다. 만약 언어학자들이 규범을 제정하면 대중들이 이 규범을 준수한다고 생각한다면, 이는 규범 문제를 비교적 단편적이고 단순하게 보는 것일 것이다. 지금 당장은 분명 변화를 수용하고 발전을 중시하는 태도와 안목이 필요하다.

중국어 어휘가 크게 변화함에 따라 우리는 진지하고 심도 깊게 어휘 규범이라는 이 중대한 과제를 생각하고 토론해야 한다. 또한 신조어의 발전과 변화를 감독 및 관측하고, 신조어의 발생 및 정형화에 대해 예측을 함으로써 민족 언어가 건강하게 발전할 수 있도록 더욱 노력해야 할 것이다.

지은이 소개 | 최 환崔桓

지은이 최환은 경북 영천에서 태어나, 영남대학교 중어중문학과를 졸업하고, 대만臺灣 국립대만대학교國立臺灣大學 중문연구소中文研究所에서 석사학위를, 대만 국립정치대학교國立政治大學 중문연구소에서 박사학위를 받았다. 중국 남개대학교南開大學에서 방문교수, 북화대학교北華大學에서 교환교수로 각각 연구와 강의를 하였으며, 또 대련외국어대학大連外國語學院에서 초빙교수로 강의를 하였다. 현재 영남대 중국언어문화학부 교수로 있다. 주요 저서로 《한 · 중 유서문화類書文化 개관》(저), 《중국소설사의 이해》(공저), 《신라수이전新羅殊異傳 집교輯校와 역주譯註》(공저), 《신라수이전 고론考論》(공저), 《중국고전소설총목제요中國古典小說總目提要》 제1 · 2 · 3 · 4 · 5권(공역), 《현대중국의 이해》(공저), 《현대중국어 표현어법》(역), 《중국영화의 이해와 감상》(저), 《한어어법 분석의 이론과 실천》(공역), 《현대 중국어학 기초》(공역) 등이 있으며, 그 외에도 주로 중국소설, 문헌학, 중국어 어휘학, 중국영화에 관한 다수의 논문이 있다.

중국어 신조어와 현대 중국 사회

초판 인쇄 2011년 7월 20일
초판 발행 2011년 7월 31일

지은이 최 환
펴낸곳 영남대학교출판부
펴낸이 이효수
디자인 AJIN P&S

출판등록 1975년 9월 5일 경산 제16-1호
주소 경북 경산시 대동 214-1
전화 053) 810-1801~3
FAX 053) 810-4722
홈페이지 book.yu.ac.kr

ISBN 978-89-7581-421-1 93720

값은 표지 뒷면에 있습니다.
잘못 만들어진 책은 바꾸어 드립니다.